流量觉醒

TRAFFIC AWAKENING

8.0

升级流量管理

崔天葆 著

- 一书通关 ▶ 抖音·视频号·小红书
- 懂实操 ▶ 直播·视频·种草笔记

153 个 知识点

28 份实用 工具

9 大品类 话术

人人皆可搞流量·轻松积累数字资产·成就未来财富自由

经济管理出版社
ECONOMY & MANAGEMENT PUBLISHING HOUSE

图书在版编目（CIP）数据

流量觉醒：升级流量管理 8.0 / 崔天葆著. -- 北京：
经济管理出版社，2024. -- ISBN 978-7-5096-9814-3

Ⅰ. F713.365.2

中国国家版本馆 CIP 数据核字第 20246HP059 号

组稿编辑：杨国强
责任编辑：白　毅
责任印制：许　艳
责任校对：陈　颖

出版发行：经济管理出版社
　　　　　（北京市海淀区北蜂窝 8 号中雅大厦 A 座 11 层　100038）
网　　址：www. E-mp. com. cn
电　　话：（010）51915602
印　　刷：唐山昊达印刷有限公司
经　　销：新华书店
开　　本：720mm×1000mm/16
印　　张：18.75
字　　数：334 千字
版　　次：2024 年 10 月第 1 版　　2024 年 10 月第 1 次印刷
书　　号：ISBN 978-7-5096-9814-3
定　　价：68.00 元

序　言

欢迎来到全民流量时代

自互联网诞生以来，从门户网站、搜索引擎、移动互联、社交网络、电商、直播、短视频，技术和应用相互交织、共同作用大体走过了七个阶段，现在已经进入了第八个发展时期，所以称之为8.0。流量8.0是前七个阶段的延续，但又有着不同于以往的特征，人们似乎突然间意识到，流量从未如此之近，人人都可以搞流量，普通人也可以掌握巨大流量，没有流量的想流量，有了流量的想变现。

诚然，现在有谁不对流量痴迷呢？大到世界500强公司，小到路人甲乙丙丁，都在追逐流量。

流量企业、流量产品、流量明星，经济和时代也被冠之以流量的前缀，被流量浪潮席卷着奔涌向前、泥沙俱下。绝大多数普通人都没想到过，流量可以让曾经的梦想触手可及，绝大多数企业也没有想到过，流量可以让那些从前不起眼的对手遥遥领先。

流量仿佛是一个黑洞，蕴藏着巨大能量又充满无数未知，于是，人们希望探究流量的奥秘，掌握流量的密码，获得流量的红利，这股劲头犹如往昔的"淘金热""下海潮"，让众多商家和创业者趋之若鹜，虽然人人有机会，但又个个没把握。

因为流量看起来的确遍地都有、无处不在，但真的想要抓到流量，则必须考虑方法、来源和渠道；即便抓到了流量，则又要考虑效益、效率和成本。流量来了，担心承接不住；流量大了，担心质量不高；流量少了，担心账号限流。正所谓一山放过一山拦，关关难过关关过。

每次遇到一些从事电商或直播的朋友，每每谈及流量的话题时，他们几乎都有一句共同的开场白就是"太难了！"他们之中有老板、有商家、有主播，还包括那些互联网大厂的高管们，从交谈中，可以理解到他们讲的"难"，并不是没有信心，而是在表达一种"痛并快乐着"的状态。

在追逐流量的赛道上，又有谁不难呢？但又有谁能绕得开呢？

你的生意在下降，一定有别人在增长。无论哪个行业、哪个类目，也无论是存量市场还是增量市场，竞争是常态。有竞争就有经营的好坏，如果你在下降，别人在增长，那么找不出自身问题，说再多都是借口；如果你在下降，那么一定是缺少流量，但问题不在流量本身，流量只是一个结果，就像一个人说他缺钱，实际上缺的是赚钱的方法和渠道，所以，没有流量，一定欠缺的是对流量知识的系统学习和深度认知，流量思维已经成为读懂这个时代的商业语言。

不管是要销售产品，还是推广项目，做合作招商，或是做同城引流、线索留资，哪一个不需要流量，因此，流量管理势在必行，流量觉醒呼之欲出。

你需要学习，但不能仅局限在干货知识。流量赛道中常识层的知识，都可以通过各种渠道搜索获得，很多人不是学得太少，而是学得太多太杂，好像啥都懂了，但好像没用，因为干货知识大多是别人成功的经验，看上去很好，可以解决饥饿感问题，但太干就缺乏营养，究其原因在于只是浅层的碎片化，而不是高阶的系统化。真正要学习的不是那个结果，而是要学习思考问题的方法和解决问题的路径，根本上是了解事物的底层逻辑。

在流量赛道，从来不欠缺知识，欠缺的是一套把知识串起来的方法论，为此，我走访了多家互联网平台和 MCN 机构，并与淘宝、抖音、视频号、小红书以及电商公司、新媒体公司的人员进行访谈，拆解了上百个直播、短视频、种草笔记的账号，涉及二十余个赛道、近百个品类，目的是通过筛选梳理、总结提炼，形成系统化的流量管理知识架构和操作指南。

本书分为三个部分，共十八章。第一部分是关于流量的认知，旨在阐述一些重要的概念和经验；第二部分是关于流量运营的实战方法，旨在形成流量管理的闭环；第三部分是关于流量实践中的工具运用，旨在提升流量管理的效率和规范化水平。

本书能让你学到一点真东西，这些真东西可能和你以往的认识不同，为了确保你能得到，这里重点解说一下流量管理究竟管什么。

第一，管理你的思维。今天，几乎所有的营销都可以用流量的形式对用户进行触达种草和成交转化，用户的第一次触达和多次触达，多发生在社交、搜索、咨询、购物、娱乐等各线上场景中。对于任何一个行业的经营者来说，如果还认为流量管理与己无关，那是别人的事情，是第三方的事情，那么这种思维显然落后于时代。

事实上，不知不觉中，流量思维这张网已经罩住了所有人，因为在真实的历史中，思维总是先行的，每一次思维方式的重大改变，都引发了生产生活的重大变化。

第二，管理你的认知。在流量赛道，既怕一动不动，更怕盲目乱动。对任何一家企业来说，流量面前不进则退，越是在传统模式下领先的企业，越以经营产品为主导，则越容易陷入营销困境，因为成功者的傲慢往往自以为是，导致对新事物"看不起、看不懂、来不及"，一动不动的结果必然是落后挨打；同时，成功者的光环也会让人一叶障目，习惯用旧经验指挥新赛道，从而掉进流量误区，沉迷各种流量假象，盲目乱动的后果就是竹篮打水。要知道，曝光高不等于流量大，流量大不等于卖得多，卖得多不等于赚到钱。

能力决定下限，认知决定上限。所谓认知，就是要认识到自己的无知，这不是全盘的自我否定，而应抱着敬畏之心去躬身入局，怀有万般决心去拥抱变化，这样才能去伪存真，洞悉事物的本质和逻辑。

第三，管理你的能力。在用户注意力稀缺的年代，流量是一种资源，流量变现是一种能力，这种能力唯有通过持续学习，形成足够的知识储备，才能在实践中转化为现实生产力。要把流量能力作为企业的核心竞争力来打造，一定要学会多触点触达，多渠道种草，多链路转化，与用户进行全域、全场景、全链路、全周期的互动，因为流量竞争的真相是你不触达，别人就会触达，你不种草，别人就会种草，你触达少了或是种草晚了，用户就会跟着别人跑了。

无论是企业还是个人，无论是传统产业还是新兴行业，无论是线上电商还是线下门店，无论是 To B 还是 To C，但凡想在流量盛宴中分得一杯羹，则流量能力建设就是一门离不开的必修课。

第四，管理你的组织。在移动互联和数字化高度发达的背景下，消费者的群体结构发生了变化，用户的行为、兴趣、习惯在发生变化，商家获取用户的渠道、方式以及用户购买决策的链路都在发生变化。企业看到的不是用户，而是用户画像，用户看到的不是产品，而是内容。流量转化的真相是用户不怕贵了，而怕买贵了，用户不是不买，而是没跟你买。很多时候，产品卖得不好，营销说是售后跟不上，售后说是质量问题，制造说是设计问题，设计说是营销不给力，由此频繁地扯皮内耗，而在流量管理中，用数据指标说话，谁的问题一目了然。

分工是为了合作，分工从来就不是为了分家，而是为了更专业化的合作，流量管理绝不只是市场营销部门的事，营销体系变革也绝不是一个部门、一个领域的变革，从研发到生产、从销售到售后，所有部门都应是流量管理的一环。

第五，管理你的情绪。你的流量焦虑，一定来源于什么流量都想要。越是产品思维的人，受流量的冲击越大，不是说产品不重要，而是主导权发生了变化，用户甚至比商家更懂流量，如果还是故步自封，你连和用户对话的机会都没有。事实上，你不可能抓到所有流量，或者你根本不需要那么大的流量，因为流量对应的是人群，愿意为你花钱的人就那些，比获取流量更重要的是承接流量。

在全民流量时代，创业的门槛低了，变现的渠道多了，普通人可以成为流量主，无货源也可以进行带货，昨天的消费者，变成了今天的好物推荐官，流量已经与人们的工作和生活息息相关，只要找到正确的打开方式，任何生意在流量8.0时期，都有着新的巨大的增长空间。

最后说一点，学习的意愿，更多的要看个人的认知，"学过了、学懂了、学会了"是三个不同的觉醒阶段。有很多个人创业者、中小商家，要资源没资源，要人才没人才，这些人特别需要学习流量知识。很多人可能把所有的积蓄拿出来开了一个店，但自己又不懂，然后一味地浪费手中仅有的资源，这是很可惜的事情。即便是中大型企业，要想把生意长久做起来，一定要源于正心正念地提升产品的整体价值，给用户提供更好的消费体验，给行业输送更多正能量，如果企业只顾着降价，不注重产品品质和用户需求，那最后只能陷入价格战的泥潭里，而用户真正关注的不只是价格，更看重实用价值、情绪价值和社交价值。

选择大于努力，方向不对，努力白费，宁肯心里有底的焦虑，也不要云里雾里的心安，因为流量是时间的礼物，时间是最大的成本。

崔天葆
2024 年于上海

目　录

第一部分　认知

第二部分　实操

第三部分　工具

知识点索引

第一部分　认知

第一章　流量问题的自我诊断

变现：先涨粉还是先带货？

人们经常会有认知偏误的。

但凡开始做流量账号的，无论是直播还是短视频，总有涨粉的偏好，越是新人或新的商家，就越对涨粉这件事儿情有独钟。

这种想法的逻辑是：连粉丝都没有，怎么能卖货呢？

又或者说："你看那些带货的大主播，哪个不是百万、千万的粉丝量？"

于是，先涨粉再带货就成了行动准则。很多行业的品牌，拼了命地让员工去涨粉，结果粉丝涨了，时间过去了，才发现涨粉跟获客根本没什么必然关系，粉丝也不会在后续转化为消费者。

还有许多做微博、抖音、快手、小红书等自媒体账号的人，要么是在想方设法涨粉的路上，要么是苦恼于有了粉丝却无法变现，要么是悔于在涨粉上面花了太多时间和金钱。

如此来说，难道涨粉就根本一点用都没有吗？

其实，涨粉是比较容易的事，甚至可以说是做账号所有环节中最简单的一件事，毕竟只要你肯花钱就好办，即便不想花钱，那么多花一点精力也行。

这个对于外行和新人来说，貌似非常难且神秘，但对入行一段时间的人而言，多数都会知道怎么操作，至于涨粉的多少、快慢，取决于你真金白银的投入，方法很多，大家只是看破不说破罢了。

所以，如果你还是盯着涨粉这个目标，那么只能说明你还是个门外汉，就像大多数人的起步一样，只有踩过坑、付过了学费，才能逐渐成长成熟起来。

简而言之，涨粉和带货是两件事，有联系但没有必然的逻辑关系。

（1）要知道，零粉丝也是可以开播的。

（2）许多只有几千粉丝的账号，带货收入远高于几十万粉丝的账号。

讲到这里，我们有必要说明一下，并不是说，大家都不要去做涨粉，如果你想做，那就去做，只是你需要想清楚：涨粉的目的是什么？

这个问题没想清楚，切勿盲目去做，否则大概率会得不偿失。

换句话说，如果你的涨粉是为了带货，那么则不必大费周折。如今，在各大流量平台上，低粉丝高变现的账号不胜枚举（见表1-1），比如通过短视频带货，许多只有几百粉丝的账号，一条视频带货比几千粉丝账号的销售额还要高，几千粉丝的账号比上万粉丝的账号带货收入更高，相同粉丝量的账号，带的货品不同，销售额也可能是天壤之别。

表1-1 低粉丝高变现示例

账号名	粉丝量（人）	货品	单视频带货销售额（万元）
板栗……	473	栗子	1~2.5
棉优……	515	袜子	7.5~10
橘子……	553	汽水	10~25
86……	2437	玻璃水	2.5~5
牛夫……	4637	垃圾袋	1~2.5
周周……	17000	玉米	7.5~10
麦姑……	35000	棉鞋	2.5~3.5
澄一……	35000	拖鞋	100~250

"先涨粉还是先带货"这道题目，实质上是在测试你对于流量认知的水平程度。实际上，一个账号的涨粉对于拉动直播或短视频的流量，作用实在有限，主要原因有几方面：[1]

第一，能否变现主要看粉丝质量，看精准度和粉丝黏性，一味地追求涨粉数量，可能导致很多泛流量的粉丝，而这些并不是账号变现的目标用户群体。

第二，直播间的流量并不取决于账号粉丝的总量，并不是账号粉丝多，直播间的流量就高，而与直播间的数据和平台算法机制相关。

第三，短视频的流量取决于内容的质量，只有粉丝中的铁粉多且对视频内容正向反馈的数据好，才对流量有帮助。

【1】 知识点：为什么涨粉对于拉动流量的作用有限？

如此一来,难道账号涨粉就一点价值也没有吗?有人不禁会问:不是可以通过接广告来变现吗?

的确,许多拥有大量粉丝的账号正是通过接商单广告来获取收入的,如抖音的星图、小红书的蒲公英,就是专门对接商家投放和达人接单的。

为了更加深入地讨论这个话题,我们对不同的变现模式做对比分析,如表1-2所示。[2]

表 1-2　不同能力阶段的变现情况比较

能力阶段	变现模式	变现效率	创作难度	适合商家/达人
入门小白	短视频带货	快	★★	低客单、低信任成本
	短视频获客	快	★★	高客单、线下实体商家
	图文带货	快	★★	低客单、低信任成本
进阶达人	直播带货	快	★★★	都合适
	知识付费	中	★★★★	有擅长
流量高手	商单广告	慢	★★★★	有粉丝基础

虽然不同平台对于可以接广告账号的粉丝量要求不同,但要想通过接商单广告变现,是需要一定时期的积累过程,并且整个趋势是广告越来越难接了。

这个不难理解,一方面,参与接商单广告的达人账号不断累积,供给增加,加剧竞争激烈;另一方面,商家方面的广告投放减少,需求缩减。

比如一些平台的"双11""双12"活动期间,商家对于达人接广告的投放比"618"活动期间的还要少,这并不意味着商家整体投放变少了,而是许多商家感到投达人引流的效果在变差,与其投放给达人,还不如直接投到自己的直播间。[3]

所以,除非你真正达到了流量高手的水平,否则对于新手小白来说,想靠粉丝量接广告变现,则路阻且长。

直播:拉场次还是拉时长?

接下来,我们测试一下你对流量运营的了解情况。

【2】　知识点:直播、短视频、图文带货,哪种变现快?
【3】　知识点:为什么达人账号接广告越来越难?

首先，我们熟悉一下直播场次和时长的含义，从开播到下播这个过程算一个场次，播了一个小时或两个小时，这个时间长度就是时长。

拉场次是指在一天内，你进行了多场直播。

拉时长是指你可能一天就开播了一场，但这场直播持续了数个小时。

表面上理解，如果一场直播卖了1万元，那么再开两场直播，就可能又增加2万元；同理，如果1小时能带货5000元，那么播8小时，业绩就可能达到4万元。

现在，请你思考一下，为了获得更好的直播业绩，如果让你做主，你会选择拉场次还是拉时长？

实际上，这并不是一个简单的算术累加，无论你怎么选，都没错，但也都不一定对。这句话有点绕，意思是说，无论你怎么选，都要符合逻辑，符合你账号的实际，还要看你有什么条件，你在哪个阶段。

你的直播间里面能不能拉时长，主要看什么？[4]

看你有没有介入付费。如果你直播间流量很稳，一直有人，一直能卖，则可以拉时长，但如果你的直播间都没人了或者个位数在线了，不能拉时长。

什么原因呢？

因为平台给不给你流量，看直播间的数据，看你有没有做出好的数据，而不是今天你播的时间长短。

事实上，任何一个平台都不缺愿意拉时长的账号。我们可以想一下，假如拉时长能够帮助我们起号成功的话，是不是大家都去拉时长了？一个人播不了8小时、12小时，那就多安排几个人，轮班上播，甚至三天三夜都可以不下播，只要能起号，大家都愿意去拉。

但你会发现，播了那么久，拉了那么长时间，你的账号也没起来，甚至说越播越废，因为平台要的是数据，要的是你播得好不好，不是你播得久不久。

如果说今天你是这种情况：你的流量图已经是个大拇指的形状，你还直播了几个小时，在前面有推流的时候，可能30分钟左右，已经把数据做得还不错了，等到后面你再去继续播2小时，数据很差，则延长的2个小时就叫作无效直播。

为什么？

因为人都不进了，不往直播间里进人你怎么做数据？若后面做不好数据，就把前面做得好的数据给稀释了，那么平台得到的反馈信息是什么？就是在跟平台

【4】　知识点：直播能不能拉时长，主要看什么？

秀下限。

　　也就是说，你在告诉平台：你看我直播间里面接不住极速流，我也拉不起来后续推流，我直播间里面越播人越少，我送走最后一位用户下播的，今天货也没卖几单。

　　这时，平台就会觉得你的直播间是一个没能力的直播间，你接不住流量，我下一场就再少给你一点，一场比一场少，导致到后来连极速流都没了，播着播着就是个位数在线了。

　　所以，如果你在起号阶段，一定不要拉时长，因为平台看的是数据，看的不是时长，只要数据做到位，就可以下播了。

　　那么，如果账号流量比较稳定了，是否就可以拉时长了呢？

　　比如，一天直播 6 个小时，你会选择一次性地拉时长拉满 6 小时，还是分两次播，每次播 3 个小时，你认为哪个效果会比较好？[5]

　　这个是分情况的，如果你的直播间主要是自然流的话，一点付费都不投，基本上播了一个多小时，直播间应该就没多少新进流量了，就是说，如果玩自然流，千万不要太去拉时长，而要拉场次，可以一天多开几场。

　　这方面比较典型的就是汽车报价直播间，你可以看到，从开播以后有一波极速流，直播间在线人数可能会冲到几百、几千，但随着时间的推移会逐步地下降，所以，这时主播就会下播，过一会儿，再重新开一场。这个就是纯自然流、吃极速流的玩法，依靠的就是拉场次。

　　如果是纯付费的直播间，或者是自然流加付费流的直播间，多是依靠拉时长来增加业绩的。其中的道理在于，付费计划跑起来需要一定时间，同时，付费流量进来也是相对稳定均衡的，这时拉时长显然比拉场次更为合适。

　　做直播这件事可能违背大家的惯性思维。

　　一个主播在直播间里"咋咋呼呼"，喊 54321 显得套路重重，一会儿拿出来一块展示板，一会儿又在那里对着镜头喊赶紧抢，然后运营又喊没库存了，主播长得也不好看……

　　你觉得这些到处都是问题，哪里看着都不舒服，并且 10 分钟一个循环，当人跟傻子一样。但说实在的，这就是直播，千万不要把它当作是开门店。如果你觉得直播平台就是条步行街，我上去只要开家店，我只要这个直播间开着，有人来了，我给他服务好，我就能把它做好，就能稳定地成交，这是不现实的，这还

　　【5】　知识点：一场播 6 小时好，还是分两场各播 3 小时？

不如去线下开个实体店。

为什么会出现这种情况呢？

因为直播间的流量它是流动的，大盘平均的停留时间就 1 分钟，也就是一个用户进到直播间，平均只会看 1 分钟的时间。

我们可以算一笔账，假如你的直播间有 300 个人的平均在线，每分钟推流速度 300 个人，曝光进入率是 20%，则每分钟有 1500 个人能刷到，平均到每秒钟，就有 25 个人刷到你的直播间。

这个时候，如果主播沉默 10 秒钟，是不是 250 个人直接就刷走了，用户点都不会点进来，所以你可以感受到主播在直播间有多重要，这也是为什么许多直播间语速那么快，节奏那么紧，主播那么嗨，因为大家都想要高流速。

相反地，如果你不喜欢这种嗨到顶的直播模式，或者什么套路型的直播，你说：我就想做平播可不可以？[6]

很简单，这就好比今天你在刷抖音，打开抖音以后，刚看了一个黑丝美女，又看了一个小猫猫，在那看着正嗨呢，然后下一条突然刷到一个直播间，里面的人跟你说："我们家终于降价了，赶紧进来消费一下。"你觉得你会愿意停下来点进去给他打个互动，然后还买他的货，你会吗？

绝大部分人是不会的，对不对？

所以，这种平播会导致直播间的数据越来越差，流量越来越差，越播越没人看。因此，选择平播还是激情播，其实是由算法导致的，数据决定的。

顺便再多说一下，关于套路，有的人喜欢，有的人反感，"套路"本身是一个中性词，做生意没点套路是不行的，或者说任何生意都是有套路的。只是有些人把忽悠欺骗、以次充好、虚假宣传作为套路，从而把套路给污名化了。如果客观地看，套路其实是营销的方法论，有人调侃说，"自古真情留不住，唯有套路得人心"，实际上真诚就是最大的套路，把诚意给到消费者，就是商家把自己的诚意拿出来了，用户是能感知到的。[7]

成本：做成交还是做停留？

接下来，我们继续测试第三个问题，看看你对于流量数据的认知情况。

【6】 知识点：应该选择平播还是激情播？

【7】 知识点：做直播和短视频带货，要不要有套路？

比如，在起号这个阶段，一个直播间里面就几个人在线，有两个数据，一个是停留数据，另一个是成交数据，你认为哪个数据更重要？

通俗地讲，哪些数据会更影响平台给这个直播间推流？是一场卖得越多，成交金额越高，平台会给你推流，还是一场直播里面把人留住，用户停留得越久，平台会给你推流？

相信大多数人会选择成交，道理很简单：直播是通过带货来变现，当然要靠成交金额或成交单量来体现业绩了，否则那么多人在直播间里面都不消费，无论对平台还是商家来说，都没有产生转化价值。

这个不难理解，都知道成交重要，多卖一点，平台就给我推流，但你会发现，极大可能是卖也卖不出去，人也留不住。

成交数据确实很重要，但你的直播间人数在个位数这个阶段，一个用户刚进来，主播就说："快来买我的东西"，你觉得用户怕不怕？直播间本来就几个人在线，用户进来之后，发现没什么人，你还点他的名，他一溜烟就跑了。所以说，最后导致你想去做成交，心是好的，但不仅成交没卖出去，连人也没留住。

今天许多人都知道，直播间个位数要做点对点，但大家会发现，根本点不了人，一点名，人家就跑，你不喊他，他可能在你直播间里面待个几十秒钟，你一喊他，他立马就跑了。

当然，有人也许会质疑："成交和停留都很重要，为什么一定要选择哪个更重要呢？这个讨论有意义吗，是不是一个伪命题？"

打个比方，就如同开车一样，如果我问你，是踩油门重要还是踩刹车重要，你一定会回答：这个要区分情况，绿灯时踩油门，红灯时踩刹车。

的确，踩油门还是踩刹车要看具体的道路情况，但如果我们从能力这个角度区分的话，学会踩刹车一定比学会踩油门更为重要。也就是说，踩油门这个技能比较容易掌握，而踩刹车需要更为综合的观察能力、判断能力、反应能力等。

所以，我们在讨论成交还是停留的问题时，更侧重于你是否具备了基础的数据能力。我们在进行流量获取、流量转化的过程中，第一步是做好停留，要把流量变成留量，第二步在有停留的情况下，成交是自然而然的事情。[8]

停留在个位数这个阶段，你留不住人，你想去做成交，但平台觉得人都留不住，你这个成交怎么做出来的，是不是你自己的亲戚同学过来给你刷的单，如果

【8】　知识点：停留和成交，哪一个应该优先做？

涉及违规，那麻烦可就大了。

我们再思考一下，灯牌、关注，重不重要？

重要。灯牌、关注重要，但灯牌和关注也是在有停留的情况下才能做得出来的。

在实践过程中，经常让很多人感到困惑的情况是：别人才卖几十元钱、几百元钱，但为什么他能有推流？我做的成交比他高多了，我直播间里面每场也有数据，我的停留也还不错，但为什么有流量的不是我，而是他？

因为你只会做数据，但你不知道平台给你推流的机制是什么？

你可以把平台看成机器人，它遵循算法，看你的数据有没有一天比一天好。

比如，你的数据，每天 500 场观，每天卖 500 元，平台就觉得：我给你 500 场观，够你用了。它没有想过给你 1000、给你 2000 的流量，它觉得你只能接得住 500 的流量。

但你如果今天卖 500 元，明天卖 800 元，后天卖 1000 元，平台会怎么想？

平台会想：我是不是流量给你少了，给你 500 场观不够你用，明天给你 1000、给你 1500 的流量试一试，看你能不能接得住。

所以，你不仅要做数据，还要去做数据递增，这就是起号的核心逻辑。[9]

有些人说，我一场播 4 小时，我卖得比别人高，我停留也还不错，为什么起号的不是我？因为你只有数据，没有数据的递增。

比如，一场播多久，看什么？看你的数据有没有到位，以及你的下一场数据有没有做到递增，有没有比前一场好，大家一定要了解做这些事情的本质。

本质是什么？就是埋在地下的根，不要总看着那些花开得漂亮，也不要总看到那些果子的诱惑，花没摘到，可能就被刺伤了，果子采到了，但也可能有毒，所以不要总看着那些光鲜的地方。

比如，你是卖女装的，你现在没有流量，假设平台现在给你 100 万的曝光、200 万的曝光，你认为你能卖得好吗？

不一定，是吧？

因为这个 100 万、200 万的只是曝光，用户看到了，但他不一定进来，对不对？

好，我们再假设，有 50 万人进来了，并在你的直播间停留了，也听你介绍商品了，你觉得能不能卖好？

【9】 知识点：起号的核心逻辑是什么？

也不一定，是吧？

因为你卖的是女装，如果进来的都是男性，你觉得他们会买吗？

大概率是不会买的，对不对？所以，它不只是你有没有流量的问题，也不只是流量精不精准的问题；即便进来的都是女性用户，她们就一定会买吗？

还是不一定，是吧？

用户是否购买与他们的购买能力、支付意愿、决策周期等因素相关，与之匹配的是你的商品种类、样式、价格、服务、环境等诸多方面，所以，并不是线上直播卖货就比线下门店销售更容易，底层逻辑是一致的，都是要处理好供给与需求的关系。[10]

初心：直播的目的是什么？

前面我们通过三个表象问题，让你初步判断一下自己对流量认知的基本情况，或者你只是曾经看过直播、刷过短视频，还未亲身经历如何直播、如何拍摄短视频，相信这三个问题有助于你加深对流量管理的认识。

透过现象看本质，接下来我们来分析几个更深层次的问题，思考一下，做直播的目的是什么？是为了带货，为了流量，为了起号，还是为了其他什么？

这是一个非常关键的问题，你要是想不明白，你的动作就会走偏，你要是想明白了，就一通百通，少走弯路。

我们说，带货、流量、起号，这些都不是直播的根本目的。

因为：

货卖出去了，如果是亏本的，没用。

流量有了，如果不能转化，也没用。

账号起来了，但稳不住，还是没用。

所以，我们在讨论直播的目的究竟是什么的时候，一定不要去看那些过程性的动作，而要看最终的结果。

直播的本质还是生意场，做生意的目的是赚钱，任何不赚钱的生意都是长久不了的。[11]

【10】　知识点：用户是否决定购买与哪些因素有关？

【11】　知识点：直播的本质目的是什么？

所以，做直播不是为了曝光，不是为了流量，也不是为了带货，根本目的是赚钱，你只有成交还不行，你必须有利润，如图 1-1 所示。请记住这张结构图，这些内容都是我们在书中要论述的重点，这里先有一个整体性的初步了解，从结构图中可以看出，整个直播流量的走向最终是要体现在利润率上，这样的直播才有意义，这样的流量才有价值。

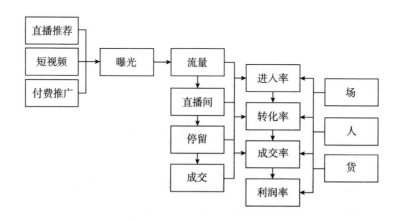

图 1-1　流量转化的结构

做直播根本目的是利润，否则，你卖一单亏一单，那有什么意义？所以，这才是本质问题。大家做直播，从一开始，就不要舍本逐末，否则，必走弯路。

也许有人会说，这个道理还不简单吗，谁会不知道呢？

事实上，有许多人在直播这条道路上，未赚钱就开始亏钱了，典型的表现有四个方面：

一是盲目建团队。这是一个很大的坑，很多老板，什么都还没准备好，就招了一批人，少说亏个几十万元不稀奇，多则亏损上百万元也是常有的，人员换了一批又一批，钱花了，时间花了，到头来没结果。[12]

如果你是老板，那么一定是可以干直播的，但也一定要慎重，为什么？

因为如果你是老板，干直播还真跟别人不一样，你要知道，什么人最容易在直播上亏钱？不是粉丝，不是消费者，亏钱最多的一定是老板。

普通人亏个几千上万元的，则能够及时止损，因为没有太多的钱去亏。

可如果你是老板，特别是线下生意比较成功的老板，在线上亏个几十万

【12】　知识点：做直播要不要先组建团队？

元、上百万元一点都不奇怪，到后来的结果往往是，主播买房了，运营买车了，老板亏得只剩下一堆器材了，所以有这样一句话：老板不下场，直播没有好下场。

二是频繁买设备。比如，灯光、话筒、摄像头、单反、云台，少说也要几千几万元，有些是直播必备的，有些是直播需要的，也有些是使用率极低的，还有的搭建实景，又是上万元的投入，更有搭建大屏幕的，费用十几万元起步，最后很多设备物料都闲置了。

三是报课学不会。现在线上培训课程比比皆是，知识付费的赛道人满为患，转到线下小班培训又是几千几万元的花销。这里，不是完全说报课没用，而是说你整个学习状态可能停留在学过的状态。其实，学习分三个状态：学过了；学懂了；学会了。比如说，我们讲流量的推送机制，这边讲了，你那边听到了，这就叫学过了，但你可能没听懂。有时候，你有可能是听懂了，但一到实操，就发现不知道怎么用，这就是你还没学会。这就如同"知道了、做到了、做好了"是三个不同阶段的道理一样。[13]

四是流量靠付费。这里说的坑，不是说你不能投付费，而是说，如果你的流量承接能力不行，你的人货场不行，你还要去付费投流，那么你必然会亏钱。付费投流的本质是"试金石"和"放大器"，一方面，货品行不行，可以通过付费测试；另一方面，承接转化能力行不行，可以通过付费检验。当然，如果你把付费作为"试金石"，那么最好的办法是前期小额投入，通过"微付费"跑一下数据，如果情况好，则可以加大付费投流力度，这就是"放大器"的作用。

以上四种坑，多数人十之八九会踩过几个，特别是越财大气粗的人，越急于赚快钱的人，踩的坑、亏的钱可能越多。正如有些个人或商家，前些年凭运气赚到的钱，这几年会凭着实力亏出去一样，还是把直播想得太简单、太容易了。

实际上，这是对一个新的赛道，缺乏足够的了解和足够的敬畏。你是做女装的、做童装的，是做食品的，做鲜花的，是做文玩的，做玉石的，是做餐饮的，是做美业的，是做教培的，还是知识付费的，这是类目赛道；是做品牌直播，白牌直播，还是达人直播，这是直播赛道；你是老板，是创业者，是传统电商人，是宝妈，是新手，还是运营，是主播，是投手，这是职业赛道。[14]

大家一定要认识到，直播或短视频的兴起，根本在于流量结构、流量形式、流量分布等底层逻辑发生了深刻的变革。相比于传统的营销，直播或短视频虽然离不开技术的加持，但实质上只是一种流量渠道，区别在于，在新的消费环境下，这种渠道可能会更有效率、更低成本、更广范围。

这就如同现代商业的起源在于分工一样，直播或短视频也是在社会化大生产背景下，发展出的一种新的分工与合作，它会存在所谓的风口，也存在从成长成熟到衰落的发展周期，但核心问题是你能否在其中抓到机遇、抢到红利。

很多情况下，人们对失之交臂的事物扼腕叹息，往往经历了"看不起、看不懂、来不及"三个阶段，许多企业往往孜孜不倦地寻求蓝海，但如果认知不改变，即便蓝海就在眼前也认不出来，而真正具备足够认知的企业，即便身处红海也能创造出新的蓝海。

当然，直播最终的目的是赚钱，而不是赚个吆喝、赚个自嗨，虽然是很朴素的道理，但有太多的商家还在云里雾里。我们举一个非常简单的例子，让大家体会一下。

比如，源头工厂中一件商品成本价 50 元，售价 100 元，如果放在线上销售，我们先不考虑厂家的管理费用摊销，那么商品的毛利率就是 50%，假如通过达人带货，在直播间卖出去了 100 件，你认为厂家会赚钱吗？

这个时候，我们就要考虑营销费用了，对吧？

假设这是一位百万粉丝的带货达人，单链接的坑位费是 20000 元，那么卖出去 100 件，厂家的毛利为 5000 元，显然不能够覆盖 2 万元的推广费用，那么一定是亏的，所以保本需要卖出去 400 件，对不对？

不对，因为还没有考虑退货。同品类的商品，网络销售的退货率普遍会高于线下实体门店销售，如果我们按退货率 30% 算，那么保本销量需要 572 件。如果再加上物流费用，那么至少需要 600 件的销量。

顺着这个脉络，我们继续深入下去，如果再加上达人带货的佣金呢？

假设带货佣金比例为 10%，那保本销量可能就需要达到 800 件。

这时，如果你是商家，你投入了 2 万元，得到了 8 万元的销售收入，投产比是 1∶4，你会怎么想？

你得到了销售收入，但并没有赚到钱。在这个简单的模型示例中，有许多的变量要素，我们都是按照比较低的数据估算的，比如退货率，高的时候会达到50%~70%，也就是说，但凡其中的一些因素发生变化，你就有可能亏钱。

这里，也许有人会产生疑问，为什么总是把不利因素朝高估计呢？比如退货率控制在 20%，不就赚钱了吗？

　　理想很丰满，现实很骨感，其实完全不必要纠结于具体变量数值的高低，只需要看一下投产比 1∶4 就应该知道，整个预估已经是很乐观了。

　　那么，达人端是否赚到钱了呢？大概率是能赚到的，但远没有你想得那么多，比如 2 万元的推广费用，要除掉投流费用、平台服务费等成本，至于带货佣金，还要看排品组货与粉丝画像的匹配程度，看商品的品牌力、价格力等因素。

　　上面这个示例，只是流量变现的一种形式，除了直播带货，还有短视频带货、图文带货、商家自播、店播、仓播等多种形式，我们讨论的关键在于，无论你是企业商家还是达人红人，都不要去追求表面的繁荣，不要把粉丝量、销量、销售收入等同于赚到钱了，一定要紧紧盯着实际的利润。

　　或者说是要把直播作为一个更为有效的渠道，能够赚到更多的钱，有两件事情一定是跳不开的，那就是流量和成交，因此我们非常有必要继续深入讨论下去。

博弈：流量的本质是什么？

　　流量的本质是什么？是曝光，是数量，还是精准？

　　人们常说：花钱买流量。这是一个非常模糊的讲法，事实上，花钱买到的不是流量，只是曝光而已。或者说，不同人的口中讲到的"流量"，含义并不相同。比如，有人说："直播间没流量"，指直播间进来的人少；如果说"我花钱投流，但计划跑不出去，平台不给我流量"，这个流量指曝光；如果说"最近流量不行，太泛了"，这里流量指成交；又或者有人说："我的账号好像被限流了"，这有可能指的是短视频的播放量。[15]

　　可以看出，即便是同一个人，在不同场景下，提及"流量"的概念也不尽一致。由此一来，我们在讨论流量问题时似乎带来了困扰，如同我们要描述一枝玫瑰花，你想到的是红玫瑰，他想到的是白玫瑰，讲了半天，语言都是听得懂的，但沟通效率是没有的。这种情况司空见惯，比如，当两个人在谈论新能源车时，一个说的是混动，另一个可能讲的是纯电动，在基本前提不一致的情况下，结果自然大相径庭。

　　因此，我们需要用一个相同视角讨论流量问题，既然按照场景来划分，很容

【15】　知识点：花钱能不能直接买到流量？

易造成混淆，那我们不妨换个思路，按照行为划分，一个是平台的主动行为，另一个是用户的主动行为。

从商业价值的角度看，我们更希望获取的流量是由用户主动行为产生的，比如，进入、关注、点赞、评论、转发、购买等。你想要在任何一个平台上获取流量，无论是自然流量还是付费流量，平台能够给到你的都是曝光，可以做到让用户看到你，但无法做到用户是否会与你发生互动联系。[16]

这个不难理解，就是说平台可以把你的直播间或短视频推荐给用户，用户看到了，会不会点击进入你的直播间，平台无法决定；用户自己进了你的直播间以后，会停留多久，会不会很快离开，平台也无法决定。

相反地，平台会把这些用户行为数据作为对你的评价指标，比如，你发了一条短视频，有 100 个用户看到了，但 90% 的人都是一划而过，表明绝大多数用户对你的视频内容不感兴趣，因此可以判定这条视频的内容质量比较差，所以平台不愿意把它再推荐给更多人看，也就产生了人们所说的"没有流量"。

对平台而言，流量就是数据，那么对商家来说，流量的本质究竟是什么？

首先，我们可以排除曝光这个选项了，一方面，曝光是平台的主动行为，它不符合我们基于用户主动行为产生流量的定义范畴；另一方面，曝光不直接等同于流量，它需要经过转化，不确定性和影响因素很多，所以它不是本质问题。

那么，流量本质是不是数量呢？比如，粉丝量、场观人数、在线人数这些？

我们来看一下案例，如表 1-3 所示，这是四个服装直播间的月度直播数据。可以看出，粉丝数、场观、同时在线、平均停留时长等数据，并非哪一个最高就能直接影响到其他数据也是最好，包括最终的销售收入。

表 1-3　四个服装直播间的数据对比

项目	A	B	C	D
粉丝数（万人）	22.8	13.4	3.4	3.2
场观（万人）	26.3	36.8	48.1	6.7
同时在线（人）	180	4348	2046	503
平均停留（秒）	72	67	67	60
30 日销售额（万元）	500~750	501~750	101~250	251~500

[16]　知识点：平台能不能决定用户的进入和停留？

事实上，许多高在线的直播间真不代表它赚到钱了，相反地，很多 10 个人、20 个人在线的直播间，可能正在闷声发大财，因为人家的流量很精准。

那么，精准是否为流量的本质了呢？

要知道，流量太泛是坑，流量太精也是坑，这是一场自我循环的博弈。

如果全是精准流量，它会被薅干的，因为你没有培养自然流的能力。[17]

商家都希望用户来自己的店铺，来自己的直播间，最好是进来一个就买一个，这样的流量最精准、最喜欢，而实际中，这是不可能的。所谓精准流量，它其实是倒推出来的概念，用户在没有发生购买行为前，无法判断其是否为精准流量的，甚至是即便用户发生了购买行为，也未必就能够定义为精准流量，如那些低价引流而来的用户，要想转化成正价的用户是非常困难的，这样的流量很难称之为精准。

至此，我们虽然从曝光、数量、精准等方面否定了它们是流量的本质，但并非毫无益处，你可以观察到，在这些因素中有一个共同的特征，就是围绕人和用户展开的。

所以，我们可以正式揭晓一下流量的本质了。[18]

流量的本质就是人群。没错，一旦这层窗户纸捅破了，你会感觉到好像并没有什么神秘的，但是，如果你要靠自己的顿悟来知道流量的本质是人群，那其实是要费九牛二虎之力也未必悟得出的，特别是如果非常简单直接地告诉你，则很多人也许就一扫而过，根本认识不到流量本质问题的重要性。

今天很多人会遇到流量方面的困扰，50% 以上的问题都是对这个本质问题认识不清造成的。诸如"为什么我的号起不来？为什么流量忽高忽低？为什么正价品卖不出去？付费会压制自然流吗"等，都是源于这个问题没有理清。

如图 1-2 所示，对人群在流量结构中的位置有个初步的印象，相关内容我们会在后面的章节中具体阐述。

下面，我们从三个角度初步了解流量的要点。

第一，关于流量的本质。流量对于平台来说是可变现的资源，因此所有的平台都会把它作为数据资产经营，于是会对人群进行分类，如抖音划分了八类人群：小镇青年、都市 Gen Z、新锐白领、精致妈妈、都市中产、都市蓝领、都市银发、小镇中老年。

【17】 知识点：为什么全是精准流量也不好？

【18】 知识点：流量的本质是什么？

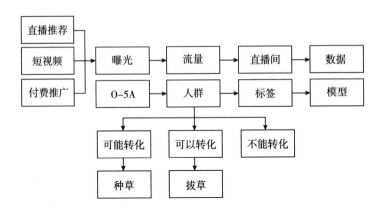

图 1-2 人群在流量结构中的位置

当然，这八类人群不是一成不变的，它们之间会发生流转，比如，24 岁以下的都市 Gen Z 作为一、二、三线城市人群的起点，年龄增长会流转到精致妈妈、新锐白领、都市蓝领；以小镇青年为起点，年龄增长会流转到小镇中老年，地域流转以后也可能成为新锐白领、都市蓝领、都市中产。[19]

第二，关于流量的分布。总体上可以分为"公域流量、商域流量、私域流量"三类，它们之间是相互重叠交叉的。

公域流量可以称为"泛流量"或"自然流量"，多用日活跃用户或月活跃用户的数据体现，它不需要付费获得，当然对商业化而言，它显得不够精准。[20]

商域流量指需要通过付费获取的流量。[21]

私域流量指你可以直接触达，不需要付费或二次付费的流量，主要来源于公域或商域。

第三，关于流量的层级。它不是一个官方严格定义的标准，但在衡量直播或短视频能力时，可以起到一个评价和参考的作用。

范式：成交的根本是什么？

直播的目的是赚钱，所以你的商品或服务需要有人看到，这需要流量。

【19】 知识点：用户群体之间会发生流转吗？
【20】 知识点：什么是公域流量？
【21】 知识点：什么是商域流量？

但如果流量有了，是否就一定能够赚到钱，或者看到你商品或服务的人，他们究竟会不会买？

也许有人会说，由于商品的品类不同，所以营销的方法会有差别。的确，如果只是在招数这个层面，则营销玩法确实有很多，会随着商品的不同而有所侧重。但我们要讨论的问题是成交的根本，也就是说，我们需要找到更深层次的东西，找到不会因为商品差异而发生改变的要素，说到底，就是一种在实现成交过程中非常确定的思维范式。

这个思维范式的关键是能否从用户思维出发，站在用户的第一视角，着力解决好用户端的三个问题：

第一个要解决的问题是：我为什么要买？

比如，抖音是兴趣电商，很多用户都是刷着刷着，刷到你直播间的，有些用户进来并不是为了买东西，所以你要引发他们的购买需求："我为什么必须买这个东西？买了对我有什么好处？不买有什么痛点？"这是首先需要解决的核心问题。

所以，你一定要给用户他想要的，而不是你想给的。很多人在这点上经常存在误区，比如讲产品的时候，你一定会说自己的东西有多么多么好，其实用户在乎的不是你的产品有多好，而是你的产品能让他变得有多好。

因此，解决好用户为什么要买这个问题，必须树立起"利他"思维，既要满足人群的实际需求，又要通过场景和话术让用户有代入感，这样才能有效地激发用户产生购买兴趣，形成购买需求。

这个环节，非常重要的认知就是：种草比拔草更重要。[22]

举个例子，有一些在深夜卖火锅食材的直播间，开播以后，并不直接就开卖，而是在镜头前面放个锅，然后开始煮，离镜头特别近，半个画面都是锅，里面煮的虾滑、丸子、海带，都在冒着热气，并且边说边做动作，"哇，好香呀"，然后挖一勺，让人听到"呲溜"的那个喝汤的声音，继续说"太香了，太美味了"。

凌晨时分，如果你看到了这样的画面，听到了这样的声音，你会怎么想？

这就是趁着用户最饿的时候，先把草种下去，然后好多人就在那问：你吃的啥呀，这煮的啥？

主播回答说："你们要不要吃啊？这是我们自己家的虾仁，你们别问了，别

---

[22]　知识点：为什么种草比拔草更重要？

催了，来来来，虾仁还有没有了？帮我准备一下，帮我拿一下。"

然后就一直种草，种草完了以后，虾仁拿上来了，又说："大家都知道，咱们家自己做虾仁的，最近虾仁也不便宜……"就开始做塑品了，讲完以后开始放单销售。

等虾仁卖过了，下一个商品是牛排，但牛排并不是一拿上来就直接卖的，这时，新一轮的种草又开始了。

主播说："虾仁是不是快上完了？还有几单？还有 10 单了，是不是？大家赶紧去抢啊，最后一波了。别再问牛排了，牛排真的没有了？这样子，咱们的牛排还有没有库存？有，是不是？先把牛排给我拿上来。"

然后，旁边的助理把一个炭烧的锅拿上来，就开始烤，牛排"滋滋"冒着热气。

主播继续说："来，想要牛排的，想要的打想要。"

讲到这里，我们可以感受到，整个过程无缝衔接，每一个产品的每一个循环里面都包含了两个部分，叫种草和拔草。

我们可以设身处地地想一下，如果这边草没种下去，用户还没兴趣，他为什么要听你后面讲的所有内容，如果只在直播间讲我的产品多么好、多么便宜，以及怎么拍，拍完了怎么办，这是没有意义的，因为用户还不感兴趣，所以我们需要考虑的是，如何设计好直播间，通过什么样的环节，什么样的展示，什么样的话术，把种草环节有效完成了，成交转化才会有良好的基础。

第二个要解决的问题是：我为什么要跟你买？

当用户有了一定的购买需求以后，就会出现一系列的购买疑问："市面上同类型的商品那么多，为什么要在你这里买？价格好像挺便宜的，但质量有保证吗？"解决这些问题的核心点就在于信任度。

因为我是源头工厂，是直营门店，所以你可以跟着我买；因为我是深耕这个行业很专业的人，所以你可以听听我的推荐；因为这个是得到权威认证和用户广泛好评的，所以你可以试试看……，类似这些，但凡能体现你专业化特征的，都可能形成用户对你的信任度，从而有助于解决用户为什么要跟你买的问题。这不仅取决于你的话术和场景搭建，还包括你的货品选择，都是影响它的核心因素。

这个环节，非常重要的认知就是：价值比价格更重要。[23]

举个例子，一条咖啡的广告语，有两句话，第一句话是"上班辛苦了"，第

【23】　知识点：为什么价值比价格更重要？

二句话是"来杯咖啡提提神",大家可以思考一下,这条广告语好在哪儿?

它没有先说自己,而是先说你,你为什么需要我?

"上班辛苦了",先点用户,跟用户建立关系之后再说我,"来杯咖啡提提神"。直播也是一样的,所有播得好的直播间,能够卖货的直播间,一定会有一个塑造和展示环节叫:你为什么需要我?你跟我有什么关系?

直播带货中有句话叫:价值不到,价格不报。意思就是说一定要先给用户塑造出产品的价值,要基于深入的消费者洞察来设计消费旅程,比如,现在许多用户下单更集中在睡前,所以就出现了所谓的"临睡经济"。再如,消费分级的趋势明显,有些用户大额消费在忍,小额消费在增,所以出现了"平替经济",这些现象的背后是用户对于消费价值判断的变化,从实用价值、功能价值到情绪价值,要让用户为喜欢而购买,这是流量营销的本质。

第三个要解决的问题是:我为什么要现在买?

在解决了前两个问题之后,用户可能会觉得:你的产品不错,店铺也挺让人放心的,但是我好像也不急着买,先加到购物车吧,或者我再去比比价。

这是用户在作出购买决策时,很常见的心理活动,但你要促成交,你一定希望用户在离开前就能完成支付,所以需要你进行更具体的价值塑造,比如,限时、限量、限价、限人、满减、满赠等。

这个环节,非常重要的认知是:理由比优惠更重要。[24]

举个例子,我们来看一段零食直播间的主播话术:

"今天直播间有没有新粉丝,新粉丝点关注、敲新字,我要给新粉丝免费安排福利了。

给什么福利?今天在我直播间所有新粉丝,蟹香蚕豆给两包,多味花生给两包,蟹黄味瓜子给两包,兰花豆给两包,前面8包你买的,后面8包我免费给的,划不划算?

今天我在仓库了,我在厂家总仓,我必须免费给你们安排的福利比别人直播间多,必须比所有达人网红多,对不对?

直播间新粉丝给我敲'已关注'三个字,我要今天换你一个关注,换不换?蟹黄味瓜子再给两包,换你一个免费的关注。

买8包,我们今天再给你免费多加10包,给不给力?

超市老板娘说卖你199元一箱,我今天189元,冲不冲?

【24】　知识点:为什么优惠的理由比优惠本身更重要?

189 元给所有点关注的，你们买一箱，我再免费加一箱。到手两箱，冲不冲？

库存不多，500 单，拼手速，321，上车……"

上面这段话术中加了很多节点式的描述，一点一点地抽丝剥茧，把优惠的感觉给到用户。首先是针对新粉丝给福利，接下来一次、两次、三次、四次，持续地加码福利，然后找了一个仓库的理由，再来第五次福利，并与超市的价格做对比，与超市的分量做对比。这些就是环节和话术的设计，用户很多时候买的不是便宜，是心理上觉得值，你不能让他心理上觉得值，再便宜都没用。

这是很核心的内容，有时候，一些直播间想要白送都没有人要，为什么？因为主播讲不出来。在促进成交转化的过程中，有两个机制非常重要，一个是产品本身的机制，另一个是能够让消费者感知到的机制。

所以，请记住这句话：优惠不重要，优惠的理由才重要，优惠的理由比优惠本身更重要。

至此，我们再回到问题的最初：成交的根本是什么？根本就在于符合人性，颠覆认知。符合人性是要解决"为什么要买，为什么跟你买，为什么现在买"这三个问题，颠覆认知是要明白"种草比拔草更重要，价值比价格更重要，理由比优惠更重要"，对于商家来说，前者是利他，后者是利己，这就是成交环节的用户思维。

第二章　流量发展的演化变迁

如果有兴趣，在这一章你可以快速地了解一下流量的前世今生。我们所划分的阶段，并不是完全按照时间轴分隔的，而是依据各个典型时期流量主要集聚的特征区分的。

全球和中国的互联网流量发展经历了多个阶段，每个阶段都伴随着技术进步、市场需求变化和商业模式创新。互联网最初的发展历程可以追溯到 20 世纪 60 年代末和 70 年代初，是一个由多个独立事件和技术进步组成的过程。以下是互联网最初发展历程的主要阶段和事件：

1. 起源阶段（20 世纪 60 年代初至 70 年代初）

ARPA 计划：在美国国防部高级研究计划局（ARPA）的支持下，研究人员开始探索通过计算机网络实现信息共享和通信的可能性。

ARPANET 诞生：1969 年，由美国的 ARPA 资助，由斯坦福研究所、加州大学洛杉矶分校、加州大学圣巴巴拉分校和犹他大学共同建立的 ARPANET 正式启动，成为互联网的前身。

2. TCP/IP 协议的诞生（20 世纪 70 年代初）

1974 年，温顿·瑟夫（Vinton Cerf）和罗伯特·卡恩（Robert Kahn）提出了 TCP/IP 协议，这是互联网通信的关键协议，也成为互联网的基础架构。

3. 分组交换技术的引入（20 世纪 70 年代中期）

分组交换网络：与传统的电路交换网络不同，分组交换网络允许数据被切割成小的数据包，并在网络中独立传输，这一技术的引入提高了网络的效率和灵活性。

4. 域名系统的建立（20 世纪 80 年代初）

域名系统（DNS）：1983 年，DNS 系统建立，使得人们可以通过易记的域名而不是 IP 地址来访问网站，为互联网的可用性和可扩展性做出了贡献。

5. 万维网（World Wide Web）的诞生（1989 年）

1989 年，蒂姆·伯纳斯—李（Tim Berners-Lee）提出了万维网的概念，并在 1990 年创建了第一个网页浏览器和服务器，为信息共享提供了一种直观的方式。

6. 商用互联网的兴起（20 世纪 90 年代初）

互联网服务提供商（ISP）：20 世纪 90 年代初，商用互联网服务开始在全球范围内提供，使个人用户能够访问互联网。

7. 网景浏览器和电子邮件的普及（20 世纪 90 年代中期）

网景（Netscape）浏览器：1994 年，网景公司发布了第一款商业浏览器，使互联网的使用变得更加用户友好。

电子邮件：电子邮件的广泛应用促进了即时通信和在线协作的发展。

8. 电子商务的崛起（20 世纪 90 年代末）

电子商务：20 世纪 90 年代末，电子商务逐渐崭露头角，亚马逊、eBay 等电商平台开始出现。

这一时期的互联网发展是一个由政府和学术机构主导的过程，后来逐渐转向商业和个人用户，一些基础性的技术和概念为后来互联网的快速发展奠定了基础，开启了信息时代的大门。随着时间的推移，互联网的应用领域和技术不断拓展，成为当今社会不可或缺的一部分。

1.0 阶段：门户网站和在线论坛

这是互联网流量发展的初期阶段，具有开创性的意义，奠定了互联网基础设施和社区交流模式。

门户网站最初兴起于 20 世纪 90 年代初，它们主要提供广泛的信息服务，包括新闻、天气、股票、体育等。这个阶段，如 Yahoo、MSN 等成为用户上网时的主要入口，整合了各种信息服务。

随着互联网用户数量的增加，门户网站开始扩展其内容，增加各种垂直领域的服务，如电影、音乐、健康等。这一时期，门户网站成为用户获取多元化信息的首选平台。21 世纪初，随着互联网的商业化，门户网站之间展开了激烈的竞争。它们尝试通过各种方式进行商业模式创新，以获取更多的用户，大多数门户网站通过广告盈利，成为品牌推广和用户获取的主要平台。

在互联网刚刚兴起的早期，在线论坛作为用户交流和分享信息的平台开始崭露头角，用户通过发帖、回帖的形式进行交流，用户可以分享自己的经验、观点，形成丰富多样的内容。

随着用户数量的增加，在线论坛变得更加多元化，出现了各种主题和领域的论坛，从科技到娱乐，几乎涵盖了所有可能的兴趣领域。这一时期，社区建设变得更加重要，形成了一些独立的、活跃的互联网社区，用户生成内容和社交互动成为在线论坛的重要特征。

当前，一些论坛开始整合社交媒体元素，提供更直观的用户体验，与此同时，一些传统的在线论坛逐渐受到社交媒体平台的竞争，一些在线论坛逐渐演变成新型媒体。

典型案例：

（1）雅虎（Yahoo）：成立于1994年，雅虎早期以门户网站形式为用户提供多元化信息，包括新闻、邮箱等服务。

（2）MSN：推出于1995年，微软旗下的门户网站，提供全方位的信息服务，包括新闻、娱乐、邮箱等。

（3）美国在线（AOL）：成立于1983年，在20世纪90年代是美国最大的互联网服务提供商之一，提供门户、电子邮件和即时通信服务。

（4）搜狐：成立于1998年，是一个综合性门户网站，提供新闻、搜索、邮箱等服务，曾经是中国互联网的重要代表之一。

（5）天涯社区：成立于1999年，是中国最早的大型综合性社区，包括广泛的讨论主题，从娱乐到社会热点。

（6）百度贴吧：成立于2003年，是百度旗下的一个在线社区平台，用户可以在各种贴吧内进行讨论、分享兴趣。

2.0阶段：搜索引擎主导阶段

随着搜索引擎的崛起，用户更倾向于直接搜索他们需要的信息，而不是浏览门户网站，用户对于个性化内容的需求逐渐增加，门户网站一刀切式的信息服务不再适应用户需求。

搜索引擎是互联网发展的一个关键阶段，这一时期主要涵盖2000年~2010年初，搜索引擎逐渐成为互联网流量的主导力量，改变了用户获取信息的方式，最显著的特点之一是信息检索的便捷性，用户可以通过输入关键词，快速获取海量信息，解决了过去互联网上信息分散、碎片化的难题。

搜索引擎主导阶段引入广告变现模式，通过将用户的搜索行为与广告内容相匹配，实现广告投放。这一模式促使了数字广告行业的蓬勃发展，成为许多企业推广和获取用户的首选平台。为了在搜索结果中获得更好的曝光，企业和网站开始重视优化网站结构和内容，以提高在搜索引擎中的排名，搜索引擎优化（SEO）和搜索引擎营销（SEM）成为重要的网络营销手段。

典型案例：

（1）谷歌（Google）：谷歌是搜索引擎领域的巨头，以其卓越的搜索算法和简洁的界面迅速崛起，成为全球备受欢迎、使用频繁的搜索引擎，同时拓展了广告业务、地图服务等多个领域。

（2）百度（Baidu）：是全球最大的中文搜索引擎之一，以其深入了解中文搜索语境而受到用户喜爱。百度除搜索外还涉足了在线广告、电商、视频等多个领域。

（3）Microsoft Bing：是微软推出的搜索引擎，致力于提供富媒体内容和创新的搜索体验，虽然市场份额较 Google 较小，但在一些领域取得了成功。

（4）Yandex：在俄语地区拥有强大的市场份额，提供搜索、地图、电商等服务，它通过深度了解俄语搜索语境，满足用户需求。

3.0 阶段：移动互联网时代

随着智能手机的普及，催生了大量的移动应用，比如 AppStore 和 Google Play 等应用商店为用户提供了便捷的应用下载，推动了移动应用的快速发展。

社交、娱乐、新闻等各类应用丰富了用户在移动设备上的体验，成为用户获取信息、社交互动和生活娱乐的主要途径。中国用户对于移动应用的需求较高，平均安装数量相对较大，根据不同研究和调查的结果，中国互联网用户平均安装的应用数量在 30~50 个。

同时，用户开始更多地通过移动设备使用搜索引擎，推动了移动搜索的发展，搜索引擎开始注重本地搜索和个性化推荐，根据用户的地理位置和个人兴趣推送更符合用户需求的信息。

典型案例：

（1）WhatsApp：提供免费的文字、语音、视频通话服务。

（2）电报（Telegram）：以其强调隐私和安全性而受到用户青睐。

（3）QQ：中国最早的即时通信工具之一，虽然在智能手机时代，微信等社交应用逐渐崭露头角，但 QQ 仍然保持着庞大的用户基础。

（4）谷歌地图（Google Maps）：提供实时导航、交通信息、地图搜索等服务，成为用户出行重要的工具。

（5）优步（Uber）：提供打车、拼车服务，改变了传统出行方式。

（6）MyFitnessPal：帮助用户追踪饮食和运动，提供个性化的健康管理方案。

（7）Netflix（奈飞）：提供在线流媒体服务，全球最大的订阅制视频平台之一。

（8）网易云音乐：通过音乐流媒体服务，为用户提供广泛的音乐选择和个性化的歌单推荐。

4.0 阶段：电商平台的崛起

移动互联网改变了用户的消费习惯，用户的上网行为由简单的信息获取逐渐转向了多元化、个性化，电商成为其中一大亮点。

电商平台的崛起并非一夜之间，它扎根于互联网技术的发展。早期的电子商务以 B2C（企业对消费者）模式为主，通过网站向消费者提供商品和服务。然而，真正推动电商平台崛起的是 C2C（消费者对消费者）和 B2B（企业对企业）模式的兴起。

C2C 模式：淘宝是电商平台中 C2C 模式的代表，通过将个体卖家与消费者连接在一起，创造了一个庞大的虚拟市场，打破了传统零售的空间限制。消费者对于产品和服务的需求逐渐由基本的满足转向追求品质和体验。这种消费升级的趋势使得电商平台能够提供更多高品质、特色化的商品和服务，满足不同层次、不同领域的用户需求。

B2B 模式：阿里巴巴的成功改变了企业间的交易方式，打破了传统零售的边界，使得企业不再受制于实体店面的地理位置。B2B 平台为企业提供了全球化的贸易机会，无论大小，企业都可以通过电商平台实现全球销售，推动商业活动呈现全球化趋势，拓展了企业的业务范围。

同时，随着中国成为全球最大的智能手机市场，为电商提供了全新的增长空间，使得在线购物和金融服务成为移动互联网时代的重要流量来源，如支付宝、微信支付等移动支付工具的广泛应用，使得电商交易更加便捷，也增强了用户的支付意愿，让他们能够随时随地进行购物，进一步推动了电商的快速发展。

典型案例：

（1）亚马逊（Amazon）：成立于 1994 年，是全球最大的电商平台之一，业务涵盖图书、电子产品、家居用品等多个领域。同时，亚马逊还通过 AWS（亚马逊云计算服务）等业务拓展到云计算和人工智能领域。

（2）阿里巴巴：成立于 1999 年，是一家综合性电商巨头，旗下拥有淘宝、天猫、阿里云等平台。除了电商，阿里巴巴还涉足了金融、物流、娱乐等多个领域。

（3）京东：成立于 1998 年，以 B2C 模式为主，提供各类商品的在线销售服务。京东一直致力于提供高品质的商品和快速的物流服务，成为中国电商的重要参与者。

（4）eBay：成立于 1995 年，是全球最早的在线拍卖平台之一，以 C2C 和 B2C 模式为主。它在国际市场上发挥了重要作用，为全球买家和卖家提供交易平台。

（5）支付宝：推出时间 2004 年，是由阿里巴巴集团推出的一款移动支付应用，最初是为了方便淘宝交易而创建的。支付宝不仅支持在线支付，还涵盖了转账、理财等多个领域。

（6）微信支付：推出时间 2013 年，是腾讯公司旗下的移动支付服务，整合在微信 App 内。用户可以通过微信进行在线支付、转账、缴费等操作，还支持小程序支付、扫码支付等多种形式。

（7）Apple Pay：推出时间 2014 年，是由苹果公司推出的移动支付服务，主要针对苹果设备用户。它支持在 iPhone、Apple Watch、iPad 等设备上进行支付，使用近场通信技术（NFC）实现安全快捷的支付体验。

5.0 阶段：社交媒体时代的到来

用户可以通过手机随时随地分享瞬间，社交媒体成为人们记录生活和交流情感的重要平台。即时通信工具也在移动互联网时代迎来了爆发式的增长，这些工具不仅提供即时通信服务，还整合了社交、支付等多个功能，成为用户日常生活中不可或缺的应用。

2000~2010 年，社交媒体经历了令人瞩目的发展和巨大的变化，这一时期被认为是社交媒体从初创阶段走向成熟发展的关键阶段。

2002 年成立的 Friendster 和 2003 年成立 MySpace 被认为是社交媒体的先驱，为用户提供了在线社交和个人空间，这一时期的社交媒体主要侧重于用户个人主页连接和在线社交，以帮助用户扩展社交圈。

2004 年，马克·扎克伯格创建了 Facebook，成为社交媒体领域的颠覆者，用户体验更简洁，引入了新的社交互动模式，快速吸引全球用户。

随着社交媒体平台开始采用开放式 API，使得第三方开发者能够创建应用程序，并将社交媒体整合到其他在线体验中。用户生成的内容在社交媒体中变得更加突出，用户不再仅仅是信息的接收者，还是创造者和分享者，这推动了社交媒体平台从传统媒体的中心化向用户参与和创造的开放模式转变。

随着用户规模的扩大，社交媒体平台开始探索商业化的道路，开始引入广告和推广服务，成为在线广告的热门渠道。企业逐渐认识到社交媒体的重要性，开始利用这些平台进行品牌建设、市场推广和用户服务。

由此，社交媒体平台逐渐从提供在线社交工具演变为涵盖多种形式的内容创作、分享、商业推广等多方面的综合平台，这为后续社交媒体的变革和创新奠定了基础。

典型案例：

（1）LinkedIn：推出时间 2003 年，专注于职业社交，为专业人士提供了一个网络建立职业关系、分享行业见解的平台。

（2）Facebook：推出时间 2004 年，其用户生成的内容、社交网络功能和广告模式为后来的社交媒体平台树立了榜样。

（3）Twitter：推出时间 2006 年，以短消息为主的社交形式在社交媒体中占有一席之地，成为实时新闻、事件传播和公共讨论的主要平台。

（4）Snapchat：推出时间 2011 年，独特之处在于其短暂的消息和故事功能，让用户分享瞬间，这种即时性和隐私性为社交媒体增添了新元素。

（5）微博：推出时间 2009 年，是中国社交媒体领域的重要平台之一，将用户分享的文字、图片、视频等多媒体内容进行实时展示。

（6）微信：推出时间 2011 年，通过融合聊天、社交、支付等功能，构建了一个多元化的社交媒体生态系统。

6.0阶段：短视频和直播的兴盛

　　随着移动互联网时代的到来，短视频和直播作为新兴的社交媒体形式，引领了娱乐和信息传播的新潮流。它们的发展历程经历了技术突破、用户行为变革和商业模式创新等多个阶段，深刻地改变了人们获取信息和娱乐的方式。

　　短视频和直播的早期发展在 2010 年前后，那个时期，技术媒介的演变为它们的兴起提供了土壤，YouTube 的出现为视频分享创造了平台，而 Ustream 等实时直播技术的应用为直播打下基础。然而，这一阶段的用户规模较小，技术限制和网络状况成为发展的瓶颈。

　　2016 年，微信推出了微视频，成为中国短视频平台的开端。然而，真正改变游戏规则的是字节跳动旗下的抖音，它是一款基于短视频的社交应用，前身是2016 年上线的"音乐短视频"平台，抖音以其创新的内容创作方式和独特的算法推荐系统在短时间内取得了巨大成功。

　　短视频的兴起在很大程度上改变了用户获取信息和娱乐的方式。企业通过短视频平台可以进行产品展示、品牌宣传，通过生动有趣的短视频内容迅速吸引用户关注，增强品牌曝光度。短视频平台以其快速、生动的特点，使得企业能够在短时间内迅速吸引用户关注，生动有趣的短视频内容更容易引起用户共鸣。

　　与此同时，国内外涌现出一系列直播平台，如斗鱼、虎牙、Twitch 等，这些平台通过提供游戏直播、生活分享、技能展示等多样化内容，吸引了大量用户，形成了直播行业的繁荣。弹幕直播作为直播形式的一种，通过实时弹幕评论的形式，增加了用户和主播之间的互动性，这一形式在中国得到了广泛传播，成为直播平台的一项创新。

　　直播平台也在不断尝试新的变现模式，如虚拟礼物、付费订阅、广告收入等，主播通过直播带货成为一种常见的商业手段，拓展了直播的商业边界。企业通过充分利用移动互联网时代的直播平台，能够实现更广泛的品牌曝光和更高的用户留存率。直播电商在这一时期取得了巨大成功，通过主播和粉丝的互动，实现了实时推荐和购物决策，极大地提高了用户购物的体验，电商平台也纷纷推出直播功能，加速了直播电商的普及。

　　越来越多的平台开始将短视频和直播进行有机融合，短视频平台逐渐转向电商,将短视频和购物有机结合,用户可以通过短视频了解主播,而主播可以通过直播与粉丝互动,这种融合模式创造了更加多元化和丰富的用户体验。通过直播带货、短视频购物等形式,用户可以在观看内容的同时直接购买商品,成为一种新的商业变现路径。

典型案例:

(1)YouTube:推出时间2005年,全球大型的视频分享平台,为用户提供了上传、分享和观看视频的平台,成为内容创作者和广告商的热门之选。

(2)Vine:推出时间2012年,作为短视频的先驱,Twitter推出的Vine允许用户发布6秒的短视频,为短视频形式的探索奠定基础。

(3)抖音:推出时间2016年,字节跳动旗下的抖音以其独特的创意和用户友好的界面,吸引了大量年轻用户,成为全球范围内短视频的代表。

(4)淘宝直播:推出时间2016年,通过结合购物和直播,淘宝直播为商家和网红提供了展示产品的平台,用户可以在直播间中实时互动购物,推动了直播与电商的深度融合。

(5)快手:推出时间2011年,一款以生活方式为主题的短视频平台,致力于展示用户真实的生活状态,用户通过上传各种有趣的日常片段,分享自己的生活方式和见闻。

(6)Bilibili:推出时间2009年,作为一家以动画、游戏、文化为主题的弹幕视频网站,逐渐发展成为一个拥有多元化内容的平台。

7.0阶段:社交电商与种草平台

在中国电商市场的发展历程中,社交电商作为一个重要的发展方向逐渐崭露头角。在社交媒体平台上,企业可以通过实时互动、内容传播和品牌形象营造,吸引更多关注,提高用户参与度,进而实现更好的市场推广效果;个体或小团队可以快速建立自己的品牌,通过社交关系进行销售,微信、抖音、快手等平台成为社交电商的主要阵地,用户通过直播、短视频等形式展示商品,实现了更加直观的购物体验。

随着社交媒体和社交电商的蓬勃发展,种草平台逐渐成为时尚爱好者和消费者们追逐潮流、分享购物心得的热门场所。种草平台的兴起源于人们对于时尚资讯和购物经验的分享需求。过去,人们获取时尚信息主要依靠杂志、时尚博主等传统媒体，而购物则通过实体店或者电商网站完成。

然而，随着社交媒体的普及和电子商务的发展，人们开始更加依赖于数字平台获取时尚资讯和购物灵感。种草平台的出现，填补了传统媒体和电商之间的空白，为用户提供了一个即时、互动的时尚社交空间，用户可以在这里分享自己的购物心得、晒出搭配技巧，与他人交流经验，并且从中获取购物灵感。

种草平台的独特之处在于用户生成的内容。与传统的电商平台不同，种草平台更加注重用户之间的互动和分享。用户可以通过发布图片、文字、视频等形式，展示自己的购物心得和生活方式，吸引其他用户的关注和点赞。这种用户生成的内容不仅丰富了平台的信息，也增强了用户之间的互动和社交性，形成了一个活跃的社区。

同时，种草平台依托算法技术，为用户提供个性化的购物推荐。通过分析用户的浏览历史、点赞行为、社交互动等数据，平台能够准确把握用户的喜好和需求，为其推荐符合个性化口味的商品和品牌。这种个性化推荐不仅提升了用户的购物体验，也为品牌和商家提供了更精准的营销渠道，促进了消费者和品牌之间的深度互动。

对于用户，种草平台为他们提供了一个方便快捷的购物体验。通过个性化推荐和用户生成的内容，用户可以更加准确地找到符合自己口味的商品，也可以从他人的购物经验中获取灵感和建议。种草平台的社交功能增强了用户之间的互动和社交性，为用户提供了一个志同道合的时尚圈子。

对于品牌和商家，种草平台提供了一个新的营销渠道和推广平台。通过在种草平台上展示产品和与用户互动，品牌可以更加直接地了解消费者的需求和反馈，调整产品设计和营销策略。同时，种草平台也为品牌提供了一个与消费者保持密切联系的机会，提升了品牌的知名度和影响力。

在各类种草平台上，与之相伴的就是 KOL（Key Opinion Leader）和 KOC（Key Opinion Customer）的迅猛发展。在互联网发展的早期阶段，KOL 和 KOC 的概念并不是很明确，也没有明确的平台来支持它们的活动，人们更多地依赖传统媒体获取信息和建立购买决策。这个阶段，虽然有一些具有影响力的个人或机构，但他们的影响范围相对有限，难以形成规模化的影响。

随着社交媒体的兴起，如微博、微信、Instagram 等平台的普及，KOL 和 KOC 开始逐渐崭露头角，人们开始在社交媒体上分享自己的生活、购物经验和消费体验，一些具有影响力的个人或机构开始通过社交媒体平台吸引粉丝关注，建立自己的影响力。

KOL 指在特定领域具有影响力和专业知识的个人或者机构，他们的言论和行为能够影响粉丝的购买决策。在种草平台上，KOL 经常通过发布商品评测、搭配推荐等内容，为用户提供购物建议和灵感，引导用户关注特定品牌或商品。因此，KOL 在种草平台上扮演着引领潮流、传播品牌信息的重要角色。[25]

伴随 KOL 的涌现，还产生了一个概念叫 MCN，MCN 是英文 Multi-Channel Network 的缩写，译为多频道网络的意思，MCN 公司通常指在线平台的第三方服务商，旨在帮助内容创作者管理其频道和内容，并提供相关的支持和资源，比如版权管理、品牌合作、广告分成、创作者培训等，我国一些 MCN 公司被大家熟知，通常是因为它们签约了一些知名的主播或博主，为他们提供经纪管理服务，包括艺人经纪、形象打造、日程安排、品牌代言等，并收取一定比例的费用作为收益。有些 MCN 公司的重点业务是拉人头，通常以公会的形式吸引新手主播或达人，所谓"公会"指直播或短视频的相关从业者自愿组成的组织或协会，成员一般有共同的行业背景或利益诉求。[26]

KOC 指普通消费者中具有一定影响力和社交能力的个人。他们在日常生活中分享自己的购物体验和使用心得，影响着身边朋友和社交圈内的消费者。在种草平台上，KOC 通过发布购物心得、晒单分享等内容，为其他用户提供了真实的购物参考和推荐。相比于 KOL，KOC 更具有平民化和真实性，能够更好地触达普通消费者。

如今，KOL 和 KOC 已经成为品牌营销的重要力量，在各个领域都有着广泛的影响力，一些专业的代理机构和平台开始涌现，帮助品牌和 KOL、KOC 建立合作关系，进行商业化运营。同时，KOL 和 KOC 开始专业化运营自己的社交媒体账号，提升内容质量和粉丝互动，实现商业化变现。

在种草平台上，KOL 和 KOC 间不仅存在着单向的信息传递，更重要的是双方间的互动和共生关系，增强了平台的社交性和用户黏性，共同推动了种草平台的发展和壮大。

典型案例：

（1）拼多多：通过团购和社交分享形式，推动用户参与商品购买。用户可以通过邀请好友一起参团享受更低的价格，形成了社交购物的模式。拼多多的"拼团"机制推动了用户通过社交网络参与购物活动，形成了独特的社交电商

【25】 知识点：什么是 KOL 和 KOC?
【26】 知识点：什么是 MCN?

氛围。

（2）小红书：一个以生活方式和购物为主题的社交媒体平台，用户可以分享购物心得和生活经验。其特点是以社交电商为驱动，用户更倾向于信任其他用户的推荐。

（3）Airbnb：通过与旅行达人（KOL）合作，推出"爱彼迎之夜"活动，邀请旅行达人在独特的房源中举办特别活动，这种合作不仅提高了品牌在旅行领域的影响力，也为用户提供了独特的住宿体验，双方共同受益。

（4）Instagram：成功证明了图片和视觉内容在社交媒体中的关键作用，引领了照片分享和滤镜应用的潮流，吸引了年轻用户。

第三章　流量 8.0 的趋势红利

流量红利指在互联网时代，随着用户规模的扩大和网络行为的增加，形成的巨大流量资源，这种资源可以是网站、社交媒体、移动应用等平台上的用户访问量，也可以是用户产生的数据流量。

过去 10 多年，随着移动互联网的持续渗透，各行业在流量红利的推动下，一路高歌猛进，促进了共享经济、电商平台等新兴模式的崛起，为企业提供了丰富商机和盈利机会。

从商业角度看，衡量流量红利的指标是获客成本。随着线上获客成本从几元到几十元再到上百元，让人感到流量红利日渐趋弱。的确，之所以有流量红利，是因为线上的获客成本低于线下的，一旦线上线下的获客成本趋同或者线上高于线下，那么线上流量的红利优势就会减弱甚至消失。

线上获客成本持续上升，这是不争的事实，线上线下获客成本是否趋同或倒挂，在不同行业的表现是不同的，但这一定意味着流量的红利消失了吗？

答案是不一定。

我们要看到，数字化是时代发展的趋势，是一个不可逆的过程，线上虚拟经济对线下实体经济带来冲击，有些甚至是惨烈的颠覆，线上对线下带来冲击的实质是在淘汰某些落后的生产力，归根结底，人类经济社会的进步和发展就是先进生产力碾压落后生产力，生产效率不断进化迭代的结果。

有些实体经济的下滑，主要原因在于没有充分发挥优势，没找到比线上更有效率的模式；同样，有些线下的业务，如先进制造业、高端装备业、生物医药、新能源等是线上取代不了的，线上和线下绝不是替代关系，而是相互促进、相互融合的共生关系，所以，流量红利是否消失，根本上取决于是否具备先进生产力，是否能形成新质生产力。

我们要认识到，在流量 8.0 的新阶段，重要的不在于"白热化""下半场"这类论调，而在于我们能否在危中觅机、洞察先机，能否在红海中找到一片蓝海，红利也许从未曾消失，只是旧的红利已去，要相信，一定会有新的红利到来。

洞察先机：在红海中找到蓝海

找寻流量红利先机一定要秉承正确的方法论，要对环境、背景变化有着充分深入的认识，积极拥抱变化、科学大胆求证、果断采取行动，透过表象洞察原因，进而锁定红利先机的方向。

1. 用户增量的蓝海

根据中国互联网络信息中心发布的《第 53 次中国互联网络发展状况统计报告》，截至 2023 年 12 月，我国网民规模达 10.92 亿人，较上年同期新增网民2480 万人，互联网普及率达 77.5%，网上零售额达到 15.42 万亿元，连续 11 年成为全球第一大网络零售市场。

如表 3-1 所示，网络用户在各细分领域均保持了一定的增长，可以看出，不是没有增长，只是基数大了，增长速度放缓了，但就绝对数来说，基盘用户是庞大的，数千万的增长数量甚至比许多国家的人口还要多。

表 3-1　细分领域网络用户规模

截至 2023 年 12 月规模	较上年同期
手机网民规模达 10.91 亿人	增长 2562 万人
网络视频用户规模为 10.67 亿人	增长 3613 万人
即时通信用户规模达 10.60 亿人	增长 2155 万人
网络支付用户规模达 9.54 亿人	增长 4243 万人
网络购物用户规模达 9.15 亿人	增长 6967 万人
搜索引擎用户规模达 8.27 亿人	增长 2504 万人
网络直播用户规模达 8.16 亿人	增长 6501 万人
网络音乐用户规模达 7.15 亿人	增长 3044 万人
网上外卖用户规模达 5.45 亿人	增长 2338 万人
网约车用户规模达 5.28 亿人	增长 9057 万人
在线旅行预订用户规模达 5.09 亿人	增长 8629 万人
互联网医疗用户规模达 4.14 亿人	增长 5139 万人

从商家获取流量的角度看，更关注网络视频用户、网络购物用户、搜索引擎用户、网络直播用户、网上外卖用户等，这些都是商家可以直接触达并进行流量

转化变现的群体，均有大幅度的数量增加。

具体到流量平台，以抖音为例，算上字节跳动旗下其他平台和渠道，日活跃用户可以达到 7 亿~8 亿人，这是一个非常大的流量，那么在这些流量中，电商用户有多少呢？

电商粉只有 1.5 亿左右，电商粉就是具有消费能力的，经常在抖音买货的，那这意味着什么？意味着还有几个亿的用户尚未被开发成电商粉，就是巨大的潜力，是可见且可预期的用户增量的蓝海。

并不是什么流量已死，什么流量红利没有了，这个不能凭感觉判断，要用事实和数据说话，真正懂流量的人，从来就不会理睬那些唱衰的论调，而是把精力放在如何提高自己的流量能力上。

所以，真正核心的流量问题是谁能看到，谁能抓得到。诚然，并不是流量少了，而是抓流量越来越难了，因为竞争者越来越多了。[27]

比如，目前抖音创作者有 1.3 亿人，平台粉丝过亿的账号有 3 个，5000 万粉丝以上的账号有 18 个，1000 万粉丝以上的有 884 个，500 万粉丝以上的有 3029 个，100 万粉丝以上的有 35840 个，10 万粉丝以上的有 46 万个，1 万粉丝以上的有 320 万个。

现在主播账号有 1.5 亿个，其中男主播比女主播稍多一些，30 岁以下的主播占比超过半数，内容创作者的账号有 10 亿，这是非常庞大的数字。当然这个是账号数，不是人数，一个人可能有多个账号，虽然说整体上更加年轻化，但超过50 岁的创作者还有 20%。

GMV 破千万的账号有 2 万个，破百万的有 11 万个，月收入超过 10 万元的占0.4%。可以看出，做抖音赚钱没那么容易，但抖音是许多普通人和商家现在能赚钱的一个机会，去做其他生意的门道更多，看不见的玩法更多，起码抖音是去中心化的，机制相对公平，它不是说你是大品牌、大网红，就给你流量，你数据做不到位，一样不行。所以，大家最初都是站在同一条起跑线上，没有谁天生就是赢家，也没有谁一上来就有百万粉丝；也不管是有人教，有人带，还是自学的，一个核心点是，你不学点真本事，则很难在这个激烈竞争的赛道中冲出重围。当然，它的好处就是，如果你愿意学习，肯踏踏实实地干，就是有机会的。

2. 用户转换的蓝海

从 2016 年淘宝直播上线掀起行业发展浪潮开始，直播电商行业近年来迅猛

---

[27] 知识点：获取流量为什么越来越难了？

发展，目前已步入平稳增长阶段。2023 年，中国直播电商市场规模达到 4.9 万亿元，同比增速 35.2%，尽管行业增速相较于行业发展早期出现一定下滑，但从 2023 年的市场表现来看，行业依旧在释放增长信号。

2021~2023 年，选择在抖音与快手观看直播电商的人次以及他们的购买转化率都在稳步增长，2023 年两大平台直播电商观看人次超过 5600 亿，购买转化率达到 4.8%。

2023 年，短视频用户的渗透率刷新了纪录，已经超过了 10 亿人，占整个网民规模的 95% 以上，因为短视频平台通常都有直播内容，所以，这么多短视频用户也意味着可以转化成直播电商的用户。[28]

因此，未来"短直联动"一定会愈发紧密，短视频用户的强渗透可以为直播行业培育海量消费者，2 亿多的用户规模差就是用户转换的蓝海。

3. 用户价值的蓝海

伴随"叫卖式"直播电商场景热潮渐退，"内容种草"已成为消费者形成购买决策的重要途径之一，消费者开始注重产品知识介绍，据有关调研，78.1% 的消费者在产品销售过程中对产品知识介绍产生兴趣。种草已经成为一种生活方式，一种态度，一种共同的情感，无论是用户还是品牌，都可以通过种草实现自己的价值和目标。

比如，小红书平台月活用户超过 3 亿，拥有超过 8000 万分享者，90% 的内容是用户 UGC，"95 后"占比 50%，"00 后"占比 35%，每天笔记发布达 300 万篇，用户平均阅读 25 条笔记后下单。

海量的笔记共同构建了一个充满人间感和烟火气的生活社区，真实用户的真诚分享带来了一种巨大的信任价值。一方面，在小红书上真诚分享的 KOL 内容质量比企业内容平均水平好 40%，最优秀的 KOL 内容比企业内容平均转化水平高 7~8 倍；另一方面，70% 的月活用户存在搜索行为，所有搜索行为中 88% 为主动搜索，用户搜索行为与商品相关的比例高达 40%，这为品牌带来了更大空间和更多契机，也让商家的种草营销更为精准和高效。

种草已不再是一个简单的投放动作，而是品牌营销中不可或缺的一环，并正在改变互联网流量的走向，成为深度挖掘用户价值的蓝海。

过去，可能企业看哪个环节的消费者行为有问题，就解决哪个环节，但现在得换个角度，得从用户的角度出发，思考如何才能长期留住用户，提高用户的价值；

【28】　知识点：短视频用户是否可以转化为直播用户？

以前营销是希望品牌价值和销售效果都双双提升，但现在更需要品牌传播和销售转化两方面一起努力，同时在种草这一领域实现协同，才能让市场营销效果更好。

4. 新兴赛道的蓝海

对于流量平台，因其体量规模巨大，所以成为商家的必争之地，也因此带来了更加激烈的流量竞争。嗅觉灵敏的商家会更早找到新的流量机会，胆子大的商家更愿意做出新的冒险和尝试，还有些在夹缝中求生存的商家，宁肯苟活也不愿轻易离场，核心的商业逻辑在于低获客成本和高转化效率。

举个例子，一个服装商家，看中了某个平台的巨大流量，于是通过达人去带货，一场推广费就要 20 万元，但几场下来，根本不见销量，无奈之下，转换到另一个平台，同样找达人带货，一场只需要 2 万元，20 万元可以找 10 个达人，并且销量还非常好，原因在哪儿？

行业与行业之间是有信息差的，不明所以的商家经常会掉坑，这是很常见的事情。所以，为什么很多人把推广费也叫作"坑位费"，虽然有些玩笑的味道，但一定程度上也是现实的写照。

比如，头部达人有着高流量特点，他们可以通过提升商品销量向品牌商争取更多的让利空间。但如果头部达人不停地压低商品价格，会导致品牌商的产品利润被挤压，而且还得给头部达人支付高额的佣金和坑位费用。因此，面对头部达人不时受到的争议，以及平台陆续出台鼓励店播的流量机制以及品牌商开始降低成本的需求等多重因素，店播的趋势逐渐变得显著。2023 年，品牌商开展店播的市场份额已经超过了一半。

不同平台的用户属性不同，兴趣、偏好、行为习惯都有很大差别。服装事例中，并不是说第一个平台不好，第二个平台就好，而是这个商家的服装款式、价位更适合第二个平台的用户。正所谓：西边不亮东边亮，重要的是你的货要找到对的人。不是所有产品都适合所有平台，一定要找准适合自己的流量赛道才有蓝海空间。

对平台来说，一方面，需要不断有新的商家加入，以此保持增速和扩大规模；另一方面，需要留住现有的商家，以维护好业务基盘，但限于流量资源无法做到无限制的供给，因此，去中心化成为调节流量平衡的一种方法。

对于商家而言，巨大的流量蛋糕是诱人的，但单体能够获取的流量也是有透明天花板的，所以，商家一方面顺应平台的玩法，通过内容创作、直投竞投等方式来获得基础流量，另一方面会想方设法地寻找新赛道，以期获取更低成本的流量，如表 3-2 列举了一些新兴赛道的机会，比如二手商品赛道，不管是二手车、二手房、二手奢侈品、二手健身器材、二手数码产品等，尤其是一些使用痕迹不明显，价格相对更划算的东西，流量都会非常好。[29]

表 3-2   新兴赛道的机会领域

二手商品	膳食
福利款商品	金饰珠宝文玩
源头产业带	预制菜
K12 教育	私密产品
新中式	国学

5. 科技赋能的蓝海

如今，虽然数字化高速发展，但数字鸿沟依然存在。[30]

从宏观的方面来说，人类至少还需要 10 年时间才能实现互联网应用的全球普及，但互联网的普及并不代表数字鸿沟现象的消除，要想全面进入数字化社会，我们不能仅停留在网上交流和社交媒体的初级阶段，而必须在生活的各个方面实现数字技术的全面应用。

从微观的角度看，企业必须让用户确信，数字化不会抹杀人类的社会关系，恰恰相反，它所提供的平台可以帮助用户之间建立更为密切的社交关联，还必须通过高科技互动和高触感互动的有效结合，为用户提供更为卓越的消费体验。

对于企业来说，现在可以自我审视一下，在用户消费旅程中，你在多大程度上以数字化方式吸引用户参与互动，有多少个数字化触点与用户连接，是否具备用于实时获取、存储、管理和分析用户数据的技术，业务流程是否满足数字化商业模式的需要，员工是否拥有数字化工具，是否培养了数据工程师、用户体验设计师等数字化人才，等等。

这些可能是当下你所面对的数字鸿沟，它是具体的、可量化的一个个人、一件件事，关系到你的组织建设和数字化基础设施以及数字化的企业文化。

要知道，任何在流量赛道上胜出的玩家，一定离不开先进技术和工具的加持。那些流量平台，只靠直播间和短视频就有了流量，就能把海量用户集聚起来了吗？一定不是的，背后是强大的算法和领先的架构，任何互联网平台型公司的

【29】 知识点：新兴赛道的机会有哪些？

【30】 知识点：什么是数字鸿沟？

底色一定是科技。

平台和商家在采用科技创新方面的速度和深度，会直接影响其在市场上的竞争力，只有具备领先技术的平台和商家才能提供更好的用户体验，更高效的服务，从而吸引更多用户流量。

"工欲善其事，必先利其器"，你需要的领先，并非一定要拉开很大的差距，在流量赛道，保持半个身位的优势足矣，特别是在内容为王的流量竞争中，更高的效率就意味着更多产出，更多的产出就意味着更大曝光，而更大曝光就有了流量选择权，就有了降低成本、提高销量的更多机会。

因此，数字化转型、数据驱动、智能化工具、内容营销、跨界融合、社交化营销和线上线下一体化体验等方面，都可以打造出企业纵横蓝海的第二引擎。尽早尽多地运用和创新，就能更好地满足用户日益多样化的需求，实现全方位、全场景的流量管理。

6. 产业生态的蓝海

任何一个产业都有边界吗？

是的，如果从单一维度看，产业一定是有边界的，横向上包括上游、中游、下游，或者叫前端、中端、后端，会画画的不一定会室内设计，会造飞机的不一定能造轮船，所谓"术业有专攻"，这个毫无疑问，但这只是从"术"的层面讲的道理和逻辑，聚焦的是细分行业和垂直用户。

如果不同行业组合在一起，那么形成的就是产业生态，行业原有的边界可能被打破或重塑，从而形成跨界融合的新业态，如外卖、无人机、共享出行等领域。

实际上，蓝海并不是一个虚幻的概念，而在商业世界中，在科技发展和流量迁移的过程中，一定存在大量的尚未被开发的蓝海市场，也会不断涌现许多新的应用场景和市场需求，进而带来新的增长点和市场机会。

比如，随着用户对于个性化、定制化的服务需求不断增加，在知识付费赛道，你会看到这样一种现象，线上通过 199 元、299 元的低门槛课程获客，到了线下再转化 2980 元、29800 元、298000 元的进阶课程升级，2980 元卖的是小班课，29800 元卖的是一对一陪跑课，298000 元卖的是全案定制课，整个链路设计的过程，就是不断筛选高净值用户的过程，它遵循的逻辑就是要打造"一米宽、万米深"的产业生态。

这里，有人可能会提出两个问题：

第一个问题，这些课程到底值不值？至于课程价值，这个不是我们讨论的重点，学习这件事儿本来就众口难调，但可以肯定的是，这些课程一定是有人买的，甚至还会有人花更高的价钱去买，比如，情感类、女性成长类等，卖得都非常火爆。

第二个问题，卖个课程怎么就是产业生态了呢？

如果告诉你，卖这个课程的是一家美容连锁机构，你会怎么想？再告诉你，这家机构不只卖课程，还卖衣服、卖奢侈品、卖大健康，你又会怎么想？其实，生态的核心不在于卖什么，不在于是不是主业，而是在于能否抓得住用户，能否让用户下单成交。如果上面这个案例中，卖服装和奢侈品的收入远高于美容项目的收入，那又何必执拗于美容是不是主业呢？

所以，行业真正的边界在于眼界，一个人的眼界决定了他的心界，他的心界就是他的全世界，谁说博物馆只能卖门票，它还可以卖文创、卖周边，谁说种玫瑰的就一定要卖鲜花，它还可以卖种子、卖养料。[31]

格局打开了，眼界放宽了，任何一个行业都可以发现一片新的蓝海。

生意加持：全域营销的必然

在数字化时代，传统的营销方式已经无法满足企业的需求，用户的注意力越来越分散，所以企业必须走向全域营销和多账号矩阵。

什么是全域营销？

企业官网、微博、微信、抖音、快手、淘宝、京东、拼多多、1688、视频号、百家号、头条号、B 站、知乎、小红书等，可以说非常之多，但企业投入营销宣传的人员和资金是有限的，如果做全域，就是在每个流量端口都要布局的话，那显然不现实。也就是说，如果你认为全域就等同于多平台的覆盖，那么就说明，你确实对全域的理解还存在偏差。

企业如果能够在更多平台布局，当然是好事，但这不是全域的概念。比如，一个用户在抖音上看到过你，也在视频号上看到你了，又在淘宝或小红书上看到你了，他就一定会买你的产品吗？

不一定，对吧。可有人会说：越多次的触达用户，不是更好吗，种草次数多了，即便用户这次没买，下次就有可能买呀？

【31】　知识点：行业的真正边界在哪里？

如果有人这么说，那我会问他：下次是哪次呢？

是的，下次是哪次？如果一个用户来了一次、两次、三次，你都没抓住，那凭什么认为下一次就能抓住呢？营销不能总把希望寄托在下一次吧！

或者应该来反思，为什么一次不行，两次不行，三次还不行？

真正的原因就在于根本没有了解用户，还是站在商家思维而不是用户思维考虑问题。

这就引出了全域营销的概念，一定是基于用户洞察，用数据驱动营销，串联起更多的消费场景、用户端、渠道端，连接了支付平台、自有媒体、线下门店，将多方信息整合在数据端，形成多维度的用户画像，精准把控用户需求和痛点，实现更加高效的运营和转化。[32]

这段话里面可能有些内容不太好理解，打个比方，你可以把全域营销想象成搭建一座旅游城市，需要考虑到各个方面的因素，才能确保吸引到更多的游客，提升城市的知名度和繁荣程度。

消费场景就在这座城市里，有各种各样的地标建筑和景点，吸引着不同类型的人群，还需要有各种各样的精彩表演，以实现用户的关注和参与。对应的营销工作是需要制定相应的内容策略，创作出优质、有吸引力的内容，包括文字、图片、视频、音频等多种形式。

渠道端就像是城市的公交地铁网络一样，需要各个角落都能够到达。对应的营销是选择适合的平台，包括社交媒体平台、视频平台、内容平台等，通过多平台覆盖，扩大品牌曝光度和用户触达面。

顺便强调一下前面提到的概念，全域不等同于多平台覆盖的原因就在这里，多平台覆盖只是全域营销中的一环。

同时，城市的魅力在于与人的互动和沟通，对应的是全域营销中连接与整合。因此，需要与用户建立有效的互动和沟通机制，回应用户留言和评论，参与话题讨论，定期举办线上活动和互动，以提升用户参与度和忠诚度。

我们还需要了解居民的需求和反馈，以便不断优化城市的设施和服务。及时对账号数据进行分析，了解用户行为和反馈，优化内容策略和运营策略，以提升用户体验和营销效果。

这是全域营销的概念诠释，城市让人们生活更美好，人们也需要一座更有活力更有烟火气的城市，这是为何说全域营销是必然的道理。

【32】 知识点：全域营销是什么概念？

因为企业资源有限，无法同一时间不分亲疏地维系所有用户关系，只有找准能最大化实现目标的关键人群，才能有的放矢地实现资源的高效利用。从这个角度出发，就需要商家对自身品牌人群资产有清晰的分级分类，明确不同关系层级的人群结构以及对应特征，其中，腾讯的 5R 人群资产模型就是帮助企业量化关键人群的工具模型，如图 3-1 所示。[33]

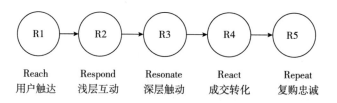

图 3-1　5R 人群资产模型

根据品牌人群的关键行为，分为 R1～R5 五个阶段，其中 R1～R3 人群分别处于商家构建人群心智过程中的三个阶段，反映了消费者从知晓品牌、对品牌产生兴趣，到完成产品种草产生购买想法的这一过程；而 R4～R5 直接与消费者在商家的消费情况挂钩，分别指首次消费人群和产生复购行为的人群。

在消费环境与消费心理的共同作用下，线上消费场域同步发生变迁，越来越多的消费者选择在商家搭建的私域中完成商品的浏览与消费。由此，公私域并举、线上线下融合的渠道全域化趋势逐渐形成，如图 3-2 所示。[34]

进一步来说，全域营销不是凭空产生的，并且很多企业都不陌生，因为全域营销前身的两个工具是 CRM（客户关系管理）和 SCRM（社会化客户关系管理）。CRM 的重心在于引流和转化，问题是企业对用户只进行管理而不做培育，当然在 CRM 大行其道之时，流量非常便宜，卖货就能赚钱，但这种方式的缺点也很明显，即随着流量越来越贵，营销成本会随着流量价格上涨而升高。

于是，许多企业开始转变运营思路，通过引流社交媒体平台上的粉丝进行分享裂变，因此 SCRM 开始流行起来，但它的问题在于通过分享裂变来获得免费流量很不稳定，也不长久。

所以，一个新的工具 CDP（用户数据平台）就开始逐渐进入视野，满足了企业对流量进行存储、运营、发掘和再获得更多流量的模型需求，核心价值就是用数据驱动业务。

【33】　知识点：什么是 5R 人群资产？
【34】　知识点：线上线下融合的渠道有哪些？

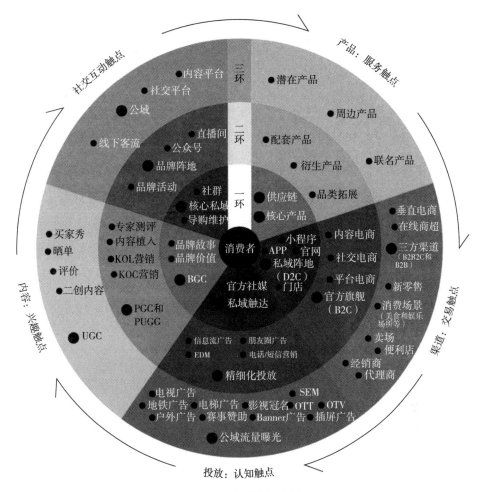

图 3-2　全域营销全景

　　当然，全域营销绝非易事，不是轻轻松松、敲锣打鼓就能实现的，就像许多传统企业在进行营销数字化的转型时，一些领导者或员工对算法策略、CDP、大模型等缺乏充分的认知，总希望一上来就是特别厉害、满分的东西，没有实现就会被喷被吐槽，这种认知偏误往往会对企业的转型发展造成巨大阻力，即便在红利先机面前，也会失之交臂。

　　要知道，全域营销的核心在于整合数据资产，统一公私域营销渠道，以针对不同消费习惯、消费场景、消费阶段的用户进行精细化运营，包括建立多账号矩阵也是围绕这个核心目的。[35]

【35】　知识点：全域营销的核心是什么？

比如，商家在多个平台建立账号或在一个平台建立多个账号，是因为不同平台的用户群体不同，他们的兴趣爱好、消费习惯、年龄段等因素也各不相同，有些人更倾向于在抖音、微信等社交媒体平台上获取信息和消费，有些人可能更多地使用微博、知乎等平台。

因此，商家需要在多个平台上建立账号，以增加品牌的曝光度和知名度，当用户在不同的平台上看到同一个品牌的信息时，会增加品牌的印象和认知度，从而提升用户对品牌的信任感和好感度，这有助于提高品牌的口碑和影响力，吸引更多的用户关注和购买。

当然，有些商家在同一个平台上可能会创建多个账号，目的是更好地针对不同的产品线、市场细分或营销活动进行定位。比如，一家服装品牌可能会在流量平台上创建一个官方账号用于品牌宣传和形象展示，同时创建一个专门的销售账号用于发布最新的产品信息和促销活动，这样做有助于更精准地触达目标用户，刺激用户购买欲望，提高营销效果。

不同行业的企业在打造多账号矩阵时，会有一些差异和侧重，下面，我们举几个例子。

1. 美妆行业打造多账号矩阵的重点

中国美妆行业整体处于成长阶段，与美国、日本等成熟市场相比，我国美妆市场规模仍存在较大增长空间，为美妆品牌创造了新的机遇，使得新锐国产品牌如雨后春笋般涌现。然而，由于渠道、品牌变多，消费者的选择越来越多元，关注美妆内容的过程也愈加碎片化，致使品牌黏性越来越弱，极易被其他价格低、概念新颖的产品吸引。因此，美妆商家普遍更关注 R1~R3 人群资产的扩充；同时，美妆行业的运营种草链路相对成熟，促成首购难度不大，商家应在将新客转化为 R5 忠诚人群方面多下功夫。

（1）产品展示与试用分享：通过多媒体形式展示美妆产品的外观、包装和使用效果，包括高清图片、视频和虚拟试色等方式，吸引用户的视觉注意力；鼓励用户参与产品试用并分享使用体验，通过用户生成内容的方式展示产品的真实效果和用户满意度，增加产品的可信度和口碑。

（2）美妆技巧和教程分享：提供专业的化妆技巧和护肤知识，包括化妆教程、护肤步骤和产品搭配建议，满足用户对美容护肤的需求，提升用户对品牌的认知和信任度。制作各种形式的美妆教程视频，如日常妆、聚会妆、专业妆等，让用户学习到不同场合下的化妆技巧，增加用户互动和分享。

（3）时尚潮流和品牌形象建设：分享最新的时尚潮流趋势和美妆产品的品

牌故事，通过内容营销提升品牌的专业度和影响力；制作美妆达人的合作视频或短片，展示品牌与时尚的结合，提升品牌的时尚形象和吸引力。

（4）社交互动和用户参与：建立社交平台和用户社群，鼓励用户在社交平台上进行互动交流，分享美妆心得、化妆技巧和产品评价，增加用户参与感和黏性；通过举办线上美妆活动、互动话题和投票等方式，拉近品牌与用户之间的距离，增强用户对品牌的好感度和忠诚度。

（5）精准营销和个性化推荐：通过多账号矩阵收集用户数据和行为，进行用户画像分析和精准营销，向用户推送个性化的产品推荐和优惠活动，提高用户转化率和购买意愿；利用数据分析和智能算法，实现对用户的精准定位和个性化营销，为用户提供更贴心的购物体验和服务。

2. 服装行业打造多账号矩阵的重点

服装行业本身易受季节性因素和时尚潮流变化影响，各细分品类的热度周期更迭较快，且用户群体消费主观意愿较强，商家需提前预判消费心理以指导生产、订货和物流。面对新消费人群带来的新消费需求与新情感需求，以及越来越多竞品进入争夺资源带来的进一步挑战，服装行业商家需不断加强用户群体需求与产品的匹配，塑造差异化体验，亟须改善流失率较高的现状，着力将潜力用户沉淀至R3人群，并对已消费群体进一步运营，引导R4人群向R5人群的流转。

（1）产品展示与体验分享：服装行业的核心在于产品本身，因此重点是通过多种形式的内容展示服装的款式、面料、剪裁、穿搭效果等，让用户更直观地了解产品。这包括使用高质量的图片展示服装的细节，制作专业的时尚视频展示产品的穿搭效果，以及提供用户体验分享，让用户分享他们的穿搭心得和购买体验。

（2）时尚趋势和搭配指南：服装行业需要与时俱进，因此多账号矩阵也要及时分享时尚趋势和搭配指南。企业可以通过发布时尚资讯、解读时尚走向、提供搭配建议等方式，吸引用户关注并提升品牌的专业度和影响力。

（3）用户UGC内容和社交互动：服装行业是一个充满个性和创意的领域，因此企业可以鼓励用户产生UGC内容，分享他们的穿搭和购物体验。通过与用户的互动，回复评论、点赞分享、参与话题讨论等方式，增强用户参与感和忠诚度，形成良好的品牌口碑。

（4）线上购物体验优化：由于服装行业的特点是产品种类繁多、款式多样，因此企业需要在多账号矩阵中优化用户的线上购物体验，可以通过提供详细的产品介绍、尺码对照表、试穿效果展示视频等方式，帮助用户更准确地选择合适的产品，提升购物满意度和转化率。

3. 汽车行业打造多账号矩阵的重点

作为高客单行业，汽车消费周期长、复购频次低，用户会依据产品寿命在对应的时间节点自然产生刚需，而当用户产生需求时，由于行业专业性较强，试错成本高，用户习惯于通过外部多元渠道全面了解产品。因此，厂家需要不断在各个渠道触达消费者，提供相关内容帮助决策。

从行业模式来说，汽车行业采用线下经销模式，导致厂家缺少直达用户的渠道，因而较难突破限制将流量沉淀至自营渠道，也就难以持续适时地推送产品和内容促进消费转化。所以，汽车行业需要在线上扩大传播声量，加深 R1～R5 人群的品牌心智；同时，提升门店的数字化营销能力，鼓励经销商合力优化用户运营，有效沉淀 R3 人群，并紧抓产品上新和营销大促两大节点，结合促销激励机制促使人群拔草转化为 R4 人群。

（1）产品展示与性能介绍：在多账号矩阵中，汽车行业需要重点展示汽车的外观设计、内饰配置和性能参数，通过高质量的图片、视频和虚拟现实技术，向用户展示各款车型的特点和优势，以引起用户的兴趣和好奇心。

（2）车主 UGC 内容和社区互动：鼓励车主和汽车爱好者产生 UGC 内容，分享他们的用车体验、驾驶感受和维护经验。建立车主社区和汽车爱好者社群，让用户之间进行交流互动，分享汽车相关话题和经验，增强用户的参与感和归属感。

（3）车型比较和购车指南：提供车型比较、购车指南和汽车保养维护建议等内容，帮助用户了解不同车型的优缺点，选择适合自己需求的汽车；同时，提供购车指南和汽车金融服务，方便用户进行购车决策和交易。

（4）活动和促销推广：利用多账号矩阵开展各种线上线下活动和促销活动，如新车发布会、试驾活动、特价促销等。通过举办各类汽车赛事、展会和活动，吸引用户参与和关注，增强品牌曝光度和用户黏性。

（5）品牌形象塑造和宣传推广：利用多账号矩阵展示汽车品牌的文化底蕴、企业价值观和品牌形象。通过精彩的品牌宣传片、故事广告和品牌活动，提升品牌的知名度、美誉度和影响力，吸引更多潜在用户的关注和认可。

可以看出，不同行业的企业在打造多账号矩阵时，需要根据自己的产品特点和目标受众的喜好有所侧重，注重内容质量和用户体验，才能取得更好的营销效果。因为用户的购买决策已经越来越依赖于网络和媒体，他们更愿意通过多种形式的流量媒体来获取信息，了解产品和服务，所以品牌商亟须借助数字化手段实现全渠道整合与监测，进一步提升自身在各平台布局流量业务的运营效率，以抓住全域营销的机遇。

科技赋能：AIGC、虚拟数字人、元宇宙

移动互联网时代融合了多种新兴技术，如人工智能、虚拟现实、增强现实等，这些技术的应用丰富了用户体验，拓展了信息传递的形式，增加商品信息和用户的接触点，比如，ChatGPT 等大模型和 AIGC 工具结合起来，像 Midjourney、Stable Diffusion、Runway、Pika、Emu Video、Imagen Video、PYoCo、MagicVideo、Moonvalley、RightBrain 等，可以自动生成文案、脚本、商品卖点，还可以进行文生图、图生图、文生视频等创作，让商业活动变得更高效、更具创新性。[36]

这里，我们重点分析 AIGC、虚拟数字人、元宇宙，从抢占流量先机的角度来看，这三个方面的应用具有一定程度的技术平权性质，能够使小型企业和个人创作者在内容生成方面具备与大型企业相当的竞争力，从而降低了进入门槛。

从 UGC 到 PGC 再到 AIGC 的发展过程，反映了社交媒体和内容生产领域的不断演进和技术创新。[37]

UGC（User Generated Content，用户生成内容）的概念较早出现，可以追溯到互联网发展的早期阶段。它强调的是用户自发地产生和分享的内容，如社交媒体上的用户发布的照片、视频、帖子等。UGC 的兴起得益于互联网技术的普及和社交媒体平台的发展，用户可以通过各种在线平台分享自己的观点、经验和创作，形成了一个庞大的用户内容生态系统。UGC 的发展使得普通用户能够参与到内容创作和分享的行列中，为互联网内容的多样化和丰富化作出了重要贡献。

相比之下，PGC（Professionally Generated Content，专业生成内容）的概念相对较新，主要出现在内容生产行业逐渐专业化的阶段。PGC 强调由专业的内容生产者或机构生产的高质量内容，如电影、电视剧、纪录片等。这些内容往往需要专业的制作团队和大量的资金投入，在传统媒体行业中占据着重要地位。但随着互联网技术的不断发展和内容消费习惯的变化，越来越多的传统媒体机构开始转向互联网平台，积极开展 PGC 内容的生产和传播，以适应新的市场需求和用户喜好。

而 AIGC（Artificial Intelligence Generated Content，人工智能生成内容）是近

【36】　知识点：AIGC 的创作工具有哪些？
【37】　知识点：什么是 UGC 和 PGC？

年来随着人工智能技术的迅速发展而兴起的概念。AIGC 利用人工智能技术生成各种形式的内容，AIGC 的出现改变了传统内容生产的模式，使得内容生产更加高效和智能化，比如，自动写作软件生成的文章、AI 合成的音乐和图像、虚拟主播等。

随着人工智能技术的不断发展，许多社交电商、直播电商、短视频创作和图文创作平台开始尝试引入 AIGC 技术，以提升内容质量和创作效率，同时开拓新的商业模式。

（1）节省成本：AIGC 技术能够自动生成各类营销内容，包括广告文案、社交媒体帖子、产品描述等，大大降低了制作成本，企业不再需要雇用大量的营销人员或外包广告代理机构来创建内容，节省了人力和财力资源。特别是对于中小型企业或个人创作者来说，使其也能够承担起高质量内容制作的能力。

（2）提高效率：AIGC 技术的快速生成能力大大提高了内容制作的效率，传统的人工创作往往需要大量的时间，而 AIGC 可以在短时间内生成大量内容，从而更快地响应市场需求、推出新产品或服务、应对突发事件，这种高效率的内容生成有助于企业在市场竞争中保持灵活性和敏捷性。

（3）个性化定制：AIGC 技术可以根据用户的行为数据和偏好，生成个性化定制的营销内容，通过分析用户的浏览历史、购买行为等信息，AIGC 能够为不同的用户群体生成定制化的内容，使得营销活动更具针对性和吸引力，延长在平台上的停留时间，降低了用户的跳出率。特别是在电商平台上，通过 AIGC 生成的个性化推荐内容可以更好地满足用户的购物需求，增加用户的浏览深度和购买意愿，进而提高了整体的转化率和销售额。

（4）增强互动性：AIGC 生成的内容往往更具有互动性，可以促进用户与企业之间的互动。比如，在直播过程中，AIGC 可以生成实时评论内容，提供互动话题，引发用户的参与和回应，增加直播的趣味性和参与度，增强用户与品牌之间的联系，这种互动性的内容能够提高用户的参与感和忠诚度，加深用户对品牌的认知和好感度。

（5）提升品牌形象：高质量的内容是提升品牌形象的重要途径之一，AIGC 技术可以帮助企业生成专业、美观、有趣的内容，展示企业的专业性和品牌形象；提升用户对品牌的信任度和好感度，从而有助于塑造和提升品牌形象。比如，AIGC 可以为虚拟直播间生成丰富多样的虚拟环境、互动内容和活动，为用户带来更加生动、沉浸式的观看体验，提升直播的吸引力和趣味性。

（6）扩大覆盖范围：AIGC 生成的内容可以轻松在各类线上平台上发布，从而扩大企业的内容覆盖范围。企业可以通过多渠道发布内容，覆盖更广泛的受众群体，提高内容的曝光率和影响力，这种多渠道的内容发布有助于企业与用户建立更深层次的联系，加强品牌在市场中的竞争力。

（7）持续创新：AIGC技术的不断发展和升级为企业提供了持续创新的动力，企业可以利用AIGC技术不断尝试新的内容形式和营销策略，探索更适合自身业务和目标受众的营销方式。通过持续创新，企业能够保持竞争优势，不断吸引用户的注意力，提高品牌的知名度和影响力。

AIGC在这些领域带来了诸多优势，但也存在一些挑战和问题。比如，生成的内容可能缺乏创意性和情感色彩，无法完全替代人类创作者的思维和感知等。尽管如此，AIGC已经成为内容创作领域的重要趋势之一，并为虚拟数字人的应用提供了强大的内容驱动。

虚拟数字人指存在于非物理世界中，由计算机图形学、图形渲染、动作捕捉、深度学习、语音合成等计算机手段创造及使用，并具有人类外貌、表演能力、交互能力等多重特征的综合体。通俗的讲法，称为虚拟形象、虚拟人、数字人等，代表性的细分应用包括虚拟助手、虚拟客服、虚拟偶像、虚拟主播等。[38]

从技术层面看，虚拟数字人可以分为真人驱动型和计算驱动型。

在真人驱动中，通过完成原画建模和关键点绑定后，运用动捕设备或摄像头将基于真人的动作和表情来驱动虚拟数字人，如知名的虚拟主播CodeMiko，就是采用了这种技术方式。

由于虚拟数字人背后有真人操作，这使得真人驱动型在动作灵活度、互动效果等方面有明显优势，随着图像识别技术以及姿势、表情等识别算法的进步，昂贵的惯性或光学动捕设备不再是驱动的必备工具，普通摄像头结合识别算法也能实现较为精准的驱动，显著降低了精细虚拟内容生成的门槛。

在计算驱动型中，虚拟数字人的语音表达、面部表情、具体动作将主要通过深度学习模型的运算结果实时或离线驱动，在渲染后加以呈现，最终效果受到语音合成、NLP技术、语音识别等技术的共同影响。

一类是基于真人进行高还原度建模，如一些电视台或融媒体平台打造的主持人数字分身，还有在快销品、日用百货等直播电商领域，数字人主播不间断地进行信息播报，以获得各个时间段的零散自然流量。

另一类是生成动漫类效果或者超写实数字人，如二次元的虚拟歌姬洛天依，

【38】　知识点：虚拟数字人究竟是什么？

新华网的超写实数字人筱竹等。

数字人主播成为直播电商领域的新宠儿，这要感谢生成式 AI 技术的发展，数字人主播不仅可以和用户互动，而且成本比较低，所以品牌商们越来越喜欢用它来做店播。不过，从使用情况看，主要卖非标品的品牌商和头部品牌商用数字人主播的不多，因为它们在培训数字人主播方面要花的成本比较高，可能效果还不如预期，如虚拟感强、说话延迟、动作生硬等。

所以，核心直播电商服务商多半是通过外包数字人主播，或者与数字人技术供应商合作来做数字人主播业务。但用外包的话，就可能会出现技术和业务分离的问题；用合作的话，数字人主播能够更好地配合店播的运营方法论，实现精细化迭代，赋能品牌店播。在生成式 AI 技术逐步成熟的支持下，数字人主播有望步入精细化发展阶段，以进一步赋能行业降本增效。

随着 AIGC 和虚拟数字人的结合，为元宇宙的商业化应用带来了新的机遇，越来越多的企业开始将目光投向这个新兴的数字化空间，希望在其中探寻商机。

元宇宙（Metaverse）是指一个虚拟的数字世界，它是虚拟现实（VR）、增强现实（AR）、人工智能（AI）等技术的结合体，用户可以创建自己的虚拟角色、交流社交、参与虚拟经济、进行虚拟商务等各种活动。[39]

元宇宙作为一个虚拟的多维度空间，其中包含了各种数字化的对象、环境和活动，既可以为用户提供更加丰富、生动的购物体验，同时为商家提供了更多的营销和推广机会。

（1）沉浸式购物体验：在元宇宙中，用户可以通过虚拟数字人的引导和陪伴，进入虚拟商城进行购物。虚拟商城中的产品可以通过虚拟现实技术呈现出逼真的效果，用户可以通过虚拟现实头戴设备和手柄等设备进行沉浸式的体验，更加直观地了解产品的外观、质感等特点，提升购物体验。

（2）个性化推荐和定制服务：利用 AIGC 技术生成的虚拟数字人可以根据用户的喜好、购买历史等信息，为用户提供个性化的产品推荐和定制化的购物服务。用户可以与虚拟数字人进行实时对话，获取针对性的购物建议和解答疑问，增强购物的满意度与黏性。

（3）拓展社交互动：元宇宙为用户提供了一个虚拟的社交空间，在这个空间中，用户可以与朋友、网红、虚拟数字人等进行互动，这为社交电商提供了更多的营销和推广机会。比如，商家可以邀请网红或虚拟数字人进行产品推荐和演

【39】　知识点：元宇宙有哪些应用场景？

示，吸引用户关注和参与；用户之间可以通过分享购物体验、交流购物心得等方式增强社交互动，形成良好的购物氛围和社区文化。

（4）提升产品展示和购物环境：在元宇宙中，商家可以利用虚拟环境和虚拟数字人展示产品，让用户可以通过虚拟身临其境的方式体验产品。比如，用户可以在虚拟商城中逛街、试穿衣服、试戴首饰等，获得更加直观、生动的购物体验。这不仅提升了产品的展示效果，也增加了用户对产品的了解和信心，从而促进购买决策的形成。

（5）虚拟社交购物活动：虚拟商城可以举办各种虚拟社交购物活动，如线上拍卖会、折扣促销活动、限时秒杀活动等，吸引用户参与并增加购物乐趣。用户可以与朋友一起参与这些活动，在虚拟世界中体验线上购物的乐趣，共同探索、发现和购买心仪的产品。

目前，3D虚拟直播间就是基于元宇宙概念的市场化应用，这种依托虚幻引擎数字技术打造的直播间，可以为用户呈现一个源于现实又超越现实的直播画面，比如，就像电影《阿凡达》的场景那样，使用非常简单的直播器材，一台电脑、几个补光灯，一个摄像头、一块绿幕再加一个工程文件就可以打造出来，技术门槛低，价格也越来越亲民，能够帮助直播间提高曝光进入率和停留时长，这就是科技赋能的典型案例。[40]

元宇宙被认为是互联网的下一代发展趋势，它有望改变人们的沟通方式、社交方式、工作方式等，对于文化、经济、社会等方面都有深远的影响，在流量领域的应用前景非常广阔。

产业进化：供应链的智能生态

在流量变现过程中，供应链起着至关重要的作用，一个高效的供应链管理可以提高产品或服务的供应稳定性、品质和成本优势，进而提升流量变现的效率和收益。

在整个互联网的发展过程中，离不开供应链的有力支撑，同时彻底改变了传统供应链的运作方式。

传统的供应链通常是以线性的、垂直的模式运作，由生产商、批发商、零售

【40】　知识点：3D虚拟直播间为什么会越来越普及？

商等各个环节构成，信息流、物流、资金流都相对封闭，运作效率低，反应速度慢。而随着互联网的发展，这种传统供应链模式逐渐被打破，取而代之的是更加灵活、智能和个性化的供应链管理方式。

互联网技术的出现使得供应链中的信息传播变得更加便捷和实时化，企业可以通过网络实时获取市场信息、竞争动态、用户需求等数据。比如，电商平台通过实时的用户搜索和购买数据，可以快速了解市场需求的变化，及时调整商品的采购和库存策略，提高供应链的反应速度和灵活性。

同时，为企业提供了更多的信息来源，如社交媒体、行业网站、专业论坛等，这些信息渠道为企业提供了更多的市场情报和商业洞察，有助于企业更加精准地预测市场趋势，调整供应链策略。

更为重要的是，互联网的普及推动了供应链的去中心化发展，企业可以直接与各个环节的合作伙伴进行联系和交流，建立更加平等、开放的合作关系。比如，B2B 电商平台让供应商和采购商可以直接进行交易和沟通，减少了中间环节的成本和时间，提高了供应链的效率和灵活性，有利于降低供应链管理的风险，不再依赖于单一的供应商或分销商，而是通过多样化的合作伙伴分散风险。[41]

特别是随着移动互联网和电商平台的发展，进一步促进了供应链个性化定制和用户参与，企业通过社交媒体、电商平台等渠道，可以与用户直接互动，了解用户需求和反馈，从而调整产品设计、生产计划等供应链策略，提供更符合用户需求的产品和服务。比如，一些定制化服装品牌可以通过互联网平台，让用户参与到设计和定制的过程中，实现与用户的互动和共创。

可以看出，传统的供应链已经转变成了具有数字化、可视化、定制化等特征的新型供应链，但变革仍在路上，供应链上的每个环节都会影响产品或服务的品质和成本，进而影响用户的购买意愿和付费能力。如果供应链管理不善，导致产品质量不稳定或成本过高，会降低流量变现的效率。因此，建立高效的供应链管理体系，保障产品或服务的品质和成本优势至关重要。

面对流量趋势新的变化，供应链仍需与时俱进地发展，智能化和生态化成为供应链管理的核心趋势，主要体现在三个方面。

1. 在产品供应链方面，企业将更加注重建立灵活、弹性的供应链网络，以适应市场的快速变化和需求的多样化

比如，通过物联网、大数据分析和人工智能等技术，实现对供应链各个环节

---

[41]　知识点：为什么去中心化是供应链的发展趋势？

的实时监控和管理，从供应商管理、订单处理到物流配送等各个环节都可以实现自动化和智能化；通过区块链技术等手段，可以实现对供应链各个节点的实时追踪和溯源，提高供应链的透明度和可信度，降低信息不对称和风险。

电商企业将更加依赖智能物流和配送技术，以满足消费者对快速、准时配送的需求。无人机、自动驾驶车辆、智能仓储系统等技术将被广泛应用于电商物流领域，提高物流效率和服务质量。

直播带货行业将更加注重产品供应链的优化，包括对产品的采购、生产、仓储和物流等环节的优化。直播带货企业可能与品牌商、生产厂家、批发商等建立长期稳定的合作关系，以确保产品的质量和稳定供应。

产品供应链将更加多样化和多元化，包括供应商的多样化、供货地域的多样化等，以降低风险和提高供应链的韧性；更加关注供应链的可持续发展和环境友好性，通过采用可再生能源、优化包装设计、推行绿色物流等方式，降低供应链对环境的影响，提高资源利用效率，推动绿色供应链的建设。

2. 在内容供应链方面，将成为随着数字化时代的到来而逐渐崛起的一种新的供应链模式

内容供应链是将内容生产、编辑、管理、分发等环节相互连接，形成一个复杂而有机的生态系统。

（1）个性化定制和智能化服务是内容供应链发展的重要趋势。随着人们对个性化需求的不断增长，内容供应链越来越注重提供符合用户个性化需求的定制化服务。通过大数据分析、人工智能等技术手段，内容供应链可以深入挖掘用户的兴趣爱好、行为偏好等信息，实现个性化推荐和定制化服务。比如，许多内容平台和电商平台通过用户行为数据和社交网络分析，为用户推荐个性化内容和商品，提高用户体验和满意度。

（2）内容创新和跨界合作成为内容供应链发展的重要动力。随着用户对内容品质的要求不断提高，内容供应链需要不断进行创新和优化，提供更具吸引力和价值的内容产品。这就需要内容供应链各环节的紧密合作和跨界融合，比如，内容创作者与科技公司、平台运营商、品牌商等跨界合作，共同打造内容产品，实现内容生产、推广、营销、变现的一体化。

（3）多元化分发和内容扩展是内容供应链的重要特点。随着用户在移动互联网、社交媒体、OTT平台等多个渠道上的活跃度不断增加，内容供应链需要适应多元化的分发环境，将内容产品进行多渠道发布和传播；并且内容供应链还需要不断拓展内容形态和内容类型，满足用户多样化的需求，比如，将文字、图

片、视频、音频等多种形式的内容相结合，创新内容产品，丰富用户体验。

（4）生态共建和共赢合作是内容供应链的重要基础。内容供应链的发展不仅需要各环节之间的紧密协作，更需要建立开放、共享的生态系统，实现生态共建和共赢。各个参与方可以通过共享数据、资源和技术，共同推动内容供应链的发展，实现资源优化配置和价值最大化。比如，内容创作者、平台运营商、品牌商、广告商等可以通过共建内容生态圈，实现内容生产、分发、变现的全方位合作。

3. 在服务供应链方面，智能化数字技术正在深度赋能流量平台的电商业务发展

为了提高供需双方的服务效率，很多流量运营服务商开始利用数字技术优化业务链路，搭建数字化的柔性供应链，一些有研发能力的服务商开始构建多功能数字化平台，以提高品牌商的销售效率和运营效率，同时更及时地满足消费者的需求。

（1）招商选品服务：随着行业的数字化转型加速，直播电商的各个环节开始融入数字技术，解决原本管理难度大、各环节效率低的问题，比如，智能选品和智能货架的组建等。智能选品现在已经很常见了，有数字化能力的运营服务商可以根据自己的销售数据和第三方数据进行深度分析，来选出商品，提高选品效率和爆品生成概率。

（2）内容创作服务：流量平台将进一步加强与内容合作伙伴的合作关系，包括与内容制作公司、明星艺人、知名主播等合作，共同打造独特、吸引人的流量内容，通过与内容合作伙伴的深度合作，流量平台可以丰富直播内容，提高用户体验和用户黏性。

（3）硬件设备服务：直播行业将加大对技术设备供应链的投入和升级，包括直播设备、摄像头、音频设备、直播软件等方面的更新和改进，通过引入最新的直播技术和设备，直播平台可以提高直播质量和体验，增强用户吸引力。

（4）软件开发服务：流量平台更加关注技术服务供应链的优化，包括直播云服务、内容分发网络（CDN）、直播数据分析等技术服务的引入和优化，通过引入高效、稳定的技术服务供应链，短视频平台可以增强内容的创造性和丰富度，提高产出效率，直播平台可以提高直播的稳定性和流畅度，提升用户体验。

（5）交易市场服务：流量平台可能建立直播内容交易市场，促进内容的交易和流通，包括版权内容的购买和销售、直播礼物的交易、虚拟商品的交易等方面，比如，一些头部达人对于直播切片的分发授权。通过建立直播内容交易市场，直播平台可以为内容创作者提供更多的变现机会，吸引更多的内容创作者和

用户参与直播生态。

（6）版权保护服务：随着平台内容的版权保护意识增强，供应链中的版权管理将变得更加重要，平台将加强对内容版权的监管和保护，包括购买合法授权、建立版权维护机制等方面的措施，以确保直播内容的合法性和权益。

（7）跨境电商的拓展：随着全球化的发展，跨境电商可能会迎来更大的发展空间。电商平台可以通过加强跨境合作、提供全球化服务，吸引更多国际用户。

总体来说，在流量 8.0 阶段，企业需要抓住智能生态供应链发展中的诸多新机遇，确保产品或服务的供应畅通、品质可靠，以提升用户体验，增加用户黏性，进而实现更好的流量变现效果。

超级用户：流量的尽头是私域

关于流量的场域有三个概念：公域流量、商域流量、私域流量。

公域流量指公共流量平台所带来的流量，比如，以抖音、快手、小红书为代表的内容生态平台，以淘宝、京东、拼多多为代表的电商生态平台，以微信为代表的社交生态平台。人们常说的流量泛指公共流量平台上的用户，包括注册用户、活跃用户等。

商域流量指在公域流量中需要付费获得的流量，也就是人们常说的付费流量，与之对应地，在公域流量中不需要付费的流量被称为自然流量。

从触达用户的角度看，无论是自然流量还是付费流量，都是依托于平台特定的推送和曝光规则来获取的，你无法主动对用户进行二次及以上的触达。

由此，我们可以定义私域流量，指那些你可以直接触达、持续触达、长期触达，且不需要另外付费就可以触达的用户。[42]

这个概念的定语比较多，目的是把它诠释得更精准一些，因为即便是私域流量，也可以分为全私域流量和半私域流量。比如，你在电商平台上开了一家店铺，那么这个店铺账号下的粉丝就属于你的半私域流量，或者你在社交平台上注册的账号，账号的粉丝或粉丝团里面的用户，也是你的半私域流量。

之所以称为"半私域流量"，主要原因在于你的私域用户是依托平台规则留存下来的，一旦你违反了平台规则，比如账号被封了，那么你会立即失去触达这

些用户的机会，所以这样的私域运营是存在一定风险的。

而"全私域流量"指沉淀在你的企微、个微、自有的网站或 App 上的用户。那么，我们为什么要特别重视私域流量呢？

无外乎两种原因：一是公域上获客难、流量贵，二是流量难直接成交，转化链路长。

换句话说，相比公域流量，私域流量有着一些特点和优势：[43]

一是流量可控，任何一个公域平台的流量再高，对你而言都是一种或有的可能性，而只有导入自己的场域，才能算是真正拥有的用户。

二是性价比高，私域用户可以反复触达，低成本甚至免费触达到精准用户，并且用户黏性高，可以随着你转战不同的渠道，甚至帮助你维护其他用户。

三是转化率高，私域用户一般是需求明确的用户，对产品有较为深入的了解和信任感，转化效果比新用户好。

四是抗风险能力强，在市场环境发生陡然变化时，拥有的私域用户越多，相比同行有更大的腾挪空间。

由此，我们可以进一步认识到公域和私域的本质区别，公域是经营用户的注意力，私域是经营用户关系，见图3-3所示，这是以视频号为例的公私域联动要点。

1. 平台模式			
赛道定位	用户画像	推流模型	起号步骤
2. 短视频	3. 直播	4. 矩阵及分销	5. 私域
变现方式	直播策略	分享员体系	定位目标
人设打造	直播流程	分享员实操	搭建流量池
内容拆解	主播话术	矩阵体系	低成本引流
视频带货	复盘优化	矩阵搭建流程	运营和成交
6. 投放			
微信豆	全域通	ADQ	付费起号

图3-3　公私域联动要点全景

私域定位是关键，你需要明确私域目标是什么，是建立一个社群，还是提供独家服务？或者是推广自己的产品？这个定位会影响你后续的运营策略和内容创

【43】　知识点：私域流量有哪些特点和优势？

作方向。

对于用户，你得想好能给他们创造什么样的价值，是分享知识，提供专业建议，还是打造一个温暖的社群？了解用户的需求和兴趣至关重要，只有给他们想要的东西，才能建立起持久的信任和关系。

做私域的终极目标是把流量变成用户，然后培养成为超级用户。但显而易见，如果用公域的思维做私域，那会自找麻烦。比如，有的企业把私域当成了"洗流量"的地方，采取"加人、拉群、发券"三板斧，开始觉得挺爽，但后来越来越头疼，最后可能把私域搞得一塌糊涂。这种误区会让企业从一开始就跑偏，甚至到了无法挽回的地步。

私域需要的是"超级用户思维"，因为你得给别人提供好的产品、服务、价值、体验，别人才会喜欢你、信任你、选择你，而且私域用户不仅仅是消费者，还会给你的业务提建议、分享、推荐。

1. 用户是谁，这个问题需要深入思考

你的朋友圈定位、内容发布、社群运营都会吸引不同类型的人，了解核心用户群体，包括他们的特点、行为习惯以及决策过程，对于私域运营至关重要。通过洞察用户的需求、偏好和购买行为，可以更好地制定针对性的营销策略，从而吸引更多的目标用户，并提高他们的忠诚度和转化率。

比如，对于老年人群体，他们喜欢的活动可能更偏向传统文化和休闲娱乐，所以你得打造一些关于书法、象棋、广场舞、健康养生等方面的内容，让他们感受到你的产品是与他们生活息息相关的，是符合他们生活方式的。对于中年人群体，他们更可能关注商业信息和品质生活，所以你可以提供一些生活资讯、技巧分享、健康饮食等内容，以此吸引他们的关注和参与。对于女性群体，她们可能更关心美容护肤、家庭生活等话题，因此你可以提供一些关于化妆品的使用技巧、家居装饰等内容，以此吸引她们的注意力。

当然，仅有内容是不够的，还需要不断地与用户互动，建立起良好的用户关系。这需要及时回复用户的留言和评论，参与到用户的讨论中，让他们感受到你的关心和重视。同时，定期组织一些线上活动，如抽奖活动、话题讨论、产品体验等，以此增强用户的参与感和归属感，进一步促进用户的转化和复购，私域引流中常用的一些方法，如表 3-3 所示。[44]

【44】　知识点：私域引流有哪些常用方法？

表 3-3　私域引流的 10 种方法

好友裂变	红包获客	H5 获客	抽奖获客	盲盒获客
集卡获客	任务获客	游戏获客	分享获客	社区获客

2. 私域经营并非只是简单地销售产品，而需要更多维度的考虑和实践

比如，直播行业很不稳定，有的直播间过于依赖个人影响力，一旦换了主播，流量就直线下降，销售额更是雪上加霜。所以，这种状况下转型做私域，把直播间的流量引流到私域，然后转化为商业价值。

理论上说，有那么多粉丝，引流到私域应该不难，但实际上，最大的难点在于如何运营和转化这些用户。因此，在私域经营中，卖什么和怎么卖是关乎成败的重要问题，让我们继续探讨这些关键问题，并找出解决方案。

卖什么东西，是一个不容忽视的问题。在私域中销售的产品应该与直播间有所区别，以避免用户混淆。如果产品相同，那私域的价格是否应该低于直播间？这个问题牵扯到定价策略的制定和执行，需要考虑用户的购买决策因素。降低私域产品的价格可能会吸引更多用户下单，但也可能影响到直播间的销售额，因此，需要综合考虑两者之间的平衡。

一个考虑因素是产品的溢价空间。私域销售的产品是否有足够的利润空间，价格是否具有竞争优势，这需要进行市场分析和产品定位，以确保私域产品的吸引力和竞争力。只有在产品具备溢价空间且价格具有竞争优势时，私域销售才能取得成功。

除了卖什么，还有怎么卖，私域经营需要灵活的销售方式和高效的销售渠道。用户在私域小程序下单是一种方便的方式，可以方便统计销售额，同时有利于评估私域的投入产出比。但对于在直播间下单的用户，如何进行行业绩分析和统计就需要一些技巧了。

同时，私域经营还需要考虑到其他方面的转化，如导流转化、服务转化、复购转化等，这些都是评估私域效果的重要指标，如果只关注销售额的转化，容易陷入思维的局限，从而影响私域的整体效果。所以，私域经营者需要综合考虑各种转化指标，以全面评估私域的运营效果，在私域运营过程中需要做好的相关工作如表 3-4 所示。[45]

【45】　知识点：私域运营需要做哪些事情？

表 3-4　私域运营架构及要点

运营	互动留存	好友欢迎语	营销	群发工具	客户群发
		快捷话术			客户群群发
		员工主页		客户管理	标签管理
	运营 SOP	首聊 SOP			订单管理
		短期 SOP			物流管理
		长期 SOP		营销活动	晒图/晒评价
		日常 SOP			抽奖活动
		群 SOP			红包、返利
	数据管理	客户画像	风控	行为监测	聊天记录
		客户分类/标签			群行为统计
		离职/在职继承		内容监测	敏感词设置
		生命周期管理			聊天超时设置

3. 不同品类的私域运营有着各自的侧重点

比如，高频高客单价的品类要不断做好内容种草、微信群活跃、朋友圈造浪，让用户在众多品牌中选择你；高频低客单价的品类通常品牌效应较小，因此需要更侧重于活动设计、促销管理、交付效率；低频高客单价的品类，通常用户的决策周期较长，因此需要不断强化信任，提升品牌或个人 IP 的势能，基于信任度来促进成交。

对于复购率高的行业，如美妆、餐饮等快消品，可以通过群发推广消息、朋友圈营销和社区 UGC 内容创作，吸引用户下单消费；对于客单价高的行业，如汽车、奢侈品、医疗美容等，着重的是公域拉新，引流到私域进行变现营销；对于服务周期长的行业，如教育、保险、宠物等，需要通过高频的互动和话题讨论来密切用户关系，优化服务体验，从而提高用户下单的欲望。

特别是像婚纱摄影、家政服务、汽车销售，还有一些企业咨询等公司，需要长期跟进客户沟通，没法像快消品一样是用户自主下单完成交易，所以形成了一个独特的玩法，即以获得销售线索的引流为主，也被称为"客资行业"，这些行业在私域运营方面的痛点非常突出（见表 3-5），因此私域建设尤为重要。[46]

---

[46]　知识点：为什么有些行业私域运营比较困难？

表 3-5　客资行业私域运营的痛点

问题	痛点
顶层规划弱	策略引领模糊
	资源分配不足
	前端布局散乱
线索沉淀难	拉新的触点少或有效性差
	公私域联动路径不清晰，有断层
转化效率低	经销商数字化赋能不足
	品牌共鸣裂变效果不佳
资源支撑差	组织架构和跨部门协同不畅
	高效工具和内容体系缺乏
	新领域人才和知识迁移不够

　　总体来说，私域运营完成了流量 8.0 阶段的链路闭环，它涉及业务能力、洞察能力、内容能力和数据能力等多个方面，只有全方位地提升这些能力，才能够实现公私域流量的有效运营和持续增长。

第四章 流量困境的产生根源

社交媒体、搜索引擎、电商平台等各种在线服务的崛起，带来了信息的迅速传播和用户互动的空前活跃，流量逐渐成为影响经济活动各个方面的关键因素，然而，流量时代既有着无限的商业机遇，也伴随着种种焦虑、诱惑与挑战。

个体：容易引发的流量焦虑

随着数字化的蓬勃发展，人们生活中的信息获取方式发生了天翻地覆的变化，然而，在信息的海洋中，个人既是流量的一分子，但也常常容易陷入流量焦虑的泥沼。下面，我们从用户和创作者两个角度分析这个问题。

1. 用户视角

在流量时代，互联网上涌现了各种信息平台、社交媒体和新闻源，个人在选择信息时常常感到不知所措，担心可能错过重要信息，导致选择困难的焦虑。这种焦虑源自对信息丰富性的感知，同时反映了个人在信息获取上的渴望。

由于信息泛滥，个人很难判断信息的真实性，虚假信息和谣言可能对个人的观念和决策产生负面影响，引发对信息可信度的担忧，这种担忧对于社会的整体信任体系构成了威胁。

比如，社交媒体让人们可以在虚拟空间中展示自己的生活，但也带来了社交焦虑，个人可能会对他人的生活产生不健康的比较，感到自卑和焦虑，这种焦虑往往源于对他人生活的过度理想化，以及对自身价值的低估。

同时，在社交媒体上，获得点赞、关注和评论成为一种社交认可的追求，个人可能为了得到这些认可而刻意塑造自己的形象，增加了虚拟标准带来的焦虑。一些虚拟标准被树立起来，如高粉丝量、完美身材、成功职业等，个人在追求这些标准的过程中可能感到巨大的压力，产生身心焦虑，这种焦虑源自对自身的过度要求和对外界期望的过分敏感。

此外，网络暴力成为一种令人担忧的现象，个人担心自己可能成为被攻击的对象，这种担忧可能影响到个人在虚拟社交中的积极参与。

为了减轻种种焦虑，个人需要调整对社交认可的期望，理性看待社交媒体上的点赞和评论。社交认可不能完全定义个人的价值，更应该注重真实的社交关系和情感沟通，个人需要建立对自己的真实认知，并接受自己的不完美，要明确虚拟标准与现实生活的差距，理性看待自己的优点和缺点。

同时，不仅是个体作为用户会面对流量引发的困扰，而且有一批想要获取用户流量的创作者，正在经受通往流量之路的煎熬。

2. 创作者视角

对于许多做自媒体、做账号的人来说，现在不仅是获客难，连涨粉都非常困难，甚至一些账号还要面临粉丝不断流失的窘境，包括整个平台都出现掉粉的状态。以前如果一条视频能够破十万的播放量，账号会快速地涨很多粉，如今即便有的视频播放量破了大几百万，都不涨粉，所以似乎难在于涨粉，而不在于播放量，事实果真如此吗？

如果想清楚背后的逻辑，就不难理解这个问题了，播放量是平台给的，只要视频作品的数据符合算法的推荐指标，就会有流量，而涨粉是由用户的主动行为决定的。

以抖音平台为例，用户从最早期的看娱乐直播，到开始看各种打 PK、博眼球的表演，然后开始喜欢看各种游戏，后来又想在抖音创业。用户一系列的喜好变化，"牵动"着平台要不断做出调整，包括流量规则、分发机制等。所以，很多人感到平台规则变化快，那是因为用户的喜好和需求一直在变。

而在不了解平台机制，不能及时了解平台规则变化的情况下，许多人的焦虑感会与日俱增。举个例子，如在开通橱窗带货这件事上，以前的规则是账号粉丝需要达到 1000 粉才能开通橱窗，现在是零粉丝就可以开通橱窗。[47]

这看似一个利好的变化，但当你零粉丝开通橱窗以后，你会发现系统提示说：电商未开通，没有电商权限。然后有人就懵了，"我橱窗不是开了吗？咋就没权限了呢？"继而产生一个大大的问号，"规则不是说零粉丝就可以了吗？"实际上，这并不是规则的问题，规则上说："零粉丝可以开通橱窗"，你的账号零粉丝也的确申请开通了橱窗，但规则上并未说，零粉丝开通橱窗就可以带货。

是不是有点糊涂了，如果不能带货，那平台还要引导零粉丝去开通橱窗干

【47】 知识点：零粉丝可不可以开通橱窗带货？

吗？事实上，现在零粉账号开的橱窗与涨了 1000 粉账号的橱窗还是有区别的，两个是不一样的权限。

0～1000 粉丝账号的橱窗权限是只能在评论区去挂购物车，1000 粉丝以上的账号是开通了整个电商的权限，包括单品链接、多品链接等。

这时，如果有人想：我不要那个低权限的，我准备涨到 1000 粉再去开橱窗。于是可能就会用一两个月的时间，账号达到了 1000 粉丝，可突然又发现，怎么开通不了橱窗了呢？

原因很简单，因为在涨粉的这个过程中，账号可能出现了违规项，按照规则，需要等 3 个月以后才能开，如果 3 个月里面又出现了违规，那开通期限就会顺延，一番折腾，可能大半年就过去了。

类似这样的事例很多，每一个实操过程中的卡点，都会直接加剧个体创业者对于流量的焦虑。但话又说回来，做流量，没有一点焦虑是不可能的，因为你总会碰到问题，碰到各种各样的问题，有些能解决，有些也不知道怎么弄。

其实，所有问题的根源在于认知，就像一个人不可能赚到他认知以外的钱，同样一个人也不可能解决自己认知以外的问题。

认知这个事情真的很重要，有时不是不够努力，而是想学但学不明白。

那么，面对流量焦虑，究竟该做些什么才能化解呢？主要有三点：

第一点，要系统地学，而不要零散地学。[48]

要知道怎么操作，要学习货品、场景，要学习话术、数据，还要精通运营，要把这些内容作为一个整体来学习。

一是学习怎么操作，包括直播账号如何定位，如何开通直播，如何设置主页，如何写账号简介，开播前要做哪些准备工作等。

二是货品，如何选品测款，如何排品组货，比如直播带货赚钱的核心逻辑是爆品逻辑，没有爆品，即便流量再大，订单再多，你可能都不赚钱。

三是场景，"无场景，不直播"，没有好的场景，就没有好的曝光进入率，所以，成交的前提、投放的前提是要先把场景搞定。这个搞定的意思，不是说花钱越多越好，而是说，你要了解场景，它是一门科学，是一门艺术。

四是话术，所有话术的目的都是为了承接流量、转化流量，承接极速流需要专门的话术，留人需要留人话术，塑品、转品、开价都需要对应的话术，不仅主播要懂话术，运营也要懂得话术。

【48】　知识点：如何系统地学习流量知识？

五是数据，要想做好流量，必须学会用数据说话，它不难，也不复杂，只是有各种各样的分类，对应各种各样的用途，如人气数据、电商数据、过程数据、结果数据等，直播做得怎么样，短视频做得怎么样，不要主观感觉，数据就是一把尺子，就像测量身高一样，比一比就知道了。

六是运营，很重要的一点就是你要不要介入付费以及怎么介入付费。要了解付费的本质是什么，前提是什么？要学会怎么复盘，怎么调优？直播带货是逆水行舟，不进则退，要的不是十全十美的直播，要的是有进步的直播，要的是能赚钱的直播，只有不断地持续提升，才能做到长效经营。

第二点，要了解本质，而不是浮于表面。

有人说：我的直播间里面账号老是违规，违规后直接掉流量，那流量掉了之后，我要不要停个几天？昨天直播间里面还有五六十人、七八十人在线，今天一开播，直播间里面只剩下 10 来个人了，我要不要停个几天，等我流量恢复了，我再去开播。

事实上，如果今天你的账号一旦流量往下掉了，一定不要停，但凡停个七八天，账号可能直接没有流量，需要从头开始了。所以，限流之后至多可以停一天，然后重新去拉账号，只有做数据，平台才会给你推流。[49]

如果流量掉了，就跟拉账号或重新起号一样，连续做三四场数据的递增，流量会重新拉回到你原有的层级。

第三点，要明白逻辑，而不是犹豫不决。

比如，有的平台会判定憋单行为违规，有些人就慌了，茫然不知所措。事实上，憋单是不可能完全消失的，除非有一天平台算法不再考核停留数据，不再要求互动、关注了；可真的到了那个时候，对所有人来说可能都不是好事，那个时候真正拼的就只有供应链和产品价格了。[50]

要注意几点：①开品时间不要过长，不要超过 5 分钟。②不要做虚假承诺，你说 5 分钟后给大家上，结果 10 分钟还没上，造成违规，轻则扣分，重则封号。③不要说上 10 单，结果只上了 1 单，也不要确实上了 10 单，但把物流给限制了，只有某个地域可以拍，其他人都拍不到，这些都叫虚假宣传，都是违规的。只要你能做到说多少上多少，同时不要憋得太久，这个事儿还是可做的。

又如，有的视频播放量不高，除了视频本身的质量问题以外，还有可能就是

【49】　知识点：账号流量掉了要不要停播？
【50】　知识点：憋单到底还能不能做？

账号被限流了，总体来说有以下几种情况：[51]

第一种，非原创。包括搬运别人的视频，或者抄袭，重合度达到70%以上。

第二种，为了涨粉，采取了互关互赞，形成的大量无效粉丝。

第三种，重复发布视频。

第四种，硬广形式的营销广告，就是单纯拍产品的视频。

第五种，账号活跃度很低。

企业：容易陷入的流量误区

随着越来越多的企业进入线上竞争，涉足门槛逐渐提高，为争夺有限的流量资源，企业在广告投放上的成本逐渐上升，小型企业担心自身实力不足以与大企业竞争，进而感到竞争的巨大压力，高昂的营销成本可能导致企业在获取流量的同时陷入财务困境。

一些传统企业面对数字化的冲击，技术转型并不容易。企业担心在技术创新方面滞后，从而失去在数字平台上获取流量的机会，增加了数字焦虑感。企业对于大数据和人工智能等技术的应用了解不足，使得在流量获取和用户分析上显得力不从心，缺乏对数据的深入挖掘可能导致企业错失更多的商机。

1. 流量即收入误区

有些企业抱着一个误区，认为只要能够吸引大量用户流量，就能够实现商业成功。他们迷信于数字庞大的用户数量，却忽视了转化率和用户价值这一关键因素，这种观念就像是盲目追求数量的泡沫，看似壮观，却空洞无物。

以社交媒体平台为例，它可能拥有数以亿计的用户，看起来人气爆棚，但若这些用户都是沉默寡言、不活跃的，那么广告主在该平台投放的广告就可能面临着转化率低的问题。想象一下，你在一个安静的房间里喊出了一声，却没有任何回应，那声音就变得毫无意义。同样地，即使有再多的流量涌入，如果用户不积极参与互动，那广告的效果也将大打折扣。

因此，流量只是成功的一部分，更重要的是关注用户参与度和转化效果。就像经营一家实体店，人潮再多，若用户只是路过，而不是真正进店购买，那么店铺的收入也不会增加。因此，企业应注重培养用户的参与意识和互动行为，提升

【51】　知识点：哪些行为容易导致视频账号被限流？

用户的活跃度和忠诚度，从而实现流量向利润的转化。

而实现这一目标的关键在于理解用户的需求和价值观，提供与之契合的内容和服务，只有真正了解用户，才能够制定精准的营销策略，吸引用户的注意力并引导其参与互动。比如，通过个性化推荐、精准定位等手段，将广告呈现在用户最感兴趣的内容中，提高广告的点击率和转化率。同时，建立用户反馈机制，积极回应用户的意见和建议，增强用户的参与感和归属感。

2. 用户量即用户价值误区

在商业运营中，有些企业过于关注用户数量，而忽略了用户的实际需求和价值。这种"用户量即用户价值"的错误观念，可能会导致企业在长期内无法保持盈利，甚至面临市场萎缩的风险。

以电商为例，一些平台可能会通过大规模的促销活动吸引大量用户，诱导他们进行购买。然而，如果这些用户只是因为价格便宜而购买，但缺乏真正的品牌忠诚度，那么在长期内，这些用户可能不会为平台带来持续的盈利，他们可能会在价格更低的竞争对手那里寻找更便宜的产品，从而降低了平台的用户价值。

因此，企业需要更加关注用户的购买行为、忠诚度和生命周期价值，而不仅仅是追求数量上的增长。通过分析用户的购买历史、行为特征和偏好，企业可以更好地了解用户的实际需求，提供个性化的服务和体验，从而提升用户的忠诚度和满意度，实现用户价值的最大化。

此外，有些企业可能过度依赖 KOL 和 KOC，而忽略了其他有效的推广方式，一些企业将大量的推广预算投入在知名 KOL 身上，希望通过他们的影响力吸引更多的用户。然而，它们却忽视了微小 KOC 的潜在价值，这些普通用户在朋友圈或社交平台上分享自己的购物体验和使用感受，可能会对其他用户产生更加直接、真实的影响。[52]

3. 短期流量冲击误区

在追求短期流量的过程中，一些企业可能采用激进的促销手段，通过大规模促销活动或免费赠品吸引大量用户，然而，这种做法往往忽视了用户体验和长期可持续性。这就好比是匆忙搭建了一座楼，但忽略了基础的稳固和内部的装修，外表光鲜却难以持久。

以手机应用为例，一款 App 通过赠送虚拟物品等方式吸引了大量用户下载，

【52】 知识点：为什么不能忽视微小 KOC 的价值？

带来了短期内的高流量。然而，如果用户在使用过程中遇到问题，或者发现应用内容与自己期望不符，这些用户很可能会在短时间内流失，就像是风吹来的沙堆，稍有风吹草动就会散架。因此，企业应该注重产品质量和用户体验，确保用户能够长期满意并留存下来，而不只看到眼前的短期利益。

另外，一些企业在线运营中存在忽视用户互动性的情况，他们只是单向地向用户推送广告，忽略了与用户的沟通和互动，就好像是一个只会说话的人，而不擅长倾听和回应。这样的企业在社交平台上仅仅发布产品广告，却忽视了与用户建立互动、回应用户评论和问题的重要性，结果导致用户互动率下降，失去了与用户真正连接的机会。

在这个快节奏的数字时代，企业应该认识到，持续的用户关系和良好的用户体验才是长期发展的关键，只有通过建立稳固的基础和积极的用户互动，才能够赢得用户的信任和忠诚，实现长期的业务增长和可持续发展。

4. 依赖第三方平台误区

有些企业过度依赖于第三方平台，如社交媒体或应用商店，将流量命运交给这些平台，把大部分资源集中在某一平台上，忽视了多渠道发展的必要性。这种依赖第三方平台的做法就像是把鸡蛋放在一个篮子里，一旦篮子出了问题，所有的鸡蛋就会遭殃。[53]

以电商为例，许多企业将主要精力放在某个电商平台上，依赖其庞大的用户群和流量，然而，一旦该平台的算法或政策发生变化，企业就会受到巨大影响。比如，平台提高佣金或推广费用，或者调整搜索排名算法，都可能导致企业流量和销售量的急剧下降。

为了降低风险，企业需要多渠道获取流量，同时建立自己的品牌和用户基础，以保持更大的掌控力，就好像是在生态系统中建立多个生存点，一旦有一个生存点受到威胁，其他生存点仍然可以维持生存。因此，企业需要建立多渠道销售体系，包括自有官网、其他电商平台以及线下渠道，这样不仅可以分散风险，还能更好地覆盖不同用户群体，提高整体的市场覆盖率和市场份额。

同时，通过建立与用户的良好互动和沟通，企业可以更好地了解用户需求和反馈，提供更加个性化和优质的服务，进一步增强用户的黏性和忠诚度。

5. 忽略数据分析误区

在推广和运营过程中，一些企业可能存在着忽略数据分析的误区，他们缺乏

【53】　知识点：企业多渠道获取流量有什么必要性？

对用户数据的深入分析，决策更多基于主观经验，导致难以及时调整和优化策略。这好比是在黑暗中摸索前行，虽然可以慢慢摸索到目的地，但效率远远不及利用灯光照亮前方。

缺乏数据支持的决策，容易导致推广效果的不确定性，企业可能盲目地进行推广活动，无法准确评估推广活动的投入产出比，他们不知道哪些广告渠道效果更好，哪些广告内容更吸引用户，从而无法及时调整不同渠道的推广策略。就像是开车行驶在没有路标的荒野中，不知道哪条路更加通畅和快捷，往往会绕路而行，浪费时间和资源。[54]

因此，企业需要建立完善的数据监测体系，利用数据分析工具对用户行为、广告效果等进行深入分析。通过数据分析，企业可以了解用户的行为习惯、偏好和需求，为企业的推广活动提供科学依据和指导。比如，通过分析用户的购物历史和浏览行为，在线零售商可以更好地进行个性化推荐，提高用户满意度，从而提升转化率。

不仅如此，数据分析还可以帮助企业更好地了解市场趋势和竞争对手的动态，及时调整和优化产品的营销策略，通过分析市场数据和竞争对手的行为，可以发现潜在的市场机会和竞争优势，制定更具针对性和有效性的营销计划，提升企业的竞争力与市场份额。

6. "一刀切"的推广策略误区

有些企业习惯于采用"一刀切"的策略，对所有平台和渠道采用相同的宣传手段和推广内容，虽然有时候可能奏效，但更多的时候却会引起误解和不适应，导致推广效果大打折扣。举例来说，一款健身应用在广告中采用了一套激励用户运动的策略，但对于已经积极锻炼的用户而言，这样的推广可能显得过于幼稚，无法引起他们的兴趣和共鸣。

因此，企业需要深入了解不同用户群体的特点和行为习惯，以及不同平台上的用户心理和行为状态。只有通过了解用户的需求和偏好，才能够采用更为个性化和有针对性的推广策略，提高推广效果。

比如，在社交平台上，用户更加注重内容的互动性和分享性，企业可以采用更为轻松幽默的语言，结合用户的参与互动，吸引用户的注意力并增加内容的传播力。而在电商平台上，用户更加关注产品的特色和购物便利性，企业可以突出产品的优势和特点，提供更为直接明了的购买导向，引导用户进行购买行为。

【54】 知识点：缺乏数据监测和分析的后果严重吗？

品牌：容易沉迷的流量假象

在移动互联网时代，一些流量假象可能使品牌方陷入误区，阻碍其在市场上取得长期成功，以下是一些需要注意的流量假象。

1. 流量即用户忠诚度假象

有些品牌方认为拥有大量用户则意味着用户对品牌的忠诚度很高。然而，实际情况却可能并非如此，用户涌入可能是因为临时的促销活动或短期的热点而造成的，并非出于对品牌的真正忠诚。

品牌方可能会因此高估自身的用户忠诚度，认为拥有大量的用户就意味着自己的品牌非常受欢迎和信赖。然而，事实上，这些用户可能只是因为一时的利益或兴趣而选择了品牌，并没有真正建立起长期的忠诚关系，他们随时可能因为其他诱因而转向竞争对手，这就好比是一块漂浮的浮冰，随时可能受到外界力量的影响而漂移。

因此，品牌方在追求流量的同时，更需要注重用户的忠诚度。拥有大量的用户固然重要，但更重要的是如何将这些用户转化为忠实的品牌粉丝，并持续地维护和提升用户关系。这需要品牌方进行长期的耕耘和积累，而不是一时的短暂行为。

维护和提升用户关系是一个长期的过程，需要品牌方付出持续的努力，品牌方可以通过提供优质的产品和服务，建立良好的品牌形象，增加用户对品牌的信任和认可。同时，可以通过与用户的沟通和互动，了解用户的需求和反馈，及时调整和优化产品和服务，增强用户的参与感和归属感，这像是种植一片果园，需要不断地浇水施肥，才能收获丰硕的果实。

2. 点击率即转化率假象

点击率作为衡量广告效果的一项重要指标，它反映了用户对广告的兴趣和关注程度。高点击率通常意味着广告吸引了大量用户的点击，看似非常理想，然而，这并不意味着所有点击都会转化为实际的购买行为。用户可能只是因为广告内容吸引或者好奇而点击了广告，并不一定真正对产品或服务感兴趣，就好像是路过一家店铺的橱窗，虽然看起来很精美吸引人，但并不代表每个人都会进店购买。

因此，如果过于关注点击率而忽略了转化率，则很容易陷入点击率即转化率的假象，可能会将过多的精力和资源放在提高广告的点击率上，忽略了引导用户完成整个购买过程的重要性，这就好比是只关注了用户进入店铺的门槛，而忽略了提高用户在店铺内购买产品的体验。

实际上，转化率才是真正衡量广告效果的关键指标，它反映了用户从点击广告到完成购买的转化比例，直接体现了广告的实际效果和价值。一个高点击率但低转化率的广告，可能只是吸引了用户的兴趣，却未能引导用户进一步完成购买行为，无法实现商业价值。相反，一个点击率不高但转化率较高的广告，可能吸引了真正感兴趣的潜在用户，有效地促进了产品或服务的销售。[55]

因此，在制定广告策略和评估广告效果时，应该注重转化率而非仅仅关注点击率。

3. 短视频曝光即品牌认知假象

在数字营销领域，一种常见的误解是认为在短视频平台上的高曝光就能带来品牌的广泛认知。实际上，用户对短时视频的记忆可能较为短暂，曝光量的增加并不总是意味着品牌认知的提升，这就像是在夜空中放飞一颗流星，虽然在短暂的一瞬间引起了注目，但很快就会消失在茫茫夜空中。

品牌方可能过于迷信短视频平台上的高曝光量，认为只要视频被大量播放，就能够实现品牌知名度的迅速提升。然而，短视频平台上的内容更新速度极快，用户的关注点也随之不断变化，即使一个视频获得了较高的曝光量，用户的注意力也可能很快被其他内容所吸引，品牌信息很难在用户心中留下深刻的印象。

虽然短视频平台能够迅速吸引用户的眼球，但要想真正建立起用户对品牌的信任和认知，需要进行长期而持续的品牌宣传和推广。

因此，品牌方应该意识到短视频曝光并不能简单地等同于品牌认知的建立。比追求曝光更重要的是，品牌方需要注重视频内容的质量和与品牌形象的契合度。一个引人注目的视频不仅需要吸引用户的眼球，更需要在短时间内传达清晰的品牌信息和核心价值观，以引发用户的共鸣和记忆，只有这样，品牌才能在短视频平台上获得持续的曝光和用户关注。

4. 粉丝数量即品牌影响力假象

有些品牌方认为，在社交媒体上拥有大量的粉丝数量，就代表品牌在市场上具有较大的影响力。事实上，这种假象并不一定能反映用户的真实互动和忠诚度。拥有大量粉丝的品牌就像是在广场上拉来了一群围观的人群，虽然看起

【55】　知识点：点击率不高，就意味着转化率一定不高吗？

来很热闹，但其中有多少人真正关心品牌、愿意与品牌互动、并持续支持品牌呢？

一些品牌方会过度关注社交媒体上粉丝数量的增长，认为拥有更多的粉丝就意味着品牌影响力的提升。然而，他们忽视了与粉丝的深度互动和建立品牌影响力的重要性。就像是店铺在繁华的街道上吸引了一群路人的目光，但如果无法引导他们走进店铺，了解品牌的故事和产品，那么这种曝光就只是浮光掠影，很难产生真正的商业价值。

因此，品牌方应该意识到粉丝数量并不等同于品牌影响力，除追求粉丝数量的增长之外，还需要注重与粉丝的深度互动，建立起品牌与粉丝之间的紧密联系和情感共鸣。通过定期发布有价值的内容、积极回应粉丝的评论和问题、组织线上线下的互动活动等方式，增强粉丝对品牌的认知和好感度，提高粉丝的忠诚度和参与度。

5. 广告点击即用户兴趣假象

一些品牌方可能会过度关注广告点击量的增长，认为点击量的增加就意味着用户对产品或服务的兴趣与需求增加。然而，他们忽视了用户点击行为背后可能存在的多种原因。点击并不一定代表用户真正的购买意愿或满足需求，有时点击只是出于好奇、误点或其他非购买意图。过于相信点击量，就好比是在黑暗中寻找光亮，虽然偶尔能够找到方向，但更多的时候只是在迷失方向。

广告点击并不是唯一衡量用户兴趣的指标，除了点击量外，用户的行为数据还包括浏览时间、页面停留时间、转化率等，这些数据同样能够反映用户对产品或服务的兴趣程度。比如，用户停留时间较长，可能意味着他们对内容感兴趣，而不仅仅是因为误点而导致的页面停留。[56]

品牌方应该认识到广告点击并不总能准确反映用户的真实兴趣和购买意图，除了追求广告点击量外，品牌方更需要精准了解用户的兴趣和购买动机，以及点击背后的真实动机，应该采用一些先进的技术手段来精准定位用户兴趣。比如，利用人工智能和机器学习技术分析用户的历史行为数据，预测用户的兴趣和需求，为用户推荐个性化的广告内容和产品推荐。

这样不仅可以提高广告的点击率，还能够增加用户的购买意愿和满意度。只有通过深入分析用户的行为数据和用户反馈，品牌方才能更准确地把握用户的需求和兴趣，制定更为有效的营销策略和广告内容。

【56】　知识点：点击率高，就代表用户一定有兴趣吗？

6. 流量数据即市场趋势假象

在市场营销中，一种常见的误解是认为过去的流量数据能够准确预测未来的市场趋势，品牌方可能过于依赖历史流量数据，将其视为预测未来市场走势的可靠依据。然而，市场变化较快，过去的数据未必具有持续的预测性。

一些品牌方可能在过于依赖历史流量数据的情况下，未能灵活应对市场的新趋势和变化，可能会根据过去的数据做出决策，而忽视了市场环境和竞争格局的变化。比如，一家电商品牌方可能根据过去几个季度的销售数据制定库存和营销策略，但如果在新的市场环境下出现了新的竞争对手或消费趋势，过去的数据可能无法准确反映当前的市场需求和用户偏好。[57]

所以，品牌方应该意识到市场的不确定性和复杂性。市场环境受到多种因素的影响，包括经济情况、政策法规、科技进步、竞争格局等，这些因素的变化都可能对市场趋势产生影响。就像是大海中的航行，虽然可以借助航海图和天气预报规划航线，但仍然需要时刻关注海况和风向，并做出及时调整。

除了依靠历史数据，还需要密切关注市场的动态变化，及时调整和优化营销策略，只有通过不断地监测市场动态、竞争对手的行动、消费者的反馈等，才能及时发现市场的新趋势和变化，从而灵活调整策略，保持市场竞争力。

7. 高曝光即品牌口碑假象

广告曝光可以帮助品牌提高知名度，但它并不是唯一影响品牌口碑的因素，品牌口碑是由用户对品牌的整体感知和评价所决定的，其中包括用户对产品质量、服务体验、品牌价值观等方面的认知和感受。

有些品牌方认为，在各大平台上高曝光就能够建立起良好的品牌口碑，因此可能会将品牌广告在各大社交媒体、视频平台等进行大量投放，期望通过广告的高曝光量来提升品牌的口碑和形象。然而，实际上用户对广告的记忆和评价可能不尽如人意，高曝光并不一定能够带来良好的品牌口碑。[58]

用户对广告的记忆和评价受多种因素影响，而广告的曝光量只是其中的一部分，就像是在人群中传播消息，尽管消息传播得很广，但并不意味着每个人都会记住和信任这条消息。同样地，广告在各大平台上的高曝光固然能够增加用户的曝光度，但并不能保证用户对广告内容的记忆和认可度。

品牌方可能会高估广告的品牌建设效果，而忽略了真实用户口碑和体验的重

【57】 知识点：分析过去的数据能不能预测市场需求？

【58】 知识点：靠增加曝光能否提升品牌形象？

要性，虽然广告可以增加品牌的知名度，但真正的品牌口碑建立在用户真实的体验和评价基础上，现在的用户更倾向于相信来自朋友、家人和其他真实用户的推荐和评价，而不是单纯依靠广告所传递的信息。

典型：汽车直播的流量陷阱

在流量赛道，娱乐和游戏行业是比较早期开始直播的。后来，随着直播带货成为电商行业的主流趋势之一，服装、美妆、食品、母婴用品、数码家电等行业开始涉足直播和短视频领域。相较而言，汽车直播起步较晚，其发展速度和混乱程度远远超出人们想象。

作为案例分析来说，汽车直播非常具有典型意义，一方面，大把的营销费用花出去，远高于很多行业，但流量运营效果远低于很多行业，所以这是一个非常值得研究的现象；另一方面，基本上所有能踩过的流量陷阱，汽车直播都经历过，包括短视频、达人带货、KOL、KOC 品宣等，并且有过之而无不及。

目前，在流量平台上的汽车类直播账号超过 10 万个，新车和二手车的直播间在 3 万个左右。随着业务体系的逐渐发展，汽车直播开始细分为几类：

第一，汽车产品发布会等线上活动，借用直播平台向大众传播品牌和产品的最新信息。

第二，车企高管或者名 V 大咖坐镇，通过谈话的方式输出观点。

第三，以第三方平台合作为主，主要提供查价、售后咨询等服务。

第四，以美女、冲突、戏剧为主的直播，主要为了吸引用户关注，从而提高人气或产品销量。

第五，个人自媒体直播，主要以科技或汽车类媒体人为代表，以提供产品信息、车型讲解、新车测评为主。

其中，前三类主要为品牌方或相关官方媒体，后两类主要以个人或非官方媒体为主。随着市场竞争日趋激烈，后两类汽车直播的数量和声量已经渐渐超过官方品牌直播，各种网红带货愈演愈烈，汽车亮相直播间的频次也越来越多。

从整车企业的账号运营情况来看，许多车企都把涨粉作为优先目标，以车企抖音账号为例，账号超百万粉丝的有 25 家，如图 4-1 所示。

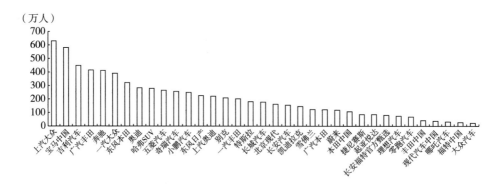

图 4-1　整车企业抖音账号粉丝量

从直播账号的运营效果讲，乘用车的整体水平要好于商用车，二手车的整体水平要好于新车，燃油车的整体水平要好于新能源。

一些直播效果不错的乘用车官方直播间主要是以付费投流为主，付费流量占比非常高，如图 4-2 所示。

图 4-2　乘用车企业账号直播流量结构

一些商用车企主要是依靠自然流，普遍场观在几千人，如图 4-3 所示。

无论新车还是二手车，很多汽车品牌商和经销商都有数字焦虑，但又不精通流量平台规则和自媒体的运作规律，有的看到直播间有数据就兴奋；有的觉得即便没有转化，但直播间有人气也可以接受；有的则是为了完成考核任务，应付开播次数。

在这种无序状况下，汽车直播开始逐渐显露出各种问题和弊端。

图 4-3 商用车企业账号直播场观情况

不少直播为了博眼球，不断挑战下限。

常规的直播曝光度太低，为了获取更多的关注度，有的汽车主播假装生气翻白眼，有的穿上了 30 厘米高跟鞋，有的手拿塑料锤子砸地，还有人以百米冲刺速度跳进一辆轿车的后备箱。车企直播营销花样繁多，打"擦边球"也见多不怪了，虽然受到多方谴责，却没有收敛，反而愈演愈烈。

这些主播的人设更显著，底线更低，想方设法去试探平台各类禁播内容和装扮，于是就演化成了各种低俗不堪的擦边直播，严重破坏了汽车直播生态健康，也遭到了平台的严厉管制。2022 年上半年，抖音平台处罚了违规账号 5956 个，对严重违规的 994 个账号回收了直播权限。两年之后，2024 年 5 月，抖音再次发出针对汽车行业"擦边"营销问题的治理公告，处罚了违规账号 2632 个；与此同时，微信平台也发布了打击汽车行业低俗擦边行为的公告，处置了 1191 个违规直播间。

不仅是"劣币驱逐良币"，让许多汽车主播开始转型，同时，随着车企对考核指标的变化，越来越多的主播开始逃离汽车直播间初期汽车直播并不考核销售转化，更多是为了放大品牌声量，只考核观看和点赞量、现在考核机制越来越多样，线索、成交、粉丝数都要考核，难度甚至比实体带货的直播间还要大。

那么，这一系列问题是如何产生的，是因为行业太卷吗？是因为汽车客单价太高吗？还是因为获客留资的导向呢？

根本原因在于认知不足，要知道，在流量赛道的竞争中，既怕一动不动，更怕盲目乱动。

比如，有的企业直播中会组织员工或者花钱刷屏，要知道，大量不精准的人群和机器粉涌进来，一定会让账号标签变得混乱，并导致直播间的人群模型发生偏差，后续很难有真实的精准流量进来，这属于典型的盲目乱动。[59]

关于标签和模型，在后面的章节中会进行具体阐述，这里就不展开了。

由此，我们进一步梳理一下，汽车直播和车企都掉入了哪些流量陷阱。

（1）凭感觉指挥，缺乏基础的流量运营知识。

（2）当甩手掌柜，试图单纯靠外包来解决获客问题。

（3）没有基本的专业团队配置，主播单打独斗。

（4）没有量化的运营评价指标，粗放式的既要又要还要。

（5）营销体系不适应线上流量打法，售后和客服跟进不及时。

（6）一方面不舍得花钱买流量，另一方面又过分相信花钱买来的流量。

（7）找不准问题，复盘变成了批斗会、甩锅会、茶话会。

（8）认为黑红也是红，中了流量"回旋镖"。

如此种种，就会衍生出更多问题、疑惑和窘境，比如：

（1）直播间要不要投流，投产比怎么算好像都不划算。

（2）直播了半个月，场观少，一条留资也没有。

（3）流量忽高忽低，粉丝量不见涨，全靠自然流量。

（4）门店没有团队，主播一个人除了直播还要兼干其他活儿。

（5）直播间场观人数很少，播了个寂寞。

（6）直播场观和在线人数都不少，但就是不转化。

（7）直播团队不好招，人员流动大，不稳定。

（8）主播的汽车知识不够，回答不上问题，圈不住用户。

（9）短视频要不要做，为什么短视频的流量进不到直播间。

（10）汽车直播需要多露脸还是多露车。

事实上，这也是许多行业在流量赛道上经常会遇到的问题，但任何问题都一定有解决办法或参考答案的。

做好汽车直播仍需要"人货场"的匹配，形成完整的流量管理体系，重点围绕"来人、留人、留资"这三步，进行专业化、流程化、精细化的运营。

比如，关于汽车行业的流量运营重点指标和要点见表 4-1，可以参考如下：

【59】 知识点：要不要组织自己的员工来看直播？

表 4-1 汽车直播运营的要点

直播前	①固定时间直播，频次 4-5 场/周，可以错峰，但别盲目错峰 ②要在数据调研的基础上，选择适合的时间段，如要调整，建议增加场次 ③在账号主页上写清楚周几、几点开播，少于 3 次难以产生记忆 ④两小时一场，直播时长若小于 1 小时，不利于用户累计和流量推送 ⑤明确直播主题，直播不是一个人从头说到尾 ⑥制作直播大纲、脚本，5 分钟为一个周期，20 分钟为一个节点 ⑦确定直播节奏，多长时间用来看车，多长时间互动讲解
直播中	⑧直播场景要多呈现利益点，打造符合品牌调性的场景，包括虚拟场景 ⑨打磨好各种话术，说话时注意节奏，不宜过快 ⑩镜头注意缓慢而稳定，避免晃动的镜头让客户感到眩晕 ⑪准备小礼物，多互动，多回答评论中的问题 ⑫做车辆对比，会大大延长直播时间 ⑬聊时下热门车型，更容易吸引用户提问 ⑭讲已购用户的购车经历，讲用户为什么选择这款车，要有代入感 ⑮场控助力主播无法及时回复的问题并提示主播 ⑯引导客户留资，便于后续跟进
直播后	⑰直播切片制作视频，分享有礼 ⑱对意向客户通过礼品、促销邀约到店 ⑲尽量回复所有客户留言，增强信任 ⑳潜客跟踪，消化未成交的客户

（1）直播相关：

1）平均停留时长（>60 秒）

2）转粉率（1%~3%）

3）留资率（泛 0.15%~0.3%，垂 1%~3%）

（2）短视频相关：

1）5 秒完播率（>40%）

2）整体完播率（>10%）

3）转粉率（0.1%~0.2%）

（3）运营相关：

1）私信通过率（>60%）

2）邀约到店率（>30%）

3）线索成交率（5%~15%）

延展一下说，很多企业可能在传统赛道已经取得了成功，但面对流量赛道的竞争，却显得举步维艰，转型甚是困难，深层次的原因主要有以下几方面：

第一，认知上存在差距。比如，移动运营商曾开发出一款应用叫飞信，比微信还早，但微信出来以后，运营商觉得会抢他们的生意，还曾采取一些措施去阻拦，但最后还是微信做大了。于是，运营商就开始分析，为什么飞信不如微信，有人说："是因为微信不要钱"，但实际上微信所产生的流量费是运营商收的，给用户的感觉好像是使用微信不用付钱似的，反观飞信是要包月的，实质上也是在挣流量费，但运营商网络和业务不分离，给人一种错觉是它还在收费，这就是用户端的体验。在运营商端，有人觉得花了那么多人财物开发出来飞信，怎么能不要钱呢？听着道理好像也没错，但也暴露出，飞信输在了认知的差距上，没有真正了解什么叫平台。对腾讯而言，微信不是摇钱树，而是摇钱树的土壤，当用户都聚集在这儿的时候，就可以种出来一棵棵的摇钱树，这就叫平台，所以我们说的流量平台，也是这个概念。

第二，思维上的差距。比如，在上面的汽车案例中，我们可以感受到行业竞争的激烈。这几年，汽车厂家、经销商普遍感到内卷严重，价格战、口水战层出不穷，表面上看是新能源汽车对传统燃油车的冲击，国产品牌、造车新势力对合资品牌的挑战，或者说是产品和产品之间的竞争，有销量好的车型，有销量差的车型。但实际上，问题的症结不在于产品，而在于经营思维上的差距。或者我们这样来提问，为什么有的品牌卖得好，有的品牌卖不好，是品牌问题吗？是技术、价格、车型等问题吗？从微观上来说，是有一些差异和问题，但这些都不是决定性作用的因素。真正核心的问题在于，是在经营产品，还是在经营人群？如果哪家车企选择的是经营产品，那么局面一定是艰难的，而市场上卖得好的车企，一定是在经营人群的。[60]

为什么？因为时代在发展变化，十几二十年前，如果企业想要成功，一定是要经营产品的，那时的产品还不够丰富，用户获取商品信息的渠道也有限，所以遵循的经营逻辑是：卖什么、卖多少、卖给谁，是以商家为主导，即生产出来产品，确定价格，然后卖给消费者，在一个供小于求的市场环境中，用户也是遵循这样的销售路径的。但随着供给极大丰富，信息化快速发展，市场环境和消费者需求已然发生了重大变化，如果还继续沿袭经营产品为主导的思路，就不适应今天的发展局面了。当下，以经营人群为主导的逻辑是：卖给谁，卖多少，卖什么，就是说先要圈定人群，然后设定价格，再开发产品。

可以看出，以产品为主导和以人群为主导是两个互逆的经营思路，从"卖什么、卖多少、卖给谁"到"卖给谁，卖多少，卖什么"，这个过程我们并不是要

【60】 知识点：应该选择经营产品还是经营人群？

说明谁比谁更好，不能用 20 年后的发展时期否定 20 年前的发展时期，也不能用 20 年前的发展时期否定 20 年后的发展时期，而要有一个清醒的认识，要有一个与时俱进的经营思维。

要看到，几十年来整个消费结构、消费群体在发生多元化的演变，如城市化进程，以前只分城市和农村，现在从一线城市、二线城市一直到五线、六线城市，对应的就是人群的迁移和人群购买力的变化，消费观念、消费层级、消费现象都在发生变化。

从群体看，一方面，消费的主力人群从"70 后""80 后"向"90 后""00 后"转变，"Z 世代"作为新一代消费者的主力军快速崛起，人口规模已达到 2.6 亿，且贡献了 30% 的潮流消费；另一方面，有钱有闲的"60 后"成为新的消费潜力人群。

从行为看，根据有关调研统计，60% 的消费者购买大宗商品的决策信息受朋友圈的影响，60% 的网络购物在晚上 11 点前后下单，50% 的消费者吃饭时会看手机。

从需求看，除了衣食住行，新的刚性消费需求包括健康、美妆、旅行、社交餐饮等，消费观念的特征是追求舒适和悦己，犒劳自己与愉悦身心很重要，年轻消费者更加注重松弛感和情绪价值，比如，保健类消费的增加购买中，18~24 岁的用户占比 31%。还有人调侃说：在上班与上课之间选择了上香，确实这几年寺院景区门票收入大幅增加，寺庙游客中"90 后""00 后"占比超过 50% 等。所以，数字化时代的企业必须深刻洞察消费者的变化，经营流量的本质是经营人群。

第三，组织上的差距。用上一个时代成功的经验，赚不到这个时代的钱，要想站在时代的舞台上，就看你的组织是进化还是退化。很多企业今天为什么没有生意了，为什么没有用户了？因为今天所有的生意都离不开互联网营销，短视频和笔记做传播、做种草，直播间做转化、做成交，线下做交付、做深挖，所有的流量都离不开这三步。

今天你想要赚到钱，组织一定要创新，组织不去创新，不去迭代，怎么能把流量做起来？可以这样想象一下，如果你的公司没有售后部门，售后肯定做得不好，如果你的公司没有客服部门，客服肯定做得不好，这就是专业化的分工；同理，如果你的公司没有流量部门，那么流量怎么会好？没有私域部门，那么私域用户怎么沉淀、转化、成交？

所以，组织要进化，组织架构就一定要改变。以前很多人做生意，只要足够死缠烂打，这一单基本终究还是能拿下。但在今天，用户让你留下还是让你走，取决于一根手指，划一下就把你划走了，点了不感兴趣，以后可能都不会再出现在他的世界里，点个关注，就有机会永远给他释放免费广告了。

因此，今天的商业模式从厂家主动出击变成了用户自主选择，一根手指上划下划、左点右点，就基本决定了产品的命运，商业彻底从用蛮力时代进入了引力时代。产品没有视觉吸引力，用户就不愿意多看你一眼，内容做不出有趣的爆点，用户就不愿意多听你讲一个字，你的组织没有形成环环相扣的合力，那么即使给你泼天的流量，也是承接不住的。引力背后的核心关键是大能量吸引小能量，所以，一定要积极拥抱变化。要么觉醒得早，要么转变得快，准确识变、科学应变、主动求变，通过组织进化实现生态赋能。

第四，价值观方面的差距。都知道流量很重要，也都想获得更多流量，但如果是靠制造焦虑来吸引用户，或者靠噱头、炒作等方式增加曝光，这样是走不远的。[61]

即便在短时间内引发了关注、积累了流量，但最终也一定会被流量反噬的。没有哪个企业或品牌可以用这种方式实现持续发展，因为这违背了流量最基本的价值逻辑，我们需要真正有价值的流量，这种价值一定建立在可变现的基础上，流量变现的核心要点有两方面：

一方面，要符合用户的价值判断。通俗地讲，用户要觉着这个商品值多少钱，符合他的预期才可能购买，比如，一个玻璃杯，用户觉得它只值10元，如果售价是20元，用户就不会买，这就是用户对商品的价值判断。所以，我们在经营人群中讲，要先确定卖给谁，然后确定卖多少钱，如护肤品厂家，要卖给学生人群还是白领人群，那是两个不同的定价区间，因为人群的购买力不同，一定是先圈定人群，再匹配价格，继而控制成本、开发产品。[62]

另一方面，要形成信任流量。这里的"信任"不是动词而是名词，要基于信任产生的流量，如果消费者不能够产生信任，无论是产品还是服务，用户都不会进行消费的。比如，每年的"3·15晚会"上，如果是通过负面的曝光，让用户关注到了以前不知道的某个商品或品牌，即便曝光再多，流量再大，都不能转化的，因为差评或者口碑不好是形成不了信任流量的。所以，运营流量的价值观一定是建立在正心正念的经营理念中。

【61】　知识点：可不可以靠炒作和噱头来增加流量？

【62】　知识点：用户的预期到底是什么？

　　总之，任何一个行业的企业都要警惕类似的流量陷阱，避免盲目追求短期的流量增长而忽视了用户价值和品牌建设的长期性。一个品牌或企业要想在流量竞争中真正有所建树，必须加强自身的运营能力建设，全面平衡短期和长期目标，注重用户体验和价值，以及建立自有渠道和品牌形象，这有助于企业在激烈的市场竞争中取得更为稳健和可持续的发展。

第五章　流量运营的能力建设

　　账号是承接流量的载体，如果要做好一个账号，一定要经历"起号、稳号、强号"三个阶段，无论哪个阶段，前端要解决的核心问题是如何引流，中端是人货场，后端是变现交付，贯穿前端、中端、后端的是运营能力。

　　在起号阶段，运营能力的重点是具备逆向思维、场景思维、用户思维、逻辑思维（见图5-1），这些不是什么高深的东西，但你掌握了，则可以帮你解决很多问题。

表5-1　起号阶段的运营能力重点

逆向思维	场景思维	用户思维	逻辑思维
省钱避坑	场景搭建	塑品话术	憋单话术
改变认知	主图构图	转品话术	人设话术
账号定位	留人话术	人群标签	流量曲线
变现形式	流量分发	账号模型	赛马机制

　　比如，逆向思维是改变固有观念，特别是那些由感觉推断出来的模糊认知，少走弯路，避免误区；再如，用户思维的核心是利他，不是说你想说的，而是要说用户想听的；不是说你的产品有多好，而是要让用户知道产品对他有什么好；不是你觉得你说明白了，而是要让用户听明白。[63]

　　在稳号阶段，运营能力的重点是具备系统思维、数据思维、爆品思维（见表5-2），比如数据思维，你要知道人气数据主要包含点赞、评论、关注、灯牌、购物车点击这五项指标，其中，评论、关注和灯牌三项是最有效果的。要能够读懂数据，会排品组货，会营销玩法，这样你就有可能比同行做得更好，也就有机会赚更多的钱。特别是商家老板，要想业绩倍增，如果这些都不懂、都不会，业

---

　　[63]　知识点：用户思维的核心是什么？

绩肯定上不去。

表5-2　稳号阶段的运营能力重点

系统思维	数据思维	爆品思维
接极速流	数据维度	拆解话术
排品组货	数据指标	拆解直播
营销策略	数据大屏	选品测品
营销玩法	人群转化	视频引流

在强号阶段，运营能力的重点是具备算法思维、跨界思维、社群思维（见表5-3），不仅要了解平台的算法逻辑，还要形成自己的算法逻辑，平台的算法是数据对数据，而你的算法是数据对动作，是复盘调优的过程。所以，这一阶段的思维能力建设，有助于帮你快速扩大营收，提高投入产出效率，实现长效经营。

表5-3　强号阶段的运营能力重点

算法思维	跨界思维	社群思维
复盘分析	异业合作	私域运营
调优策略	类目延伸	老客激活
付费投流	账号对标	长效经营
高客单价	品牌打造	玩转商城

可以看出，流量运营能力建设是"横向到边、纵向到底"的流量管理结构，核心目的是如何样抓取流量、如何样快速打爆流量，需要先有规划，然后有策略，进而是方法和手段。

规划：确定可行的流量路径

要选择好适合自己的直播形式。

主流的直播形式有三种，分别是品牌直播、白牌直播和达人直播。

1. 品牌直播

这里的品牌概念侧重指知名品牌，不是你注册个商标就可以做品牌直播，只有能够让用户认可你，有影响力，能做出溢价的才叫品牌。

品牌直播间有一个很大的优势，就是有品牌溢价，用户信任也愿意为品牌而花钱，因此毛利较高，很多品牌直播间就是用这个高毛利投付费，花钱买流量。

所以，品牌直播一定是重度投放的，重投放代表着需要你的利润空间足够大，要想做品牌直播，第一，要看看你有没有这个钱，有没有预算，有没有短期内不回本的预期，没有的话就别这样搞了；第二，要看你有没有那么高利润，没有足够的利润支撑，就要做平播，去投付费，可能播到最后根本赚不到钱，那这就是一个大坑。[64]

同时，做品牌的商家，即便有利润，你也别想着花钱投流就万事大吉了，别想着只要找个主播播着，把稿子念顺了就行了，不是这个道理。品牌直播间一定是拉时长的，因为投放是越投越好的，中间一旦下播了，下一场流量机会又要重新开始跑了。因此，对品牌直播来讲，最好的时长是多久？一般在 15 小时左右，所以，品牌直播很大程度上考验的是直播间的运营和管理。

为什么很多品牌播下来，发现付费成本比同行高得多，因为整个团队的能力不过关，一定是存在很多漏洞和短板，所以，无论是做自然流还是付费流，主播、运营、投手、产品都是基础中的基础。

2. 白牌直播

所谓白牌就是有商标，但还达不到知名品牌的阶段。

我们思考一下，白牌直播最重要的事情是价格便宜吗？

比如，一家白牌的羊绒衫工厂直播带货，为了和同行竞争，别人卖 399 元，它直接压到 199 元，不赚钱去卖，用户就一定会买单吗？

一定不是的。

道理很简单，199 元的羊绒衫太便宜了，用户可能不敢买，因为你是白牌，用户不会轻易相信，用户会思考这是不是真的纯羊绒，起码说一件原标价 699 元的羊绒衫，卖 399 元还能相信，卖 199 元就不敢相信了，这是白牌会遇到的最大问题。

同样，卖奶粉的，你认为宝妈会在意这个白牌直播间卖 100 元，那个白牌直播间卖 200 元吗？

一定也不是的。

宝妈群体最在意的是奶粉营不营养、健不健康，安不安全，有没有保障，所

以，白牌最重要的核心点是解决信任问题。[65]

如何解决掉信任问题？

也许有人会说：可以把白牌做成品牌。

那不现实的，一个白牌做到品牌，你没有几年时间，一年没有几千万元的推广预算，这个品牌能出来吗？白牌千万别急着去做品牌，要先把眼下的生存问题解决。

还有人说：靠产品品质，靠售后服务。

但是，用户都没买你的产品，还不信任你的产品，哪来的售后，哪来的品质，哪来的口口相传？

这是一个非常简单的逻辑问题，大家做白牌，包括新产品上市，一定不要想当然，不要口嗨，更不要自嗨，需要认识到自身处于什么发展阶段。

延展一下，为什么富二代创业不一定会成功？

按道理来说，富二代比白手起家的创业者拥有更多资源，特别是创业初期不差钱，这么高的起点为什么还很难成功呢？

问题的核心在于，创业的逻辑从一开始比拼的就是怎么赚钱，而不是怎么花钱。

花钱不是本事，赚钱才是本事，很多人往往把做事当成了本事。

比如，富二代创业通常是先考虑怎么花钱、怎么投钱，认为只要公司成立了，工厂建立了，产品出来了，似乎赚钱就水到渠成了。

但要看到，成立公司、建立工厂、采买设备、生产产品，这些都是花钱做事，不代表有了赚钱的本事。

而对于白手起家的创业者来说，并不是说这些事情不要做，而要考虑在没有钱的情况下如何先圈钱，在钱少的情况下，如何能把这些事情盘起来。

所以，这种思维差异导致了行为不同，而行为不同导致了结果不同。

需要说明的是，我们讨论的是创业问题，不是针对富二代这个群体，也不是说创业过程中钱不重要，而是说在创业的过程中，一定要具备赚钱的能力，这种能力是一开始就要着力形成的，并且自始至终贯穿整个过程。

就如同两个人比赛越野跑，一个穿鞋的，一个光脚的，先是一段平路，穿鞋的人会占据一定优势，但接下来是一段泥路，鞋子经常会陷入泥里，反而又变成了负担，而一旦丢了一只鞋子以后，局面就更尴尬了，到后来比拼的还是光脚跑的能力。

【65】　知识点：白牌直播要解决的核心问题是什么？

创业之路是光脚越野跑的里程，富二代创业初期不差钱只是一种状态，本质上和创业者从银行贷款没有什么根本差异，表面区别只是资金来源和资金成本不同，实际只是承担资金成本的主体不同，大家面对的风险和竞争是一样的。

但往往家里给钱创业的人，会误认为自己已经赚得了第一桶金，认为自己领先了或成功了，往往习惯用商家思维教育用户，认为我的产品是好的，用户应该就会买，如果用户不买，那就是用户不识货。[66]

可事实上，这不是一个产品好不好的问题，也不是一个用户识货不识货的问题，而是用户买不买账的问题，用户会想：凭什么我花钱，还要受你教育，你的产品再好，堆砌的功能再多，和我有什么关系？

思考一下，你的技术有多先进，功能有多全面，投入有多巨大，团队有多优秀，付出有多努力，过往有多辉煌，品牌有多悠久，故事有多感人，这些对用户来说重要吗？其实，好与不好，值与不值，行与不行，用户自己会判断，不是你说自己有多优秀，用户就会相信，不要站在产品思维的角度去说教，用户不需要，也不接受，用户需要了解的是你能给他带来的好处。

许多商家在描述产品的时候，经常会用一些专业名词或者空泛的概念，而没有具体的表征，让用户听得很懵。要明白，这不是用户理解能力的问题，而是商家的问题，是思维模式的问题，是营销话术的问题，如果你总是期待用户变成你想要的那个样子，那你的营销就失去了价值。

今天的用户购物，需要的是获得感和幸福感。

什么是获得感？用户花钱买东西，就是一种获得感，对于这类商品，往往是用户具有完全的鉴别能力或者较低的购物决策门槛，比如，到便利店去买一瓶饮料，用户根本不需要店员做什么介绍和推荐，即便种类和新产品再多，用户也是可以自主选择的，也不会因为买了一瓶饮料就谈什么幸福感，这时用户需要的只是商品的使用价值。

那什么是幸福感？用户快乐地花钱买东西，就是一种幸福感，在这个过程中，用户不仅看使用价值，更看重情绪价值。比如，女性用户买服装、买包包、买化妆品、买奢侈品等，在花钱的过程中获得愉悦。

所以，真正成功的创业者一定是用户思维，是让用户可以体验到幸福感，无论是品牌还是白牌，这一点同样重要。

【66】 知识点：为什么你很努力了，可用户还不买账？

话说回来，白牌该如何做？

关键点是打造"轻人设"，通过人设建立信任。

白牌基本上都是自己工厂的货，拿到平台上卖的，根本优势在于源头成本低，并且对货品有调度权，比如，可以卖99.9元，也可以卖69.9元，不像达人去选品广场，选定多少价格就是多少，从中拿销售佣金。同时，自己有场地、有工厂，这种场景比较吸引人，可以自带流量。

许多做白牌的商家，真的优势特别大，但遇到最大的问题是难以让用户感觉到这种优势。比如，十几年的老品牌，十几年的线下店，明明是那么好的产品，就是拍不出来，就是传达不出来。所以，做白牌直播，一定要把轻人设做好，把产品跟人设结合起来，让用户能感知到你是源头，这个是最重要的。

3. 达人直播

达人直播就是通过自己的账号直播去带别人的货。

做达人直播，前期有三点非常重要：

第一，一定要轻投放，不要花太多的钱去投付费。

第二，一定要去多选品，核心是把爆品定下来，了解熟悉得透透的，然后辅助其他的多款产品，组成一个完整的货盘挂在直播间里，每个产品都有流量，方便做自然流量。

第三，达人直播的时长相应地就要短一些，因为播到后面，自然流会越来越少，在不投付费的情况下，很难拉起来第二波、第三波了，所以差不多1~2个小时，流量没了就下播。前期可以多开场次，上午一场，晚上一场，然后吃开播的极速流。[67]

有人说：我不喜欢直播间那种54321上架，我上来模仿很多大牌直播间，我去平播，行不行？

99%是不行的，除非你本身就是大牌，大牌用这种形式只是表现出来，它是这么播的，但不代表你这么播就能把账号做起来。在这个过程中，一定要把主播能力、运营能力打磨好，把产品能力提升到极致，把爆款放到直播间里来，尤其是要有一两个深度合作的供应链，能够帮你拉流量的爆品。当然，如果后期人设做起来了，变成了中腰部或头部达人，那么一定是需要介入付费的。

综合起来，无论选择哪种直播形式，对自己一定要有明确的定位（见表5-4），若是品牌直播间，品牌知名度高，有溢价的，就可以拿利润出来做投放；若是白

【67】 知识点：达人直播的时长多久合适？

牌或者自己有品牌，但影响力不高，利润空间不大的，一定要做好人设和产品的结合；若是达人直播，重点在于货盘选品。

表5-4　三种直播形式的差异

形式	品牌直播	白牌直播	达人直播
人设	无人设	轻人设	重人设
方式	平播过款	单品打爆	爆品货盘
流量	重投放	中投放	轻投放
时长	最长	较长	较短

当你的直播形式确定下来以后，接下来需要确定你的流量结构。

重合：配置有效的流量结构

付费还是不付费，这是个问题。

就如同一千个读者心中有一千个哈姆雷特的样子一样，如何选择还是要看你的认知和自身的具体情况。

付费的本质是什么？它绝不是花钱买流量，只是花钱帮你买曝光而已。付费投流是一种广告行为，任何一个平台都没办法把用户直接塞到你的直播间里，非要让用户买，而是你花钱了，平台给了你更多的曝光，让用户看到，但用户进不进来，进来以后买不买东西，还要靠你自己。[68]

所以，付费是一个加速器和放大器，它可以让好的更好，但不能让差的变好，它可以让不够明确的变得准确，但不能保证准确的就一定会有产出，也不能保证有产出就一定能赚钱。

因此，问题本身不在于投不投付费，而在于你需要以及适合什么样的流量结构。自然流和付费流之间的结构关系，如图5-1所示，有 ABC 三种情况，你认为哪个更好？

---

[68]　知识点：付费的本质是什么？

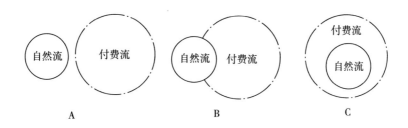

图 5-1　三种流量结构的差异

在图 5-1 中，A 图付费流量和自然流量是一个完全不相干的状态，没有任何重叠的部分，这意味着付费流量和自然流量二者间尘归尘、土归土，付费流量对于自然流量没有任何的撬动作用。

当它们的重合度开始变高，到了图 5-1 中的 B 图时，二者间开始有交集，直播间的付费流量会对自然流产生正向影响，从而精准它的模型，去撬动自然流量的增长。

但在靠近的过程中，付费流量把自然流量往里面吸，吸到重合度过高的时候，会产生出所谓的付费流量会压制自然流量的情况。[69]

如图 5-1 中的 C 图所示，自然流量已经完全被付费流量包含住了。也就是说，这时二者指向的是同一类人群，好比付费流和自然流在同一片草地上割草，因为付费流是割草机，自然流是镰刀，付费流的效率更高、速度更快，草地都被付费流直接收割完成了，这时手上自然流的这把镰刀，它就起不了什么太大的作用，因此会出现被压制的情况。

思考一下，到底为什么投了付费后，会产生自然流量变少的情况？付费本身其实只是工具，我们需要转变的一个思路是，如何把你的这台收割机开到其他草坪上，去进行新领域的收割，而不是想着要不要把付费关掉。

这时，我们能够重新认识一下付费流量和自然流量之间的关系了，有一个很重要的指标就是重合度，一般这个值维持稳定在 10%~20%，是一个账号比较健康的状态。

所以，选择自然流还是付费流，它和你的直播形式、你的场景、主播、排品以及内容、流程都密切相关的，并不是说，你想转换就能转换过来。比如，你之前是做自然流的，现在自然流量没有了或者不稳定，你想通过付费买流量。当

【69】　知识点：付费流会压制自然流吗？

然，你花了钱，流量肯定是有的，但如果你的人货场没有变化，那么这些新的付费流量进来，你大概率是承接不好的。

核心问题就在于，你对付费流量的人群把握不住。

流量平台中，有一个非常重要的营销概念，把直播间所有的人分为五大类，叫 5A 人群，这个概念最早出现在科特勒所著的《营销革命 4.0》一书中，运用到流量平台形成的模型就叫 O-5A 模型（见图 5-2）。[70]

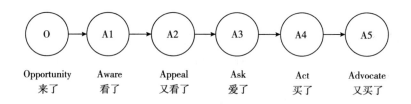

图 5-2　O-5A 流量模型

通俗地讲，O 类人群叫"来了"，可能会进你的直播间，也可能不会进来；A1 人群叫"看了"，就是刷到你的直播间，看了一会儿的；A2 人群叫"又看了"，就是看过好几次；A3 人群叫"爱了"，就是用户点了一下产品，想买但没买；A4 人群叫"买了"，就是完成了下单支付；A5 人群叫"又买了"，就是复购。

这里，我们思考一下，免费的流量主要是哪些？

A1、A2、A3 是最重要的免费流量部分，我们也叫种草。

那么，从 A1 到 A3 我们需要触达用户多少次，或者说用户刷到你多少次，才算是深度种草呢？

平均是 11 次，就是说，当一个用户第 11 次刷到你的时候，大概率下次就会买，这时就叫作 A3 用户。

所以，如果一个用户刚刚刷到你，或者只刷到过五六次的，转化难度要比 A4、A5 人群要高很多，这也就是为什么免费流量相对难做、相对泛的原因了。

再思考一下，付费的流量主要是哪些？

这部分是 A3、A4、A5 人群，是之前已经爱了的、准备买的，买了的以及又想复购的，所以付费流量这个过程叫作拔草。

---

[70]　知识点：什么是 5A 人群？

但我们也要知道，5A 人群的转化，它不是一个线性串联的关系，就是说不是必须从 A1 到 A2 再到 A3 这个过程，实际中它会发生多条链路的跃迁演变（见表 5-5），比如从 A1 直接到 A3。

表 5-5　O-5A 多链路演变

链路	目标	O-5A 演变	链路增长价值
链路 1	拉新	O 到 5A 任何阶段	寻找新的目标用户和生意机会
链路 2	蓄水	O 到 A1/A2	通过大曝光让目标用户了解品牌
链路 3	种草	O/A1/A2 到 A3	产生搜索、加购等深层次互动
链路 4	直接转化	O 到 A4/A5	短期内被大量触达后直接购买
链路 5	种草转化	A3 到 A4/A5	完成种草后被品牌方推动购买
链路 6	复购	A4 到 A5	历史购买用户再次产生购买行为

接下来，我们思考两个问题，看你有没有真正理解。

第一个问题：如果不做付费，只做免费流量行不行？

可以的，但风险非常大。因为你可能会发现，现在你的同行都开始投付费了，不是平台让你投，而是大家都在投了，那么你有可能好不容易通过直播或短视频，触达了一个用户 10 次，但第 11 次被你的同行买走了。所以，很多做直播的商家，都会稍微投一点付费，就是防止这种给别人作嫁衣的情况出现。

你要注意，在前面我们讲到的三种直播类型时，表 5-4 中包括重付费、中付费、轻付费，没有不付费。所以，一般而言，在自己有承接能力的情况下要试着投一点。

第二个问题，只投付费，只做纯付费行不行？

很难，基本上是不可以的，基本上没有哪个新手，可以通过纯付费把账号做下去的，因为你会发现，如果一直在拔草，当草拔完了，你的直播间就没人了。如果你全是精准流量，它是会薅干的，因为你没有培养自然流的能力，所以说，流量太泛是坑，流量太精也是坑。

当直播间全是来买货的人时，你反而做不久，因为这波人买完就没有新的人来买了，很多品牌直播间都会遇到这个问题，可能一两个月爆发完就垮掉了，正是这个原因。

泛流量和精准流量都是需要的，合理的比例是 7∶3，泛流量占 70%，精准流量占 30%，记住这一点非常重要，就是 70% 的泛流量可以帮你做浅层数据，可以帮拉停留，可以帮你加团，加粉丝灯牌，30%的精准流量可以帮你做千次数据、做成交，这样你的数据是不是就拉上去了，平台就会持续给你新的流量。

我们理解一下，付费流量是如何撬动自然流量的，一个核心的关键点是转换速度。[71]

什么是转换速度呢？就是单位时间内，数据所产生的数量。我们用一个通俗易懂的词去替换，叫数据密度。数据它分很多块，比如，点击进入率、停留时间、互动率、转粉、加团、商品的曝光率、点击率、转化率等，这些都是数据。

如果单纯地注重做自己的转化数据，实际上是很难让直播间的整体得到有效的提升。因为这些数据其实都是我们要优化的目标，做直播间本来就是一个既要、又要、还要的思路。

我们思考一个问题：今天如果你的直播间在付费投流的情况下，能承接住流量，收支刚好平衡，那么你会不会加大投放？

答案是肯定的，可以加大投入。

我们再深入下去，如果今天你投流亏了，小亏状态，你还会不会继续加大投放？[72]

是不是有些纠结了。其实，我们可以拓宽一下思路，就是通过投放策略解决模型宽度的问题，同时，强化你直播间的流量承载能力，并且通过付费投放数据维度的叠加来解决转换速度的问题。

简单直白点讲，就是付费只要不亏就行，通过付费带动自然流量，靠自然流产出利润。

定向：抓住真正有价值的流量

我们了解一下，到底需要什么样的流量人群，到底如何解决太泛太精的问题。

举个例子，比如，一个卖松子的直播间，如果是付费投流的话，你应该投哪类人群？

有三个选项：

【71】 知识点：如何用付费流撬动自然流？

【72】 知识点：为什么明明投流亏了，还选择加大投放？

选项 1：投对松子感兴趣的人群。

选项 2：投对坚果感兴趣的人群。

选项 3：投对零食感兴趣的人群。

我们先排除第一个错误答案，肯定不投松子。

如果你是卖松子的，你肯定不投松子，为什么？

我们在投放的时候，常听到一句话，就是人群不能太精准，这个太精准是狭义的概念，因为在一个流量平台里，对于松子感兴趣的人群，数量一定是相对非常少的，比如，在日活几亿人的平台里，即便对松子有购买意向的人有 100 万，但要让系统在数亿的人里面给你找 100 万个绝对精准的用户，犹如大海捞针，太难了，所以后台不消耗你的钱，你投不出去。因此，第一个选项松子不能投，人群太窄了。

第二个选项坚果呢？也不投，为什么？

它其实没比投松子好到哪里去，它本身的量级并不大，并且坚果是产品词，不是兴趣词。它毕竟不是一个高客单价的商品，不需要用户做太多购买决策，这种情况你会发现，你投来的很多人，可能他们已经都买完了，所以说，流量被浪费了。

第三个选项零食投不投呢？

很遗憾，零食也不投。因为零食这个大类目的人群太宽泛，如买辣条的人，买瓜子的人，买进口巧克力，买代餐奶棒的人，所以说，如果你投了零食，就会发现这个流量太泛了。

那到底要投什么呢？

如果你是卖松子的商家，你投什么？你就投喜欢买牛仔裤，同时喜欢买运动鞋的女孩，这是大数据算法统计的结果。

流量平台本身是一个大数据平台，每个人的每个行为都会被记录下来，数据显示，喜欢买牛仔裤的和运动鞋的女孩，她就是喜欢买松子。

这个数据就是人群的 TGI，即偏好指数。

这时，一定有人会问：我这个产品该投哪些人群呢？

我们把这个问题拆解一下来看，比如，你是卖日用品的，如果投 A3 人群，则是让系统探索那些曾经对你商品产生过大量咨询和提问的人，那转化率会不会高？

这个类目本来利润率就不高，如果再付费投 A3 人群，商品一定能卖出去，但流量很贵，最后根本不挣钱。

因为日用品的目标用户群体，对购买商品的决策成本很低。很少有用户刷到你直播间一看，是卖纸巾的，然后想一想没买，第二天、第三天又来看了看，还是没买，到了第四天终于下定决心，要在你这儿买一包两块钱的纸巾。大多数人都不会这样的。

对于纸巾、洗衣液、洗手液这类快消品，基本上是用户刷到了，有这个需求，就直接买了。所以，有很多类似的商品，不需要做人群流转的，直接去投 O 类机会人群，也就是从来没刷到过你的新人，或者投 A1 人群，量级大，流量价格又便宜，成交效果不差，还能极大地降低流量成本。

因此，你要知道，产品该投哪类人群一定要看具体的类目情况。[73]

像高客单价的商品，比如，卖玉石、翡翠的，很少有用户第一次刷到这个直播间就直接下单买个几千元钱的镯子。一般都是用户刷到你了，觉得你家东西不错，就点了关注，今天看看，明天看看，后天也看看，然后某天突然看到一个款式不错，比较喜欢，最近确实也想买一个，那就买了。

那么，这类商品可以投 A1 吗？

是不能的，应该投 A3，因为它其实是要走一个决策链路的，需要一定的决策周期，投 A1 的话，链路太长，不确定性太大，而投 A3 决策链路最短，因为这类人群是被深度种草过的。

如果我们把 A3 人群全转化成 A4 了，A3 空了，那么该投哪个人群？

应该是投 A2，因为 A3 人群是由 A2 转化过来的，但我们投 A2 人群时，是投成交还是投互动呢？

一定是投互动，因为这个类目的客单价高，你如果想让用户直接从 A2 到 A4 做成交，你会发现，投成交的流量不仅贵，而且达不到成交效果，所以只有投互动，让 A2 人群全变成 A3。

到这里，可能有些烧脑，但你对投放这事儿是不是有些感觉了，我们接下来看两个问题巩固一下。

问题一：服装类目，今天换新品了，应该投哪个人群？

投 A2，对不对？

其实可以投 A2 和 A5，A2 这个很好理解，就是从 A2 到种草 A3，A5 也很好理解，就是用户可能会复购，可能因为出新品又买了。

问题二：酒水类目，今天打折，全部 5 折清仓，如果作为一条信息流视频素

材的话，投哪个人群？

应该投 A4 和 A5，因为你这个商品的价值只有买过的人才知道，对于 5 折来说，最好的效果一定是 A4 和 A5，因为用户买过，知道 5 折是真的优惠，而不是噱头。

可以看出，不同类目、不同价位、不同用户阶段、不同产品阶段，再结合你账号现有的 5A 流量池人群，不同情况下，都有不同的投放方式，并没有什么固定的模式、固定的公式。你只要掌握了方法，就不再会问，这个类目该怎么投了。

投放是人群的放大器，它能帮助你的货找到更多的人，投放产出利润只是投放的一个附加产物，它并不是主体。如果你的货已经差到没有人喜欢，无论怎么投放，货也是没人买的。一定要搞清楚，把投放作为你基盘生意的放大器，作为检验你生意的试金石。

如果你现在是从零起步阶段，通过投放你可以迅速地找到生意场上的坏点，不需要熬几个月，就知道哪里错了。通过投放，也许要花费几千元钱，但帮你省下来的是几个月的固定支出，能节省你所有的边际成本，如果生意的基本盘是错的话，马上停下来整改，向正确的道路调整。

所以，那些传统的惯性思维，有时候必须改一改，越是要求投放结果，其实你的人群覆盖数量越窄，因为满足你生意条件的人相对少，所以，越窄的人群越无法支撑你的生意，导致生意越无法持续，这是传统惯性思维带来的害处。

请记住，内容心智的占领要远远大于经营阵地的耕耘，做好种草吧，让更多的用户感兴趣，才有经营阵地可谈。内容心智是因，经营阵地是果，因上努力，才能果上开花。

第六章　流量平台的算法逻辑

随着新媒体不断更新，抖音、小红书、视频号三个平台与用户连接得越来越紧密，已经深入到人们的日常生活和商业活动中。这三个平台各有特色，比如，抖音吸引年轻用户，因为创意短视频和互动性强；小红书更适合深度、有价值的内容；视频号则利用微信的用户基础，提供各种内容分享。

不同平台提供了各种变现途径，从广告和赞助到社交电商和付费内容，对于内容创作者来说，了解并利用每个平台的算法逻辑至关重要，可以更好地让创作内容更有效地触达目标受众，并根据自己的资源和目标选择合适的变现策略。

赛马机制：抖音直播间

赛马机制是直播流量平台非常核心的内容，即便很多人听说过，但真正能理解的不多。

不管你是企业还是个人，是做主播还是运营，如果你觉得流量获取很难，客资抓不到、商品卖不掉，做直播很累、很卷，那么你一定是对平台的赛马机制理解得不深刻、不透彻。这是整个流量平台运营的精髓，必须把它刻在脑海里，让它变成你遇到问题、解决问题时的一种本能反应。

其实做抖音的人，不管你做得好不好，都有一种深深的焦虑，因为你始终处于一个高度竞争的环境中，比如，为什么我的直播间账号起不来，为什么没流量，为什么流量忽高忽低，要不要投付费，付费是否会压制自然流等问题。

实际上，这些问题的根源在于赛马机制，如同一枚硬币的两面，赛马机制既会带来让你焦虑的问题，但同时又能很好地缓解你的焦虑。

先思考个问题：如果你的直播间没流量，硬播能不能播起来？

答案显而易见，如果硬播都能播起来的话，那主播每天只要有时间就在那里播，是不是？所以，硬播肯定是播不起来的，只能让你去除掉对镜头的恐惧感，仅此而已。[74]

为什么硬播播不起来呢？这里面就涉及平台的推流逻辑，就是你账号的流量层级如何增大，如何让平台给你更多的流量？

我们再思考一下，一个新账号刚刚开播时，这个账号有没有权重？

当你不确定的时候，可以逆向思维去想，如果一个新账号开播，平台都不给它流量，都没有权重，你说它为什么还要去开播呢？

只要你在平台发布了短视频，或者是开始了直播，你就叫作"创作者"，为平台生产内容，它都会给你分配流量。所以，新账号是有权重的，只是权重的等级很低，一场拿到的曝光量可能只有500~2000，拿到的场观值可能只有50~500。

那么，它可不可以放大呢？

是可以放大的，先理解一下权重。不同的账号，它会有不同的等级，因为粉丝量的多少不一样，账号等级不一样，流量层级不一样，所以它能吃到的流量也不一样。

但请注意，即使你没有粉丝量，或者是零粉丝开播，你也有机会做到千人在线、万人在线，因为平台有一套数据计算机制，可以快速地让你的账号数据递增上去，这里面就是依靠平台的赛马机制。[75]

赛马机制的核心是一种推流算法，是关系流量分配、竞争、奖励的比较机制。

我们可以从三个维度理解：

第一个维度在比较对象上，是把同等级的账号、同类目的账号、同价位的账号、同时间开播的账号放在一起去比较。

在等级上，如果你是一个新号，是不会跟大账号去比较的；在类目上，你卖女装的，不会让你去跟卖玉石的去比较；在价位上，你卖99元的不会让你跟卖1999元的去比较；在时间上，你在上午8点播的不会跟凌晨2点播的去比较。

第二个维度在比较内容上，通过赛马机制，比赛两个数据，一个叫作人气数据，另一个叫作电商数据。

人气数据指点赞、点关注、加粉丝灯牌、停留时长。

电商数据指用户的下单量以及产生的交易额，UV值以及千次值。

具体内容会在后面的章节详细阐述，这里不做展开了。

【74】　知识点：硬播能不能把账号播起来？

【75】　知识点：零粉丝能不能开播？

第三个维度在比较方法上，通过两个数据决定你获得的推流大小，第一个叫作历史数据，第二个叫作实时数据。

历史数据里面包含了账号的等级、前 30 天的数据、前 7 天的数据、前 1 天的数据，它们组成了你账号的历史等级。[76]

前 30 天所做的数据、前 7 天所做的数据、前 1 天所做的数据，综合得出来的数据是账号的人气数据和电商数据，以及电商数据产生后出现的账号店铺分、口碑分、体验分，这时候，分值越高，就越会被判定为优秀商家，同步更能够享受到流量的扶持。

这里我们要思考一下，对于一个新账号来说，它没有前 7 天的数据，也没有前 30 天的数据，那这个新账号有没有等级呢？

这是一个实操中的核心知识点：新号开播前 7 天一定不要断播。

因为你播了一天，你就拥有了一天的数据，这时候在累计账号的权重，但如果没有累计满 7 天，又断播了一天，前一天的数据它就不存在了，这样很容易把账号打回原形，平台识别不到有效数据，你的数据可能需要重做。所以，一个新账号在没有遇到重大违规情况时，一定要播满 7 天再停播，这样的话就不至于数据归零，也不至于数据触底，起号的辛苦就没白费。[77]

实时数据就是当你的账号开播以后，每 60 分钟的数据、每 20 分钟的数据和每 5 分钟的数据，这几个数据决定了你的账号能不能杀出重围。

我们可以这样理解，在一个时间轴上，每 5 分钟、10 分钟、15 分钟、20 分钟，它都在进行一轮一轮的数据赛马。当你能够更好地高过其他账号，你就能够获得更多的流量。如果说，你能够瞬时地每 5 分钟直接超越同行，你就能在下一个 5 分钟拿得到更多流量。

但对于大多数新账号来说，其实很难做好 5 分钟的数据，比较可行的办法是追逐 20 分钟的数据或者追逐 60 分钟的数据。

所以，账号做数据的核心，在于能否抓好每个 5 分钟和每个 20 分钟，而不是一味地拉时长，如果没有设计好活动，没有做数据的方式，没有团队配合，没有有效承接流量的方法，都叫作空拉数据。[78]

赛马机制，就是一场场考试。

形象地讲，就好比在一所学校里，不会拿一年级的学生和二年级的学生比

【76】　知识点：什么是账号的历史数据？

【77】　知识点：新号要播满几天才能停播？

【78】　知识点：什么叫空拉数据？

较，不拿语文考试的成绩和数学考试的成绩比较，不拿去年考试分数和今年考试的分数比较，大家要比就比同等环境条件下，谁的表现更好。你需要有自己特别擅长的科目，竖起一块长板，但也不是一科好就可以，其他科目还不能太差。同时要有针对性地练习，把握好每个科目的考点，如表 6-1 所示。

表 6-1　赛马机制比赛的重点指标

指标	类似科目	考点
曝光进入率	美术课	场景、封面、画面、人物形象是否好看
人均观看时长	语文课	话术表达是否有感染力
关注率	生物课	能否做到相互吸引
互动率	英语课	同频对话，让用户听得懂
成交率	化学课	多种组合，产生反应
千次成交金额	数学课	不是看绝对值，而是看相对值
成交粉丝占比	历史课	能否做好用户沉淀、维护、复购
自然流量占比	地理课	抓住重点地域和城市的粉丝
付费流量占比	物理课	如何用付费杠杆来撬动更多流量
直播时长	体育课	比拼的是体力和耐力

很多大直播间，一开播，它的各项数据还没做，停留还没拉，但直播间就进来了很多人，这个就是流量预分配。就是你这场直播在开始之前，平台预先给你分配多少流量，给你分配多少人，其实平台已经提前准备好了。[79]

那么，流量预分配是根据什么决定的呢？

第一步，根据你上一场直播的直播数据，以及近 7 天的直播数据，决定了这场直播给你多推流量还是少推流量。

第二步，口碑分。如果店铺的口碑分很低的话，想要获取初始流量非常难，所以口碑分是一定要拉起来的。

这里要特别注意，如你的客服回复不及时，口碑分会掉；再如有没有差评，一开始就有两三个差评，则可能店铺就没了，挂不了商品链接；千万不要经常违规，否则口碑分可能会被扣没了。

第三步，极速流。当开播的时候，平台是每 5 分钟核算一次，刚开始的前 10 分钟左右会来一波极速流，每个账号的情况不同，这波极速流来的时间也不同，

【79】　知识点：平台会预先给你的直播间分配流量吗？

比如"新5老8"的说法，指新账号的极速流在开播的第5分钟左右到来，老账号在第8分钟左右，这不是一个严格意义上的时间点。如老号重启，极速流可能来得就更慢一些，在第20分钟或30分钟左右，当然，也有可能某些账号是没有极速流的，多数是停播时间较长、有违规等原因造成的。[80]

现在我们知道了，第一波极速流是根据上一场以及前几场的直播数据决定的，那当第一波极速流接得差不多了后，后续的流量又是怎么分配的呢？

如图6-1所示，这是直播流量的推送机制，后续流量分配仍然是遵循赛马机制，每5分钟考核一次，前5分钟决定了后5分钟，如果前5分钟的数据做得好，下一个5分钟会多一些流量，如果这5分钟没有同行的数据好，则5分钟的流量就被别人给抢走了。

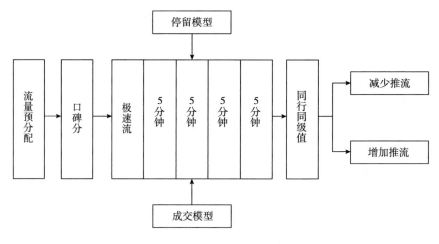

图6-1　流量的推送机制

在图6-1中，除流量预分配、口碑分等，还有两个模型，一个是停留模型，另一个是成交模型。

那么，模型的具体含义是什么？

所谓的模型，是指引你的人群曝光方向，你账号的模型是什么样，它就决定了向哪些人群做曝光。[81]

推流的基本逻辑是 feed，所以在直播间的流量渠道中有个直播推荐 feed，feed 的英文意思叫作投喂，流量管理中 feed 是这个概念。

【80】　知识点：极速流一般多久会来？
【81】　知识点：账号模型是指什么？

图 6-2　流量的推送机制示例

举一个通俗的示例来理解吧，如图 6-2 所示，假如我们开了一个动物园，现在第一批动物已经送到了，我们面对的第一个问题是这些动物应该吃些什么。

动物很多，我们不想一个一个调查它们都吃些什么，其实我们也不需要知道是什么动物，因为我们只需解决这些动物吃什么的问题，这是我们在分析流量推送问题时设定的前提条件。

这时，我们要做的事情只有一件，是把能找到的所有东西，一种一种地都摆到这些动物面前，然后观察它们吃些什么。

比如，这个动物吃肉，那下次我们就给它喂肉；那个动物吃水果，那下次就给它喂水果，于是我们就建立起了一个个标签，对应每个动物吃什么，我们就喂给它什么。

随着不断地去投喂，就会产生第二个问题：如果投喂多了，动物吃不下，那会浪费我们的食物。对应到现实中，作为一个经营者来讲，这是成本问题，不仅要知道这些动物吃什么，而且要知道能吃多少。

这个像极了直播间的极速流，平台一下子给你很大的流量，然后看看你本场的转化能力怎么样，如果你接得多，那本场给你分配就相对比较多，如果你接得少，则后续给你分配的相对会比较少，这是一个流量预分配机制。

这样，既能节省成本，也保证这些动物不会饿肚子，此时第三个问题又来了：如果这些动物经常吃单一食物，会健康吗？

所以，我们还要经常给它们一些其他东西，去试试看，这些动物还吃什么。

如果发现一个动物既吃肉又吃草，这时候它的标签从一种就变成了两种，一个是肉类标签，另一个是草类标签，它的投喂模型就初步建立了。

随着动物吃的东西被探测出得越多，它的标签数量越多，模型相对放大了，并且更加丰富、准确起来。

总结一下，通过投喂，平台知道了你的用户偏好，就给你的账号打上了标签，建立起模型，那么这是否意味着有了标签和模型，就有了流量呢？

经常有人会说：这个商品别人卖得都挺好的，为什么我卖不好？这是什么原因呢？

我们要知道，在一个日常活跃几亿人的平台，你的商品卖不出去，多数情况是买你商品的用户他没遇见你。如果用户本来就想买这个东西，正好他碰上你，大概率有可能买。

在广告学里面有一个 7 次触达法则，把 7 次作为影响用户的最佳频次，再加上创意的广宣，如果不能占领用户心智，或者不能在心智中种草，则这些营销动作都是白做的。不过到底需不需要 7 次，或者 7 次够不够，要看具体情况了。优秀的营销结果往往要经历平均线以上的触达，在面对一些高客单价产品的时候，这个次数甚至要达到 21 次，所以高产出的秘诀是多频次去触达你的用户。

那么，在平台里触达到用户，能够决定买卖双方能碰见的是标签。

很多人都想给自己账号打标签，比如做服装的，会频繁地去刷同行的短视频，刷同行的直播间，期望用这种方式给自己的账号打标签，但这是不管用的，实际上也是在做无用功。

标签分为两大类：一类叫用户标签，另一类叫创作者标签。人们常说的标签是创作者标签。

什么叫用户标签？假如你是一个平台的用户，你会在平台上看短视频或者直播以及购物等，用户标签是你喜欢什么内容，平台就给你推什么内容，也就是你能刷到的内容，这些内容是用户标签决定的。[82]

对于企业商家来说，你的账号需要的不是用户标签，而是创作者标签。

通俗地讲，用户标签决定平台把什么样的内容推给你，创作者标签决定把你的内容推给谁。如果你是做生意的，创作者标签才是你需要的，也就是说，让平台把你推给用户，或者说让用户刷到你。

创作者标签包括了基础标签、偏好标签、交易标签、潜在标签。[83]

【82】 知识点：什么是用户标签？
【83】 知识点：创作者标签都包括哪些？

有人说：我账号的标签都精准了，流量也精准了，为什么还是卖不好？

事实上，99%卖不好的原因只有一个，就是标签问题，要么标签没形成，要么标签不精准。

抖音有几万种人群的筛选条件，通过性别的筛选、年龄的筛选、地理位置的筛选、消费能力的筛选，它只是人群标签的基础标签，也就是说它太泛了。

比如，一线城市18~30岁女性，满足条件的人群，她们的职业一样吗？可能有教师、护士、医生、公务员等很多种身份，她们的消费能力、行为、兴趣、喜好、习惯等也不一样，所以会有多种多样的标签。

接下来，我们看创作者标签是怎么形成的。

创作者标签的形成机制是通过大量的用户来到你账号，这些用户来源包含很多渠道，如直播渠道、短视频渠道、商品卡渠道等，用户通过哪个渠道刷到你，他就在哪个渠道里给你的账号打了标签。

举个例子，如直播间渠道，大量的用户在直播间刷到你了，平台就会采集所有在你直播间里形成正反馈的人群，这些正反馈行为包括点赞、评论、转发、成交等，算法系统会看这群人有什么样共性的用户标签，然后取那个最大数的人群，作为你的创作者标签。

比如，平台给你推了100个用户进入到你的直播间渠道里，100个人中有30个人成交了，成交属于正反馈行为，那么平台就会采集成交的这30个人，有什么共性的用户标签。其中，性别是用户标签，如果30个人中有18个男性，有12个女性，那么大数的那个用户标签就是男性，所以会对你这个账号打上一个吸引男性作为主要受众人群的创作者标签。

随着用户量的累积和正反馈行为的增加，账号的标签越来越精细。这时，我们需要思考一个新的问题，假如一个账号里面形成了1000单成交，那么是否意味着这个账号的标签就精准了呢？

平台采集标签主要靠两个模型，第一个是成交模型。谁在你这里成交了，平台就会根据成交的这些人身上有什么用户标签，然后根据最大共性，给你推送类似的人群，也就是常说的下一波流量。

如果你卖了1000单都是9.9元这样的引流品，或者卖了1000单超低价的福利品，那么你吸引来的人群可能都是来薅羊毛的，这时创作者标签叫价格敏感人群。

一旦你的账号被打上了吸引价格敏感人群的创作者标签，那么后续给你的推送流量，都会是一些羊毛党，这类人群是不会对你的主推产品有购买能力的，你的账号后续也很难有产出，所以，即便有了1000单成交，也不意味着有了精准流量的标签。

有些做小众类目的商家，如珠宝文玩、中央空调、旅游产品等，经常会说这些产品在平台上卖的销量很少，销售量级不大，感觉自己账号打不上标签，那该怎么办?[84]

这个时候需要第二个采集标签的渠道，就是停留模型。通俗地讲，就是谁在你的直播间里进行停留了，那么平台会根据停留人群的共性，给你计算下一波流量，给你推荐有这类共性的人群，靠的是停留模型。

比如，卖丝袜的直播间，通常成交的人群都是女性，但有很多直播间里停留却是男性，这些人只是观看但不会购买，那么对停留模型有没有影响呢?

根据平台的算法机制，我们知道，停留模型还是会建立起来的，也就是说，停留模型是可以形成的，只是它打的标签是男性，所以这就产生另一个问题：当停留模型和成交模型的标签不一致时该怎么办?

理论上，我们需要自己账号的停留模型和成交模型，是一个覆盖关系，而不是冲突关系。如果停留或者成交模型的标签人群与你的目标用户群体不一致，我们称为标签歪了。同样，如果停留和成交模型两者之间的标签人群不一致，也是标签歪了。

一旦账号标签歪了，该怎么办呢?

可以分解为两个问题来看：

第一，账号标签是不是永久的?[85]

标签的形成机制叫大数逻辑，假设你卖了1000单都是9.9元这样的引流品，账号标签是价格敏感人群，但如果你能够完成1001单的主推品成交，那么大数就变成1001了，这时会按照主推品成交人群的共性重新打标签。

此时，可能会有人产生这样的疑问：应该如何完成1001单主推品的成交呢?这个需要具体看你的运营能力和产品，可以给到的建议是，如果标签歪了，完成主推品覆盖单量又非常困难的情况下，还不如重新起个新号。

第二，通过付费投流，可不可以校正标签?[86]

答案是能的，因为创作者标签就是这么形成的，只要你让精准流量在直播间里停留且成交了，就是在给你的账号打标签。包括在上一个问题中提到的，如果有预算，可以通过付费投流快速促进主推品1001单成交；再如丝袜直播间，也

【84】　知识点：小众类目商家账号打不上标签怎么办?

【85】　知识点：账号标签是不是永久的?

【86】　知识点：通过付费可以校正账号标签吗?

可以通过付费投流校正停留模型的人群标签。

由此可以看出，流量模型是标签的综合体。当某一类人群给你点赞的数量超过其他人群，则平台系统就会向这类人群做增量曝光；当某一类人群在你的直播间转化情况比较好时，平台系统也会向这类人群做增量曝光，增量曝光的结果是不断突破进入到新的流量层级。

大家普遍认为，抖音直播间的流量池分六个等级：[87]

E 级：进场人数 200~500，在线人数 1~20。

D 级：进场人数 1000~3000，在线人数 30~60。

C 级：进场人数 8000 到 1 万，在线人数 100~260。

B 级：进场人数 3 万~5 万，在线人数 1000 左右。

A 级：进场人数 10 万~30 万，在线人数 3000~5000。

S 级：进场人数 200 万，在线人数 1 万以上。

其中，在线人数 261 人是一个非常重要的卡点，多数情况下，如果能达到这个人数，那么很快就会突破 700~800 的在线人数。

这就是流量的推送机制，理解了这个，我们更容易理解付费投流的含义了。

还是用动物园的例子假设一下。动物们通过表演赚到钱，这时有的动物说："我给你钱，你能不能多给我一些喜欢吃的"，你说："可以的。"于是，这个动物给了你一元钱，你给了它一包饼干，那个动物给了你一元钱，你给了它一盒巧克力。随着给你钱要东西的动物越来越多，但你手里的食物是有限的，于是开始谁给的钱多，就优先满足谁，这就是流量的竞价机制。

如表 6-2 所示，平台就是用这样一个生意的流量推送步骤，把流量投喂到每一个直播间，对应的是抖音直播的 8 大流量入口。

表 6-2　流量的推送机制步骤

步骤	比喻	动作
第一步	能吃什么	建立标签
第二步	能吃多少	流量层级
第三步	还吃什么	形成模型
第四步	爱吃什么	付费投流

【87】　知识点：抖音直播有没有流量层级？

（1）直播推荐入口。对于粉丝量不高、不表演才艺的主播来说，直播间最重要的是直播推荐这扇大门，只有直播推荐这扇大门打开了，直播间才会进来更多人。[88]

（2）视频推荐入口。就是从作品端进到你直播间的人。

（3）关注入口。顾名思义就是从关注来的人，进来的全都是粉丝。

（4）同城入口。就是同城方圆几公里或几十公里的人，当直播推荐入口打开的时候，同城入口流量就会大大降低。

（5）个人主页入口。就是通过账号主页的头像进入直播间的人。

（6）商业化入口。就是花钱买进来的曝光流量。

（7）搜索入口。通过搜索你的账号名或者抖音号进入直播间的人。

（8）其他入口。直播间发红包、福袋引来的或者站外其他渠道过来的人。

这八大流量入口都有着各自的优势和特点，直播推荐入口是俗称的自然流量，商业化入口是俗称的付费流量，从获客成本角度看，自然流量的成本最低，商业化的成本最高；如果从用户精准度来说，通常商业化入口的流量会优于直播推荐入口的流量；如果要想找到获客成本既低且用户成交情况又好的流量，就非视频推荐入口莫属了。

铁粉机制：抖音短视频

抖音是流量大且算法非常复杂的平台，但根本原则一直保持不变，即去中心化的分发机制，让优质内容有最大的曝光机会。

抖音的内容推荐机制采用一种名为"协同过滤"的算法。这个算法通过分析用户的各种行为，如浏览、点赞、评论等来了解用户的兴趣爱好，然后将符合用户兴趣的内容推荐给他们。

这种推荐算法是比较典型的"标签"对"标签"，无论是用户还是创作者，自身都会不断形成标签。创作者发布视频后，平台会根据创作者标签匹配相似的用户标签，然后通过视频的数据表现来衡量该视频是否值得进一步的推荐。

具体来说，抖音的推荐算法主要考虑以下几个因素：

（1）用户行为：追踪用户的浏览、点赞、评论等行为，通过这些数据来了

【88】　知识点：抖音直播有哪些流量入口？

解用户的兴趣。

（2）内容属性：分析视频的标题、标签、描述等元素，以便更好地理解视频的主题和内容。

（3）社交网络：参考用户的关注列表和互动对象，以便了解他们的社交网络和社区兴趣。

当平台向作品分发初始流量时，会根据初始流量的反馈来判断内容是否受欢迎；如果受欢迎，平台会将作品分发给更多的流量；反之，不会再给作品分发流量。

关键的反馈指标包括：

1. 完播率

完播率=观看时间/作品时长

主要看 3 秒完播率和整体完播率，完播率越高，说明作品越吸引人观看，大盘的及格线通常为 15%~20%，40%~50% 的完播率已经很优秀了。要想做高完播率，通常的方式是，开头设置悬念或者引导打开评论区，拉长观看时间。如果是新号的话，前期视频时长不要太长，时长越长，完播率越低，除非视频质量极佳。

2. 点赞率

点赞率=点赞量/播放量

点赞率越高，推荐量才会越高，第一波推荐的点赞率，至少要达到 3%~5%，也就是说每 100 个播放量，至少要有 3~5 个点赞。

3. 评论率

评论率=评论量/播放量

评论率数据的高低与视频类型有很大关系，很难用平均数据去衡量好还是不好。但确定的是，评论率表现越好，加权推荐越高。所以，创作者可以主动在视频文案中或者在评论区引导评论，提升这个指标。

4. 转发率

转发率=转发量/播放量

转发率对于还在初级流量池的视频，影响并不大，但要突破流量层级，转发率是很关键的指标。

5. 转粉率

转粉率=关注量/播放量

这个是新增粉丝的关注比例，及格线在 1%~2%，单条视频带来的新增粉丝率，同样是冲击更高层级流量池的关键数据。

一般来说，当一条新作品发布以后，第一次推荐的流量大约在 200~500，一般是由粉丝+朋友+可能认识的人+少量标签匹配的用户构成。如果第一次推荐的反馈良好，平台会继续推荐，逐步增加流量。具体来说，第二次推荐大约会有 3000~5000 的流量，第三次可能是上万的流量，以此类推。如果反馈持续良好，平台会结合大数据算法和人工审核来判断是否将内容推荐到热门。[89]

通常情况下，一个视频在发布 1 小时内，如果播放量超过 5000，点赞数超过 1500，评论数超过 150，就有潜力进入小热门。如果视频的播放量一直停留在 500 以下，则需要及时调整策略。

相对于热门的概念而言，任何一条视频发布后都会先进入冷启动池，冷启动池的流量构成最为复杂，也是最难突破的流量池，这就考验账号的粉丝是否精准，内容是否优质，只有关键数据达标，才会进入下一个流量池。[90]

大家普遍认为，作品流量池分为 8 个层级：

第一级（初始流量池）：推荐播放量 200~500，数据达标后进入下一个流量池。

第二级（千人流量池）：推荐播放量 3000~5000。

第三级（万人流量池）：推荐播放量 1 万~2 万。

第四级（初级流量池）：推荐播放量 10 万~15 万，此时可能有人工审核介入。

第五级（中级流量池）：推荐播放量 50 万~70 万。

第六级（高级流量池）：推荐播放量 100 万~300 万，小热门。

第七级（热门流量池）：推荐播放量 500 万~1200 万，热门。

第八级（全站推荐作品）：推荐播放量 3000 万以上。

需要说明的是，这并不是一个严格意义上的流量层级划分，不同人对流量层级的播放量可能会有不同看法，但这并不影响我们讨论视频流量的分发机制，下面，我们通过几个问题进一步了解算法如何发挥作用。

第一个问题，账号粉丝量越多，是不是播放量就会越高？

抖音推行的是铁粉机制，粉丝不在于多，而在于铁。[91]

那什么叫铁？看粉丝与你是否有黏性，这种黏性表现在粉丝是否愿意给你的

【89】　知识点：视频发布以后会优先推荐给谁？

【90】　知识点：视频作品有没有流量层级？

【91】　知识点：什么是铁粉机制？

作品进行数据反馈，如点赞、评论、转发等，对于商家来说，粉丝黏性看用户是否在你这里消费，是否给你亮灯牌等。

当发了作品后，平台系统先过审，过完审以后，第一时间推给有黏性的粉丝，他们要先看你的作品，这样就有了一定的播放量和完播率的数据，然后根据粉丝产生的数据，决定是否给你推送新的曝光、新的流量，也就是新的更大的播放量。

所以，粉丝固然重要，但没有黏性的粉丝不重要，即便是有几百万粉丝的账号，视频播放量可能也就几千，这很正常。

第二个问题，一条视频播放量的好坏，是否会影响其他视频?[92]

同一个账号下，不同视频的播放量是不稳定的，这并不奇怪，也没有什么规律可言，因为抖音的播放量是单条计算，单条进行推流的，比如，你上一条视频只有 3000 个播放量，但不影响你下一条的播放量可能会比上一条高出 10 倍。

也就是说，平台不看你以前的得失，也不看以往的成绩，每条视频都是独立的统计作品数据。当然，如果你有一条作品特别好，给账号带来许多新的铁粉，那么对你后面的作品可能会有些许助力。

第三个问题，如果你的作品播放量都卡在了 1000 以下，该怎么办?

如果播放量都卡在了 1000 以下，那说明可能存在三种情况:

一是作品发布的频率不够，账号作品一般都是一天一更或两天一更，但如果你经常断档，播放量确实容易掉得特别惨。

二是作品可能会涉及一些内容上的违规，导致系统不推荐。

三是作品内容质量不行，用户不爱看，导致数据无法做到位。

第四个问题，短视频和直播是不是一个流量池?

虽然流量都在同一个平台里面，但短视频和直播是分开的两个流量池，有各自的算法机制和评价指标，这也是为什么那些有几百万、上千万粉丝的 KOL 账号，发布一条视频可能会有很高的播放量，但开直播却很难带货的原因;同样，即便一个直播间有上千、上万人在线，但发布一条视频也可能没什么播放量，因此你可以把它们想象成是有亲戚关系的两家人，这样就更好理解了。

推荐机制：视频号内容

视频号是微信生态中一个重要流量池，它可以让用户在微信中无缝切换短视频、直播和工作场景，形成强大的用户黏性。视频号的流量规模和潜力巨大，要想在视频号上做好商业化变现，就需要掌握视频号的算法逻辑和推流机制。

视频号依托微信庞大的用户数据，其核心玩法是利用私域流量引导公域流量。对商家而言，视频号不仅是一个宣传平台，更是一个用户运营的平台，商家可以通过视频号进行公域引流，利用公众号或企业微信与用户互动，然后通过用户运营将流量导流至小程序商城进行销售转化，最后通过私域运营进行裂变动作，影响更多用户。

视频号的推流机制主要分为两部分：直播推流和短视频推流。

在直播推流方面，视频号端口有三种不同的算法：

第一种，类抖音算法，就是所谓的赛马机制，不同的点在于，抖音是以 5 分钟的时段比较数据，视频号是以 500 人的场观比较数据，所以相比较而言，视频号的赛马机制比较慢，流量回馈也比较慢。

第二种，政策性算法，比如，如果你从私域给平台引导 10 个用户，平台会按照相似的标签给你奖励 8 个用户。

第三种，单爆数据算法，比如，分享率、订单量等，只要一项数据做出来了，直播间就会有流量。

从呈现形式看，视频号和抖音等平台有所不同（见表 6-3），但最大的区别在于流量分配逻辑不一样，视频号的推荐算法更加关注人而非内容。

表 6-3　视频号和抖音呈现形式对比

名称	视频号	抖音
展现形式	瀑布流形式，滑动视频	瀑布流形式，滑动视频
视频时长	60s 视频/9 张图片	15s/60s/5min
标题长度	超 3 行折叠	55 字以内
微信支持	可加微信号、公众文章链接	不能加微信号
关注按钮	播放一段时间后显示	不用跳转，直接关注
微信转播	微信全生态转播	微信生态内转播受限

在视频推流方面，视频号的特别之处在于"社交推荐"+"算法推荐"的双重推荐，这是视频号里会出现视频播放量过 2 亿的原因，而这样的播放量在其他短视频平台是不太容易实现的。

1. 社交推荐

社交推荐指平台根据用户的好友关系，优先推荐好友点赞或者推荐的视频号内容给用户。这种方式可以增加用户的信任感和互动感，同时可以利用好友的影响力和口碑，扩大视频号的曝光度和传播度。社交推荐的前提是用户和好友之间要有足够的互动，否则平台会认为用户对好友的内容不感兴趣，而降低推荐的权重。

一个作品，你的好友点赞、评论、转发多的话，曝光量就会上升，所以，你微信好友的互动数据好，对于作品提升权重有很大影响。相比点赞和评论，转发是难度系数最大的，用户愿意转发代表用户高度认可你的视频，说明视频内容符合用户的价值观，迎合了用户的思想。

一般来说，社交推荐会优先于算法推荐，因为平台认为好友的意见比机器的判断更加重要。但如果用户对好友的内容不感兴趣，或者好友没有足够的内容供推荐，那么平台会启动算法推荐，给用户提供更多的选择。

2. 算法推荐

视频号虽然是基于社交推荐，但每个人的社交关系链毕竟有限。当一个作品已经在完整的社交关系链获得了展现，且取得了较好的数据表现后，视频号会进行社交关系链以外的扩大推荐，逻辑算法遵循了物以类聚、人以群分的概念，包括两类：

第一类是基于用户的协同过滤算法。就是认为你微信好友喜欢的东西，你大概率也可能喜欢。

第二类是基于物品的协同过滤算法。如果大多数人看了视频 A，又看了视频 B，并且 A 和 B 是比较相似的，那么形成推荐绑定关系，假如你看了视频 A，那平台就可以给你推荐视频 B。

平台根据用户的浏览历史、点击行为、停留时间、评论、点赞等数据，分析用户的兴趣和需求，推荐符合用户口味的视频号内容给用户，这种方式可以提高用户的满意度和黏性，同时可以让视频号内容更加多样化和个性化。

从指标权重看，总体上，播放完成度>点赞数>评论数>点击扩展链接数>转发数>收藏数，所以你可以通过提高停留时间、提高互动数量等方式增加视频号内容在平台算法推荐中的权重和排名。

需要注意的是，算法推荐的前提是用户有足够的数据积累，否则平台会认为用户对视频号内容没有明确的偏好，而随机推荐一些内容给用户。

所以，如果刚开始做没有什么人气，则最好把内容的时长缩短到 1 分钟以内，这样才能保证更高的播放完成度，并且持续更新以及提高内容品质。

3. 个性化推荐

系统会根据用户的日常行为、活动轨迹和兴趣、职业、年龄等标签，通过一系列大数据算法，推测出用户可能喜欢的内容。因为微信本身就拥有 11 亿的超级用户画像和各种算法机制作为参考。

基于微信社交生态，每个用户都被打上多元化的标签，包括性别、年龄、职业、兴趣、城市等。个性化推荐是根据个人的标签属性，从海量内容库中匹配用户可能喜欢的内容进行推荐。

所以，无论是发视频，还是发图片，添加话题和定位，更有助于个性化推荐。这一点跟抖音的推荐算法有点相似。

视频号有三个流量入口：关注、朋友、推荐。从用户视角看，当用户每次进入视频号时，默认是朋友这个入口。也就是说，当用户进入视频号第一屏看到的，并不是自己的喜好，也不是根据自己的用户画像或行为标签来的，而是根据微信好友来的，这意味着好友都在看什么内容，决定了用户打开视频号首先会看到什么（见图6-3）。[93]

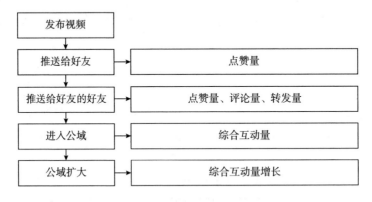

图6-3　视频号内容推荐步骤

从视频创作者的角度看，在作品发布后，会推荐给已关注该视频号的粉丝用户，若这些粉丝用户不感兴趣，就不会触发视频号的曝光推荐机制，不会进入更

【93】　知识点：视频号有哪些流量入口？

高的流量池，但未来还是有可能会被再次推荐。

如果有某些用户感兴趣，而且又对视频进行了点赞、转发或评论，就会触发推荐机制，要是有多位用户对一个作品都进行评论时，该作品将进入到更大的流量池中，将会获得更高的权重，那么被推荐的概率会更高。

对于联系频繁的微信好友，其关注浏览的视频号也会被推荐给好友，以此循环，基于社交、熟人的关系链就会产生裂变。

延伸说一下，在社交属性方面，视频号和小红书都有着明显的优势，这也是它们崛起的重要原因之一。

视频号经过多次改进，已经完美融入了微信生态系统，这为其带来了巨大的社交优势。微信作为一个巨大的社交平台，拥有庞大的用户群和复杂的社交网络，这使得视频号更容易与用户互动和分享内容，也使得视频号成为私域流量的重要通道，吸引了更多有购买力的用户。

小红书主要以用户生成的图文内容为主，为用户提供了一个交流和分享的平台。用户可以在小红书上建立自己的社交圈子，分享生活片段和购物心得，形成一个社交性质的购物指南，这种社交属性吸引了越来越多有购买需求的高价值人群，同时为品牌和商家提供了有力的推广渠道。

搜索机制：小红书笔记

小红书是一个以生活方式分享为主的"社区+电商"平台。3亿+的月活用户，是目前国内最大的"种草"平台。用户以女性为主，其中90后、高学历、一二线城市人群占比60%以上。

小红书的算法和抖音类似，也是"标签"对"标签"的流量算法。不同的是，基于不同的用户习惯，抖音更侧重主动推荐，小红书更侧重搜索推荐。

比如，抖音的流量算法侧重于内容分析和用户标签化，通过基础流量、叠加推荐和时间效应等关键词影响推荐过程，推荐逻辑包括标题、封面、分类标签和用户垂直精准度的影响，还会根据曝光后产出的互动数据，如完播率、点赞等，来分析是否给视频加权。

而小红书的流量分发机制是内容标签匹配，即一篇笔记发布后，会被系统拆分成多个标签，然后再推送给最近有同样内容喜好的用户，因为小红书超过半数的流量来源于搜索，所以搜索流量算法的逻辑更精细。

具体来说，小红书内容标签匹配的算法主要基于特征匹配的原则，它不仅考虑了内容的特征，也考虑了用户的特征，从而实现个性化的推荐效果，如图 6-4 所示。

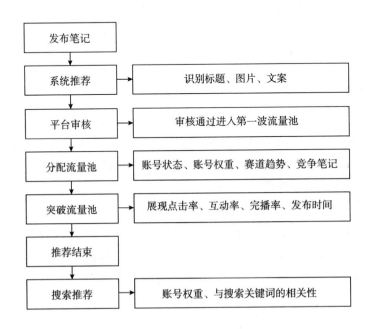

图 6-4　小红书内容推荐步骤

一方面，当用户发布内容后，系统会为该内容打上一系列标签，这些标签反映了内容的主题、风格或其他特征，这种内容分发机制不仅仅依赖于标签的数量，更重要的是这些标签如何与用户的行为和偏好相匹配。

另一方面，系统会利用相似度算法匹配用户的兴趣和偏好以及相似内容。这种相似度匹配是基于用户画像的，它能够帮助系统更准确地理解用户的兴趣点和需求。比如，如果一个用户经常搜索关于"美妆"的内容，那么系统就倾向于向用户推荐与内容标签匹配度高的内容。

小红书的流量入口主要有四个部分：发现页、搜索页、关注页和本地页。[94]

发现页：发布笔记后，系统会将笔记打上相关标签，然后将笔记推荐给对这些标签感兴趣的用户，标签匹配机制能够更精准地将笔记匹配相关目标用户，增

【94】　知识点：小红书有哪些流量入口？

加笔记的曝光和阅读量。

搜索页：许多用户会通过搜索页直接搜索，搜索页是按算法进行排序分配流量，曝光与排序都是随着算法的实时演算而不断变化。

关注页：发布笔记后，系统会将其实时推荐在首页的"关注"页面，让关注你的人收到你的更新内容。

本地页：小红书首页的"附近"选项会给用户推荐距离 20 千米内其他用户发布的内容，以满足用户对本地化内容的需求。

在四个流量入口中，发现页和搜索页是两个最主要的流量渠道，下面重点说下这两个入口的算法机制。

1. 发现页的算法逻辑

发现页面是大部分用户主要来浏览笔记的地方，一般情况下，只要你的笔记数据还过得去，它就可以进入下一个级别更高的流量池。

那么如何才能让笔记得到更多的曝光和阅读？

这种模型算法机制叫 CES（Community Engagement Score），这种算法机制不仅考虑了用户个体的兴趣和偏好，还关注了社交因素，增加了用户之间的互动和交流，使用户能够发现更多与自己兴趣相关的内容，它的评分标准为：

CES 评分＝点赞数×1 分+收藏数×1 分+评论数×4 分+转发数×4 分+关注数×8 分。[95]

可以看出，在小红书平台，通过笔记获得点赞或收藏相对容易，但账号涨粉相对比较难。

小红书的推荐机制中，与其他平台不同的是在推荐之前有一个收录的环节，如果笔记未被收录就到不了推荐池，检测笔记是否被收录的方法是搜索该笔记，如果能搜索到，表明已经被收录了。

当笔记被收录后就会进入系统推荐池，初次流量曝光 200 左右，系统就会根据得分情况给笔记排个初始位置，如果笔记的点击、点赞、收藏、评论等评估数据较好，达到了进入下一级流量池的条件，系统会自动将笔记推荐到下一级流量池，曝光流量在 2000 左右。

也就是说，如果你的笔记能带来更多新增关注，你就有机会获得更多流量，或者如果你的铁粉们多多参与评论、转发、点赞、收藏这些互动，也会提升笔记的曝光流量，并且可以持续保持着流量，几个月甚至一年以后还能有推荐。

---

[95]　知识点：小红书笔记是怎么评分的？

2. 搜索页算法逻辑

在搜索页面中，系统也是根据排序规则来分配流量的。也就是说，笔记越是排在前面，看到它的人也就越多。但是，这个顺序并不固定，会随着算法的实时变动而飘忽不定。

实际上，有两点因素会影响笔记的排序：

一是关键词的匹配程度，如果内容和标题与搜索词越接近、越匹配，排名就会相对越高。

二是短时间的互动量，当笔记在发布后的短时间内获得较多的互动量，在搜索结果页中也会排名靠前。

对于一篇笔记来说，标题中的关键词可谓是重中之重，小红书也明确提示："填写标题会有更多赞哦"。

由此可见，标题是平台用来识别内容属性的重要选项，想要让笔记获得更多的展现，非常重要的工作就是要做好标题的优化。

小红书笔记排名的规则有以下 7 个要素：

（1）原创度：内容越有价值，越容易涨粉，尽可能把笔记内容写得饱满一点，减少重复率。

（2）内容是否违规：笔记违规时平台会限流，所以内容不能抄袭和有违禁词。

（3）互动率：包括评论、转发、点赞、收藏。

（4）标签：在内容中填写标签，能增加笔记的权重。

（5）话题：在笔记中加上热门话题，也能增加笔记权重。

（6）关键词：标题里面肯定要加关键词，笔记内容里面最好出现 3 次左右的关键词，但不要堆砌关键词。

（7）文字长度：笔记最多是 1000 字，一般写到 400~600 字，如果图片做得好的话，文字内容并非越多越好。

大家普遍认为，小红书流量池分为 8 个层级：[96]

第一层级：笔记浏览量 200 以内，只要笔记没有违规，不管内容如何，基本上都有 200 左右的阅读，如果多篇笔记阅读维持在 200，就要关注是否收到关于违规的站内信，如果没有，说明要提升内容的质量。

第二层级：笔记浏览量 200~500，大多数的账号流量都能到这个层级，但如

---

[96] 知识点：小红书笔记有没有流量层级？

果长期徘徊在这个阅读区间，则需要优化活跃度、垂直度、原创度以及内容质量。

第三层级：笔记浏览量 500~2000，账号状态正常，虽然到达这一层级就已经超过了 80% 的小红书账号，但内容质量上还要继续努力。

第四层级：笔记浏览量 2000 至 2 万，说明内容已经获得了不错的数据，已有小爆款的潜质，数据在持续爬升，如果用户反馈行为仍在增加，平台会继续给流量。

第五层级：笔记浏览量 2 万~10 万，是自然流量的最后一关，依然是由用户的互动数据决定是否进入下一流量层级，达到这个层级的笔记已经是比较出众的内容了，也可能是有一定粉丝基础以及权重比较好的账号。

第六层级：笔记浏览量 10 万~100 万，已经进入热门笔记门槛，达到这个阶段的笔记，用户互动数据比较好，也是从这一层级开始测试更多用户后端数据，如主页打开率、关注率、回搜率等，很多依靠标题党、头图党获得的高点击率笔记，会在这一层级被停止推荐，可以说这一层级也是最难突破的层级。

第七层级：笔记浏览量 100 万~500 万，笔记进入这一层级就说明已经是爆款文章，不管是用户互动数据还是用户后端数据，都有不错的表现，这一层级一定有人工层面的审核干预了，比如，价值观是否符合社区规则，加权推荐后是否存在舆论风险，是否存在版权风险等。

第八层级：笔记浏览量 500 万以上，属于难得一见的大流量爆款文章，用户互动数据和用户后端数据表现都极其出色，远高于大盘平均数据，且获得了平台加权推荐，可遇而不可求。

第二部分 实操

第七章　通过直播间转化实现流量变现

　　直播的兴起让众多人和商家趋之若鹜，直播带货模式很大程度上改变了传统的营销链路，作为一个高效的触达、转化、成交一体化的场所，依托于直播间的实时互动、产品展示、即时购买和社交分享等特点，深层次的支撑使其符合了诸多现代营销理论。

　　（1）社交影响力理论（Social Influence Theory）：人们倾向于受到他们尊重、崇拜或关注的人的影响，根据这个理论，通过建立良好的主播形象、吸引力和信任度，直播带货可以有效地利用主播的社交影响力影响用户的购买决策。

　　（2）即时满足理论（Instant Gratification Theory）：直播带货提供了即时的购物体验，用户可以在直播过程中立即购买他们喜欢的产品，获得即时满足感。

　　（3）情感营销理论（Emotional Marketing Theory）：情感是购买行为的主要驱动力之一，通过在直播中表达情感、讲述故事或与用户建立情感连接，可以增强用户对产品的认同感和购买意愿。

　　（4）社会认同理论（Social Identity Theory）：直播带货通过塑造产品的社会认同价值，吸引具有相似兴趣、价值观或身份认同的用户群体，通过在直播中强调产品与特定社会群体的关联性，可以增加用户的购买欲望。

　　这些是直播带货之所以兴盛的理论基础，现实中，有些人往往容易肤浅地看待直播带货模式，而忽视了这种新兴营销渠道的产生。直播带货是时代发展、科技推动和社会生活需求发生变化共同作用的结果。

　　因此，我们既没必要把它捧上神坛，也没必要把它打入臭水沟，而要以一种平和谦逊的心态来看待新事物，探究它的运作模式和成功之道，这样我们就不会被一些造富的"神话"冲昏头脑，也不会错过一个可能逆袭而上的有利时机。

　　下面，我们来剖析一下直播最关键的三要素"场、货、人"。

场：场景是前提

场景是用户看到的画面。一个精心设计和构建的直播场景可以极大地提升直播的效果和用户的体验，这不仅是对视觉上的满足，更是对用户感官、情感的全方位引导和满足。

你知道从用户看到你直播间到他刷走需要多长时间吗？

只有 0.8 秒。

在这 0.8 秒的时间里，你说得再好有什么用，你的产品再好有什么用，所以场景的重要性不言而喻。

做场景的目的，并不是要做一个多么高大上的场景，不是说花钱越多越好，设备越先进越齐全就行，也不是非要搭建一个实景直播间，而是只要直播间的曝光进入率足够高，就算是一个好的场景。[97]

也就是说，衡量场景优劣的首要指标就是曝光进入率。

我们要认识到，平台根本没办法给你所谓的流量，真的不是因为平台不给你人，很多时候是因为给了，用户却没进来。如果用户没有点击进来，就不算场观，只是一个曝光。平台只能给你曝光，就是帮你把直播间、短视频推荐出去，让更多人看到，但看到的人不一定会点进来，不一定会点关注，不一定会买你的东西，所以就产生了许多人认为的没流量或流量不精准的问题。

请记住，技术决定下限，艺术决定上限，审美很重要。因此，直播的第一步是要把曝光转化为进场的流量，靠的是场景。

首先，视觉吸引力是直播场景中的关键要素之一。人类是视觉动物，视觉上的吸引力能够迅速抓住用户的注意力，并且保持他们的关注。因此，一个具有美观、有趣、独特设计的直播场景可以大大提高用户的观看兴趣，从颜色的选择到场景的布局，从灯光的运用到背景的美学设计，每个细节都可以影响到用户的感受。

比如，一个快速过款的直播间，它可能需要的是红色或橙色的暖色调，因为你想要传递给用户的是热烈、刺激或愉悦的感受；一个卖有机食品的直播间，它可能需要的是绿色或黄绿色的冷色调，因为这类颜色可以传递健康、清新的感受。

因此，你可以根据自己的品类特点，设定自己直播间的主色调（见表 7-1），

【97】 知识点：做场景的目的是什么？

当然，也可以根据一些特定的节日变换直播间的色调。

表7-1　不同颜色传递的感受

暖色调				冷色调			
Purple 紫色	Red 红色	Orange 橙色	Yellow 黄色	Kelly 黄绿色	Green 绿色	Turpuoise 青色	Bule 蓝色
高贵	热烈	愉悦	辉煌	清新	健康	冷静	理智
神秘	刺激	明朗	华贵	稚嫩	和平	遥远	宁静
浪漫	兴奋	香甜	警示	生机	安全	幻想	深邃
虚伪	危险	欲望	猜忌	酸涩	腐朽	孤僻	忧郁
堕落	暴力	焦躁	贪婪	被动	苦涩	诡异	冷酷

其次，直播场景对于营造直播内容所需的情感和氛围至关重要，不同的直播内容需要的氛围可能大相径庭。

娱乐直播可能需要温暖、舒适的氛围来营造出一种轻松愉悦的感觉，而科技直播可能需要现代的、专业的氛围展示其可靠和专业的内容。因此，通过布置场景、选择合适的背景音乐以及运用灯光等手段，可以有效地营造出适合直播内容的氛围，增强用户的参与感和体验感。

比如，音乐是人们情感产生和形成的一个重要刺激因素，在直播间中，音乐能影响用户的消费情绪，而消费情绪又会影响到消费行为。

音乐的生理作用是通过音响对人的听觉器官和神经产生作用开始的，进而影响到全身的肌肉、血脉及其他器官的活动。也就是说，音乐作为一种外在刺激，通过模仿能引起人们身体变化或生理反应的刺激，进而影响人们的情绪。这也解释了为什么有时明明不开心，但如果把嘴角向上扬，改变面部肌肉，那么情绪就会变得稍微愉悦一点的原因。

一般来说，快节奏的音乐主要表现人们的正面情绪，慢节奏的音乐主要表现人们的平静情绪，不同节奏的背景音乐会对顾客带来不同的情绪感受。音乐影响人的情绪有多方面原因，音乐本身可表达出一定的情绪，同时它也可以引发听者的情绪，而人们自身在日常生活中也有一定的情绪，有些情绪范围并不是完全重合的。

如图7-1所示，我们不能穷尽所有的情绪，但从常见的情绪中，三类主要情绪的交集内容包括快乐、温柔和悲伤。对于营销工作而言，我们在消费环境中着力发挥音乐的影响力，就是希望朝着引发用户快乐情绪的方向去努力。

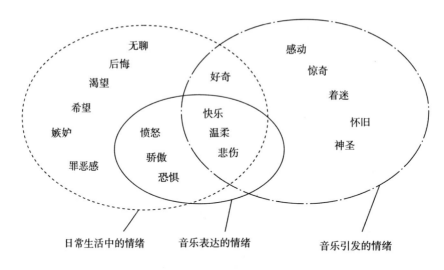

图 7-1　不同种类的情绪范围

最后，直播场景是信息传递的重要渠道。通过场景的布置，灯光、道具的运用以及视觉元素的设计（见表 7-2），可以更直观地传达直播内容所要表达的信息，一个清晰、有序的直播场景可以帮助用户更好地理解和吸收内容，从而提高直播的讲解效果和传播效果；一个与品牌风格相符的直播场景不仅可以提升直播内容的专业度和可信度，还可以增强用户对品牌的认知和好感。

表 7-2　直播场景的要素

画面色调	拍摄角度	场景构图	搭配元素	打光补光

同时，一个好的直播场景还可以提升直播的互动体验。比如，通过 3D 虚拟直播间、实时特效等技术手段，可以为用户带来更加丰富和有趣的观看体验，用户可以通过与直播场景的互动而参与到直播内容中，增强他们的参与感和忠诚度。

因此，在进行直播时，合理设计和精心打造直播场景非常重要，场景搭建方案必须通过具体的细节，解决停留和信任问题，这是场景的核心作用。

那么，如何通过细节来强化场景的搭建能力？

关键就在于"卖点可视化"。[98]

【98】　知识点：什么是卖点可视化？

也就是说，直播间场景的搭建必须紧紧围绕一条主线，这条主线就是产品的主卖点。众所周知，一个产品可以有多个卖点，包括功能、性能、设计、品质、价格、服务等，比如，一款智能手环具有特殊的健康监测功能，一款手机采用了独特的折叠设计，或者一款家具具有独特的造型和材质，一家电子产品公司提供延长保修、免费维修服务等，这些都可以成为产品的卖点。在直播间场景搭建以及整个带货的过程中，一定要突出一个主卖点，而不是面面俱到。

比如，销售一款晾衣竿，它的材质、功能、样式等当然都可以成为卖点，但如果我们要找寻一个主卖点，就需要综合考虑它的可视化及呈现效果，这种主卖点的可视化需要站在用户角度，可以让用户更直观感受到，并且可以形成场景联想。

晾衣竿的材质、样式固然可以展示，但相比性能而言，展示的效果未必好，因为性能是与使用场景直接相连的。

那么，我们如何做到性能的卖点可视化呢？

第一种，有亮点，具有科技性。

第二种，有槽点，具有话题性。

第三种，有看点，具有内容性。

但凡做到其中一种，整体流量都不会太差。

比如，在晾衣竿上面挂一排水桶，让用户知道产品的承重性很好，这个就是卖点可视化。再如，卖内衣产品的，可以拿个盆子，里面放一堆干冰，然后把衣服往上一盖，干冰顺着衣物往上飘，让用户看到产品的透气性很好，这个也是卖点可视化。

当然，卖点可视化并不一定要针对产品的功能，也可以针对材质，比如，卖榨汁机的，直接用榨汁机榨玻璃，证明刀片的锋利程度；卖弹力裤产品的直播间，找两个人穿一条裤子证明布料的高弹性，这都是卖点可视化。

所以，卖点可视化有两个关键环节：一是要找准主卖点，二是要有效予以展示，通常多采用做实验的方法进行。

现实中，经常会出现找不到或者找不准主卖点的情况。比如，护肤品怎么找到主卖点？它虽然不像化妆品，在直播间可以看到立竿见影的效果，但可以通过图片对比来展示。再如，制香赛道，本身就是一个非常小众的市场，貌似很难做，但有的直播间可以做到70%的曝光进入率，并且成交率非常高，这得益于在直播间展示出来的一张非遗传承人的证书，这也是卖点可视化的一种形式。

对于找不准主卖点的情况，往往并不是发生于直播间，而根源出现在前期的品宣策划上。比如，一款电动汽车具有更长的续航里程和更快的充电速度，这可以是产品的主卖点，但如果要强调座椅的舒适性，则很难成为主卖点。[99]

因为事情的逻辑是这样的，用户对于商品的感觉，包括了视觉、听觉、触觉、味觉、嗅觉等，是有先后顺序的。

在线上传播过程中，可以直观感受的是视觉和听觉，用户可以看到一款车子的造型，也可以看到实际的充电速度，或者是听到汽车的音响，这些都可以作为重要卖点进行展示，但座椅的舒适性属于第三顺序的触觉，并且用户对于新车座椅的认知首先讲究材质，其次是功能，再次才是舒适性。

如此看来，如果把座椅的舒适性作为主卖点，而它又属于第三顺序的第三层，那就是喧宾夺主了，用户有感而无动，不仅是线上难以传播，线下推广也会非常不利；同时，更为忌讳的是，即便强行把座椅的舒适性作为主卖点，但它又不便于在直播间展示，要知道，如果主播长时间坐在车里的话，是很容易被判违规或限流的，因为系统可能会判定涉嫌危险驾驶行为。

当主卖点和可视化方案确定后，我们可以着手搭建整个直播场景，以串联起从曝光到停留再到信任这根链条，如表7-3展示的4种典型的场景方案。

表7-3　4个高停留高信任场景方案

源头工厂型场景	商场专柜型场景
品牌门店型场景	创意内容型场景

我们讲的场景搭建，不只包括直播间怎么搭，还包括主播形象和产品画面的展示效果，涉及主播形象的要素如表7-4所示，主播形象会直接决定你能够转化什么样的人群。总体上，主播的服装、造型要与主播的人设、产品以及整个直播环境相匹配。

表7-4　主播形象的要素

妆容设计	衣着搭配	人设IP	语速语色	配饰元素

表7-5列举了10个留人画面的要素，比如，如果是源头工厂型的场景，那么产品就可以采取堆放的方式呈现，如果是商场专柜型，可以多从色彩搭配或环

【99】　知识点：找不准主卖点的根源在哪里？

境氛围入手，如果是品牌门店型，那就可以多采用贴图设计来展示其他卖点。

表7-5　10个留人画面的要素

产品摆放	色彩搭配	环境氛围	贴图设计	主播服饰
活动主题	画面角度	品牌露出	产品呈现	场景道具

无论这些搭配组合如何，总的目标是从用户体验视角出发，做好停留和促进信任。

人：话术是根基

眼睛在前，耳朵在后，视觉和听觉同等重要，但有区别，视觉刺激右脑，右脑决定行为，语言刺激左脑，左脑产生决策。因此，场景好不好，用户进不进来，这个就是行为，而进来之后，会不会停留、转化、购买，这属于决策范畴，它是和直播话术相关。

下面我们讲一讲话术，先看一下开场话术。

比如，卖榴莲有三种开场的话术，你认为哪个更好？

第一种：所有喜欢吃水果的姐妹们看过来。

第二种：所有爱吃榴莲的姐妹们看过来。

第三种，所有爱吃榴莲，但是怕吃了发胖的姐妹看过来。

这是一个非常典型的点人群话术，第一种话术，范围太散了；第三种话术范围又太小了，"爱吃榴莲但怕胖的"，那万一用户只是爱吃榴莲，但不怕胖，她可能就划走了。

相较而言，第二种是合适的，这就是话术中点人群的公式，叫"1+N"。"1"就是精准人群，"N"就是N个痛点场景。

下面，我们来看一下这段开场话术的延展：

"来，所有爱吃榴莲的姐妹们看过来，爱吃，你是不是吃了榴莲怕胖；你是不是有时候开榴莲跟开盲盒似的，你开不到报恩榴莲；你是不是有的时候吃到特别甜的榴莲，吃完反而嘴里是发苦的；你是不是不喜欢吃那种特别浓郁的榴莲？你是不是从来没吃过正宗的猫山王榴莲？……"

这就是"1+N"，一个人群叫爱吃榴莲的姐妹，它一定是具体的，N是它的

N 个痛点和场景，尽可能全部圈到，这就是圈人群的技巧。

再如，"来，姐妹们"，这是"1"，人群是女性用户；"如果你经常熬夜，脸色蜡黄，爱吃甜食，爱吃碳水，或者屏障受损，肌肤敏感给我用它"，这是"N"。

通过开场话术，我们圈定了用户人群，那么接下来，就需要通过话术进行产品展示和价值塑造，典型的采取"348"的话术结构，如图 7-2 所示。

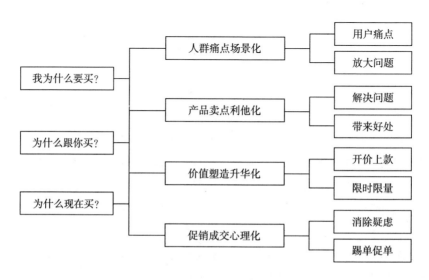

图 7-2 话术结构示例

"3"指"我为什么要买，为什么跟你买，为什么现在买"，这个内容我们在第一章中阐述过，这是成交转化的三部曲，只要在直播间一个完整的产品循环过程里，能够把这三方面问题全部解决掉，通过主播的话术、产品的展示、运营的配合以及直播间的画面，把这三个点传递到用户，转化率基本上就没有太大问题了。

依托这三点原则，我们看一下完整话术的四个步骤。"4"指的是"人群痛点场景化、产品卖点利他化、价值塑造升华化，促销成交心理化"。[100]

举个例子，比如护手霜这个产品，普通的话术是这样的：

"来，看看咱们家的护手霜，冬天马上到了，姐妹们的手是不是容易干裂容

[100] 知识点：什么是完整的话术结构？

易开纹，大家是不是冬天一定要用护手霜，咱们家这个护手霜好便宜，大家一定要多囤一点，今天只要 39.9 元，大家赶快去拍。"

我们会发现，上面这段话术虽然提及了痛点，但描述得不够深入，虽然提到了产品，但缺乏卖点的讲解，以及在价值塑造和促进成交方面，也是粗枝大叶的处理。

那么，按照四个步骤，一名专业主播会如何讲好这个产品呢？

人群痛点场景化："冬天到了，没有哪个女孩子不用护手霜的，因为手是女人的第二张脸，对不对？但用完护手霜是不是特别黏腻，你摸啥黏啥，你都不敢碰脸，不然全是粉底，太难受了，有没有姐妹跟我一样的，冬天不涂不行，涂了又难受的，你打一个有字。"

产品卖点利他化："今天咱们家这款护手霜，给大家做的是一个乳液的质地，我们一抹开，三秒钟就吸收了，特别轻薄，而且你看，我拿张纸沾一下，根本就不黏手，清爽不说，而且滋润效果特别好。"

价值塑造升华化："因为咱们家用的是玫瑰纯露，大家知道，100 朵玫瑰才能提取出一滴纯露，而我们这款护手霜里，纯露的占比高达 90%，你可以想象一下，咱们家多么的良心，在做这一款产品。"

促销成交心理化："所以它也是我们家的王炸款，也是我们家无数个老粉在选择复购了超过 10 次的压箱底产品，今天给大家开一个价格，来，线下 69.9 元，今天 39.9 元。"

这个就是一套完整的主播话术，我们可以明显感觉到，这套话术与直接讲护手霜，直接讲产品是有很大区别的。

比如，一个用户在直播间买了衣服，你可能会认为纯粹就是因为用户觉得衣服好看，但你没有想到的是，其实只有少部分用户是因为衣服好看直接进来就下单的，大部分用户只是心动了，而真正下单的那一刻，是用户被主播的话术打动了。

延展一下说，为什么优秀的主播很赚钱？我们可以想象一下，假如一个新人主播，做到 1% 的转化率，卖了 10 万元；换成一个优秀的主播，懂人性、懂产品，话术又打磨过，如果做到 2% 的转化率，销售额就翻一倍，10 万元变成 20 万元，如果你是老板，你愿不愿意拿出来一部分做奖励？实际上，一个优秀的主播和一个新人主播之间，对于直播间销售额的差距可能是十倍、百倍的，所以，主播这个行业为什么有人能赚很多钱的道理就在这儿。

一个问题，运营是不是要懂话术？肯定得懂，不然下播的时候，运营只能跟主播说：你状态不行，节奏快了、慢了。这个对主播来说一点帮助都没有，久而久之两个人就对立起来了，这样的直播间肯定是做不起来的。

那么，运营需要懂什么样的话术呢？

应该是再深入一个层次，就是话术结构中的"8"，下面我们看一下具体的示例，关于一款办公椅产品的话术。

第一步，看看用户痛点怎么描述："我们一天坐在办公室椅子上的时间可能都比睡觉的时间多。无论是吃饭还是办公都坐在办公椅上。一般的椅子要么没扶手，要么椅背硬邦邦，扶手不能调整，高度不能调整，一天坐下来腰酸背疼，脖子还嘎嘎响，午睡的时候往后一靠，感觉腰部空空的，只能趴在桌子上，睡醒手都麻了。"

第二步，看看放大问题怎么说："办公一会儿，就这不舒服那不舒服，降低了工作效率，也会影响自己心情。我们女生坐久了容易有探颈驼背的问题，体态看起来非常难看。长此以往，我们脖子和腰部落下一身毛病，去医院看看都要花一大笔费用，赚来的米都交给医院了。"

第三步，解决问题的话术："我们这把椅子手柄可以根据自己办公习惯来调节，靠椅可以根据高矮调节，坐躺两用，满足你各种舒服的坐姿。它这边有外挂式悬浮腰枕，保护你的脊柱，这边 40 厘米加宽，午休的时候再也不用担心落枕脖子疼了。我们用的是德国技术，网布非常舒服、坐 10 个小时下来屁股都不会疼。"

第四步，要说它的好处了："它真的会让你享受上班的时间。大曲面更贴合身体曲线，当座椅受压的时候，椅面变化支撑角度将身体压力快速扩散至全椅面，获得更多支撑，给你带来包裹感和舒适感。再也不需要上一周班就全身不舒服要去医院针灸按摩了。姐妹们看过来，我们这款椅子不但颜值高，有 11 档可以调节，不管你是小个子女生，还是我们强壮的男士，都能调节到你舒服的姿势。午睡的时候可以直接平躺下来，真正意义上得到休息。它在很大程度上减轻了脖子和腰椎的压力，一整天坐下来，都不会觉得疲倦。不管你是躺着打游戏还是坐着办公，它都能让你舒舒服服的。我们是直接装好，送货上门，到手直接能用。"

第五步，开价上款怎么说："我们刚加入官方平台，真心实意给大家送福利。它在别的地方上都要 2900 元，就算'双十一'特惠平台补贴后也都要 1899 元。但是今天咱们直播间，开播福利价只要 1399 元。只为涨粉，但库存不多，大家拼手速哦。关注点一点，再给你运费险，我倒数五秒直接上架开拍！1399 元让你把舒服办公的椅子带回家！"

第六步，限时限量："今天是我们首次直播，所以拿出这个爆款人体工学椅作为见面礼福利给大家，希望大家给我们点个关注哦，但是库存实在不多，只有30件，咱们直播间这么多家人没法全部都给到，但是这个福利我希望家人们快速去抢到。毕竟真的很难得，手慢无哦！来，最后5个！"

第七步，消除疑虑："我们都是组装好打包送到您家，不会组装也没关系，到手可以直接坐。之前了解过但觉得价格太高没买的家人，今天一定要下手了，这个已经是地板价了。我们是官方旗舰店，蓝V认证，保证保真。咱们支持七天无理由，点关注加入粉丝团还有运费险，包邮让您试坐，想买的宝贝放心去拍。"

第八步，踢单促单："大家非常热情啊，感谢家人们的支持。拍了给我打一个拍，我们给你安排优先发货。我看库存抢完了，还有没有没抢到的家人，扣波没抢到，我给大家踢库存。1399元的优惠只是今天我首场直播给到大家，以后售价还是2900元。所以，抢到就抓紧付款，早买早享受！我看后台还有3个待支付的，我要清库存了哦！来，倒计时三秒踢库存！大家一起，3、2、1！一号链接库存已更新，大家赶紧刷新去抢！"

这个就是更为完整的一套话术框架，不管什么类目，只要找到同品类卖得好的，去拆解它的直播话术，然后按照这个方法去优化，你就有可能超过它。

货：产品是核心

当场景和话术都准备好了以后，很大程度上流量的进入和停留也就有了，那么接下来就是流量的转化成交了。

承载流量转化成交的是货品，这是流量变现的关键，也是决定你能够赚钱还是亏钱的核心要素。

在流量赛道，无论是什么行业或是什么类目，对货品类型的划分是按照商品的SKU（Stock Keeping Unit），以项目编号的形式并对应一个个商品链接，而不是按照商品的固有属性分类的，比如，规格、型号、场地等，这些都是属于商品详情内容。[101]

比如，一瓶洗发液是一个SKU，两瓶打包一起卖是另一个SKU，或者洗发露和润肤乳放在一起又是一个新的SKU。

所以，在流量平台上，用户端看到的是以SKU形式呈现的商品链接，运营

---

[101]　知识点：什么是SKU？

端是按照流量作用划分商品的，分为引流款、销量款、利润款等，还会有诸如正价品、低价品、福利品之类的划分，根本上都是体现不同的流量作用，综合在一起就是排品组货策略。

我们首先要理解的是，在直播间里非常重要的一件事，不是说拿个产品上来直接就卖了，或者知道我的产品多便宜，而是要知道这个产品在直播间的功能是什么，它的作用是什么，产品在直播间具不具备引流作用？或者说是不是产品放在那，就能把流量拉起来。

因此，在做排品组货的时候，一定是先要确定有多少个链接，以及每个链接的作用是什么？

对于引流款，讲求的是"一见钟情"，比如，卖金手镯，日常是 6999 元，今天 1999 元都不要，限时 999 元，你觉得具不具备引流作用？

肯定是具备的。再如，贵州茅台市价卖 3000 元，今天 2400 元放到直播间，这个算不算引流品？

也是算的。所以，千万不要觉得引流品一定是价格便宜的，利润款一定是价格贵的，不是只能拿价格便宜的商品来引流，也不要觉得引流品的价格高就不行。只要这个商品能够让用户一见钟情，愿意为它停留和成交，它就算引流品，只要它能拉人气、拉流量，它就是引流品，而不是说价格越便宜越好。[102]

产品都是有生命周期的，比如，这段时间某引流品的引流效果好，但过一段时间，它可能就慢慢衰退了，就达不到引流效果了，所以，引流品也要不断地进行替换。

同时请记住，不要做低价秒杀，除非你本身就是 2 元店、5 元店这种，否则哪怕卖 19.9 元，你都发现卖不动，也千万别想着先用低价的方法把流量起来了再去筛选，那样你就太低估算法了。你是 10 元钱的客单价，你就没有消费 100 元钱的用户进来，你怎么筛选？你一筛选，人全没了，所以，一开始就做对这个事儿很重要，一开始就把你能拿出来的、能赚到钱的客单价给到用户，尽可能地给一些福利，但不要太低。

什么叫太低？可以参考一个标准，引流品不能低于正常客单价的 30%，就是假设卖 100 元钱单品，要用来拉人气的这个产品不能低于 30 元钱，这是一个关键干货。[103]

【102】 知识点：引流品一定是价格便宜的吗？

【103】 知识点：引流品的价格多少比较合适？

下面，我们看一下什么是销量款以及它在直播间的作用是什么？

销量款的作用是做成交单量的，通常来说，好的销量款一定是热门的、当季的，如女士的瑜伽裤、瑜伽服，夏天的遮阳帽、遮阳伞，冬天的电热水器，电热水龙头等，它的本质特征是薄利多销。

因为但凡是走量的产品，它的利润肯定不会高，它就是来直播间跑单量的，包括这个产品的价格它也不会太贵，所以它一定是薄利多销的。

此时，新的问题出现了，我们不能光顾着做引流，光顾着做单量，最终肯定还是要利润的，所以这个时候就出现了一类商品叫利润款。

但这里有一个很难的地方，即凭什么你的商品能卖得贵，还能卖出去赚到钱？

比如，一个杯子，别人都卖 30 元，凭什么在你这儿卖 50 元，用户还愿意买单？或者说什么样的商品才是一个合格的利润款。

很简单，本质特征是 4 个字，叫"比较优势"，如表 7-6 所示。

表 7-6　商品的流量类型及特征

类型	定价参考	特征
引流款	A×（30%~50%）	一见钟情
销量款	A×（50%~70%）	薄利多销
利润款	A	比较优势

杯子是一个标品，用户自己是有评判能力的，我们说的比较优势并不是无厘头的对比，非要给它杜撰出个价值来，则叫虚假宣传。实际情况是，比如给这个杯子定制一个杯套，把杯套做成一个小兔子的斜挎包，使杯子加杯套成为一个组合，那它就从一个标品变成了非标品，这时候就符合比较优势的特征，当用户不知道该跟谁比价，没有比价空间时，商品可以做利润款了。所以，利润款可能是独特的、独占的、独家款，可能是有壁垒的设计款。

直播间运营中最重要的事情就是要用不同的产品去实现不同的功能，主播、运营需要清晰地认识到每一个产品的作用是什么，当流量上来的时候该推哪款商品，当流量掉下去的时候又该上哪款商品。

如果缺乏这方面的认知和准备，那么直播再怎么努力，肯定也播不起来。

因此，通过直播来进行流量变现，一个重要的能力是排品组货的搭配，也就是所谓的直播节奏。

比如，刚一开播就上来卖利润款，多数情况是卖不动的；再如，直播间的流速变慢、流量变少了，主播还在讲解塑品话术，那么只能是人越来越少；又如，我们前文讲的晾衣竿这个产品，如果不在上面挂一排水桶，换成是主播在晾衣竿上做引体向上，行不行？从引流效果上看是可以的，但你可能会面对高场观、低转化的局面，因为用户多是来直播间看热闹的，而不是来看产品的，所以一定要把握好整体的直播节奏。

（1）货盘是直播间的底子，要夯实这个基础。比如，你的直播间只有一款商品该怎么办？

就是通常所说的单品直播间，这有几种解决方法：[104]

第一种，如果这个单品本身具备三个功能，既能一见钟情，又能薄利多销，还能帮你赚到钱，比如，贵州茅台的独家代理，那就把单品打爆。

第二种，如果你找不到一个商品能全部实现三个功能，那么就在这个商品基础上多加其他商品，注意不要有产品洁癖。比如，到精选联盟、优选联盟选品，单卖大米卖不动，就去加一些黑豆、红豆一起卖；再如，卖农资的直播间，本身种子、肥料卖得不好，就加一些农用的器具、手套等，通过产品组合拉动直播间流量。

第三种，就是适当放弃自然流量，纯付费拉高一点，短视频拉高一点，只做销量，只做利润款。

（2）直播是爆品逻辑，一个产品选对就可能把直播打爆。

有时候直播间的流量不行，也许不是你拉流量的能力不行，而是你的货不行，可能找到一个引流品，找到一个爆款，去换一下货，就会有不一样的收获，直播间在线就能拉起来，商品就能卖得出去。

比如，贵州茅台 2400 元钱，放在直播间就能留人，很多人看到茅台，就会点进来，或者很多人在平台搜索"茅台"两个字，也会搜到这个直播间，就会有很多搜索流量。所以，当茅台酒在直播间的时候，它天然就是一个自带流量的爆款，容易把人留在直播间看，并且它的客单价又并不低，所以贵州茅台就是一个特别好的引流爆款，这个玩法就叫作产品爆量。

但是问题在于，并非所有人都能找到茅台的渠道？

我们这里以茅台酒为例，不是说一定要是茅台，而是需要你根据自己的类目，去找到适合你的流量爆款。

比如，卖茶叶的，小青柑、陈皮就曾是直播间的一个引流爆款；再如，卖女

---

[104]　知识点：单品直播间怎么拉流量？

装的，诸如辣妹装、百搭之类的，也可以成为直播间的引流爆款，可以帮助拉流量的。

同时要注意，任何爆款都是有时间周期的，当一款商品爆火了，几天之内，同行全部都学起来了，都去卖这款商品，那么流量就会被分散。所以，根本上要有寻找爆款的意识，测试爆款的行为，决策爆款的能力。

（3）直播间永远不怕贵，怕的是贵得没道理，任何让用户多想一步的动作都影响转化。

千万不要追求绝对的低价，而是讲求性价比。性价比对用户来说是感受，对于流量运营而言则体现在细节上，主播话术是细节，运营配合是细节，甚至一个福袋放在那里都是细节。

引流品该怎么选？价格应该怎么设定，引流品应该排几号链接？一次讲多久？一个循环讲几次？什么时候上，什么时候放？100 人在线，放多少单？引流品的曝光点击率、点击成交率多少，能撬动自然流量？最终成交，引流品应该占百分之多少才是健康的？这些都是细节中需要解决的问题，只要能够把问题细分，把每一个细节措施做到位，那么拉起流量就不难。

比如，怎么做高客单价，有三种方法：[105]

第一种，如果原来是三袋 39.9 元的螺蛳粉，现在变成六袋 69.9 元，是不是就可以提升客单价了。

第二种，多品叠加做大循环。本来是一个引流品 10 分钟，再一个爆品 10 分钟，讲 20 分钟又来一遍，现在再加一个利润品 5 分钟，25 分钟循环一遍，整个客单价就会往上走了。

我们要知道，有的产品它是能拉流量的，有的产品它只会掉流量，如果一直在卖掉流量的产品，又不会拉流量，那直播间怎么可能有流量。所以，前期更多的是一个投入的意识，不断通过引流品做货补，不断去卖一些低利润的爆品，先把流量给它拉起来，然后中期在有流量的情况下，在主播、运营熟练的情况下，再去加入利润品，做出利润和做高客单价。

第三种，通过爆款货补来拉动客单价。

比如，做二奢女包的，客单价普遍比较高，几千上万元的，再加上流量很泛的话，它很难做起来，如果你是经营者，这时该怎么办？

可以加一个轻奢的包，比如市价在 1299 元，现在放在直播间做福利品，999

---

[105] 知识点：想要提高客单价该怎么办？

元，一个包亏 300 元钱，告诉用户，就是比专柜便宜 300 元钱，只有三单，你觉得能不能把流量给拉住，能不能把人留在直播间？

应该是能的。福利品的作用就是留人，当然对于不喜欢这个轻奢品牌包的，也没办法留住，但我们不是说要把所有的流量都留住，并不是这个意思，而是能把那些对这个轻奢品牌包有认知的、想买的人留住，这就已经很好了。

因为这些人的停留，可以帮助你拉进来新的流量，比如在线人数从 20 个人拉到 50 个人。

这时，你想到的问题是不是：三个包卖出去亏了 900 元钱，怎么办？

如果是这样，那你就需要换个角度思考，要看到，愿意为买 999 元包做停留的用户，是有一定认知和消费能力的，当你把人数拉到五六十人的时候，三个包一下放出去，千次成交金额就近 3000 元了，这时平台识别到了你直播间的成交数据一下子做起来了，平台接下来会根据你的成交模型，给你推更高客单价的用户，也就是说通过 3000 元钱又撬动了更多精准人群来到你的直播间，接下来你再转款到五六千元高奢的包，转化几单其实就回本了，更为重要的是，你的客单价做高了，把流量也拉上去了。

类似的现实玩法太多了，比如，憋单玩法、互动玩法、赠送式玩法、参与式玩法、过山车、卡库存等，重要的不在于一两个玩法，而是对流量的认知以及流量运营管理的意识。直播间的核心还是靠产品，不懂产品，是很难把直播间做好的。这个产品指的并不是产品的制作过程、流程、工艺，而是基于算法的角度，通过选品定价、排品组货以及营销的策略节奏带动直播间数据。

第八章　通过爆款短视频实现流量增长

我们都知道，直播是一个非常直接的流量变现渠道，卖一单就能挣一单的钱，那为什么还要做短视频呢？

准确地说，不是要做短视频，而是一定要做短视频。

因为短视频不仅可以直接挂车变现，而且它是扩充流量非常重要的一个端口，更是最香的免费流量。

底层逻辑非常简单，当用户看完你的短视频后，就知道你是卖什么商品的，同时看到呼吸灯在亮，也就知道你的直播间里面肯定是卖这个商品的，那为什么用户看完视频还会点进直播间呢？

两个原因：第一个可能是对人设感兴趣；第二个更大的可能性是对产品感兴趣。当用户已经有兴趣了，想要这个产品了，再点击直播间，那是不是他的犹豫成本就会降得非常低。只要用户觉得这个产品的价格合适，可能就付款了，所以，短视频引流进直播间的流量更精准。

短视频进来的流量通常是快速种草秒下单的，而如果用户是在刷手机时，通过直播推荐进来的，这时候时间成本就比较高，用户先要看这个直播间是卖什么的，然后看看资质怎么样，再看看价格怎么样，决策链路相对较长。如果当时对这个产品没有兴趣，还需要直播间的主播种草再拔草，而通过短视频进直播间的人，草先种过了，进去只要拔草就可以了。

所以说，短视频拍好了，能够给直播间带来非常大的精准流量，可以直接去挂车、去成交，还可以直接给主播立 IP 人设，这些就是短视频的优势和能带来的好处。

定位：选准赛道和人设

短视频赛道的方向有很多，比如，三农、工厂、职场、文化、科技、财经等这些都是可以作为参考维度的，通常有三种方法来选择赛道：一是看资源，二是看擅长，三是看经历。

第一种，看资源。包括自有供应链和可以找到供应链的，如你本身就是家具工厂、服装工厂或者自有茶山等，则可以直接自己做一个账号；如果你所在的地方是产业基地、商品批发集散地、品类溯源地等，可以依托供应链来做账号。

第二种，看擅长。比如，有人擅长情感的，可以做一个女性成长的账号；擅长化妆，可以做一个美妆分享的账号；擅长穿搭，可以做一个穿搭博主的账号；甚至擅长广场舞，也可以做一个知识付费的账号；还有一些正儿八经的手艺擅长，像非遗雕刻、手艺人传承、教做预制菜、收纳师等，都可以拿来做赛道账号。

当然，还有一些是完全超乎人们想象的，如特别爱喝酒的人，可能会去做一个调酒的账号，并不是说他很擅长调酒，而是在一些平台搜索搬运一下内容，就开始进行亲身尝试，然后把制作过程拍摄下来，短视频也能够获得流量。

还有的人说话特别搞笑，属于嘴贫的那种，做一些故事类、段子类的视频，也会获得不少的播放量，因为会说话、爱唠嗑本身也是一种吸引流量的方式。

第三种，看经历。如果既没资源，也没擅长的技能，还有一个比较简单的方式，就是看个人的经历和用户的需求。如在上学、打工、考研、求职、结婚、怀孕、减肥、亏钱、赚钱、吃苦等这些时间段里面，遇到了什么样的困难，当时有什么样的需求，都可以成为视频赛道的内容。

只要你是有过一些经历的，拿到过一点点结果的，不管是好的结果，还是坏的结果，都可以把它拍成视频。比如，结过婚的，专门教别人备婚的干货，在婚礼之前都要准备什么东西；怀过孕的，去说怎么样能够备孕成功；当过妈的，给大家分享孩子纸尿裤怎么选，奶粉怎么选；吃过苦的，做成长类型的视频账号，专门讲原生家庭等。

所以，在选择赛道方面关键是打开思路，只要思路打开了，就会从没有选择变成太多选择，这时，需要同步考虑好两方面问题：

第一个方面，是赛道选择对应变现的问题。资源类赛道可以通过视频直接带货、视频给直播间引流以及打造创始人 IP 等方式实现流量变现；擅长类赛道和经历类赛道可以通过短视频带货、直播间带货、知识付费、接商业广告等方式变现。

第二个方面，注重赛道的垂直精细化程度。尽可能地不要去做大赛道，而是要做小而美、小而精的赛道。[106]

---

[106]   知识点：视频带货应该选大赛道还是小赛道？

比如，不是做服装的，是做女装的；不是做女装的，是做大码女装的；不是做大码女装的，而做新中式大码女装的。再如，不是做摄影的，是做手机摄影的；不是做手机摄影的，是做手机创意摄影的；不是做日用百货的，而做小家电的；不是做小家电的，而做厨房小家电的；不是做电商的，而做电商报单的；不是做减肥的，而专门做瘦肚子的，这些就是精细化赛道。

所以，赛道定位就是细分再细分，深挖再深挖，这种细分和深挖所呈现的载体就是人设。

那么，什么样的人设是好人设？

简单地说，代表一类用户而高于这类用户就是好的人设。

这里需要说明一下，人设和 IP 的区别，IP 是英文 Intellectual Property 的缩写，简单地讲，所有人都能做人设，但不是所有人都能做 IP，只有具备商业价值的人设才能称之为 IP。

如果通过外在或内在的元素，让别人记住你，从而帮你带来用户和流量，那么做人设就够了，而 IP 要有持续性的价值，在"定位、行业、身份、形象、性格、故事、价值观"七个要素中，做到前四项就是打造了人设，再加上后三项则是打磨出来的 IP，所以，IP 的特征是要有可以影响别人的人生阅历，要有成长性的内容创造，要有明确的价值主张和鲜明的个人风格。[107]

需要注意的是，在打造 IP 上并非人人适合，也并非人人要做，要量力而行，别偏执，如车企老板做 IP，可能会为品牌增添一笔色彩，但从实际数据上看，并未能带来销量大增，有的甚至出现了销量下降，因为单靠做 IP，是撑不起销量的。老板要下场搞流量，可做的事情很多，做 IP 不是唯一的必选项。

下面，我们一步步拆解如何打造人设。

第一步，要给自己起一个自带流量的好名字。你需要避开一些误区，包括昵称派、公司派、生僻字派，如厚积薄发、海阔天空这类的就属于昵称派，某某服装公司、某某商贸公司这些就属于公司派，还有就是魑魅魍魉、龙行龘龘等就属于生僻字派，这些都不利于识别和传播。

那么，用自己的本名可以吗？除非你是名人明星或者实名的网红，名字本身就自带流量，否则不建议只用本名。

如表 8-1 所示，通常可以采取三种方式来起名。

【107】　知识点：打造人设和 IP 的区别？

表 8-1 人设的起名方式

方式	举例
专业身份+名字	年糕妈妈、健身教练张三
名字+动词+行业	小 C 聊财经、李四讲汽修
名字+态度	老王爱吐槽、赵六不服输

第二步，在视频中设定"视觉锤"和"语言钉"。在互联网时代，平均每人每天要接收上万个词汇，如何让用户记住，是关键性问题。[108]

要在用户的心智中占得一个有利位置，需要用一个词语钉入用户的心智中，这个词语就是"语言钉"，比如"去屑"洗发水会想到××，"男士去屑"会想到"清扬"等，但仅有"语言钉"还不够，还要使用"视觉锤"（见表 8-2），比如，麦当劳的金拱门，可口可乐的玻璃瓶等形状，因为人的右脑负责处理视觉信息，左脑负责处理文字信息，两者相互影响，而视觉往往先于文字被大脑接受，并最容易留下深刻的印象。

表 8-2 视觉锤设计的参考点

场景画面	品牌背书
福利机制	主播妆造
主卖点	痛点
服务	降价理由
主题活动	人设

短视频中的人设，可以通过一句固定的话，加上一个固定的动作，再加上一个固定的形象来打造用户记忆点，比如，一直用同一款鲜艳颜色的衣服出镜，或者多次重复一个招牌动作等。

第三步，细分身份标签。

我是服装行业源头工厂的老板。

我是喜欢美妆产品好物分享的达人。

我是帮助创业者解决流量变现难题的短视频操盘手。

我是帮助上班族解决家居家政难题的收纳整理师。

我是帮助产后妈妈解决身材恢复难题的瑜伽教练。

---

[108] 知识点：什么是视觉锤和语言钉？

我是为都市白领解决日常茶饮难题的养生调理师。

我是为新手宝妈解决幼儿辅食难题的健康营销师。

我是为青春期少年解决青春痘难题的净肤理疗师。

我是为中产家庭解决旧居改造难题的装潢设计师。

第四步，精细化账号主页，如表8-3所示，可以围绕定位清单中的内容来理清账号定位的思路。

表8-3　账号定位的执行清单

账号名字		
赛道方向	人脉资源	
	专业技能	
	兴趣爱好	
	生活场景	
人设标签	我是谁	
	用户是谁	
	能解决什么问题	
	视觉锤	
	语言钉	
主页装修	头像	
	简介	
	背景图	
	封面视觉	
	引流钩子	

内容：明确方向和选题

很多账号刚开始做短视频或者总是做不好短视频，多数情况下缺乏对短视频方向的认知，从而进入了一些误区。

误区一，以为短视频就是时间短的视频。这是不对的，短视频不是因为短才火，而是因为浓缩了大量的信息才有价值。注意8秒原则，每8秒内要提出一个新的知识点或者悬念，才能引发用户看下去，短视频的核心不是它的时间长度，而是信息密度，针对用户的痛点，没有废话，满足用户的需求，这才是有价值的好内容。[109]

误区二，把自己的账号当作朋友圈来发。比如，今天发猫，明天发狗，后天发孩子写作业，大后天发去哪里吃、哪里玩了，这样的视频内容是不会有流量的。

以抖音为例，抖音的口号是：分享美好生活。

有人可能会说：我这不是分享生活了吗？请注意，重点不是分享生活，重点是美好。对于用户而言，你跟我过一样的日子，我为什么会觉得你美好呢？你跟我一样，挣钱都挺费劲的，我怎么会觉得你美好呢？[110]

所以，美好生活既不是哭穷，也不是炫富，更不是制造焦虑，而是有价值、有正能量，大家向往的东西。如果你要记录日常，那就去发朋友圈，因为你的目的不是为了流量，所以你大可按照自己喜欢的来，但如果是作为短视频的创作者，你是要为了变现，那就不能按照朋友圈来发。

误区三，把账号当作营销号来发。如果账号主页里的视频，条条都是硬广，这样的账号肯定是不会有流量的。一方面，平台对于硬广，本身给的流量就有限；另一方面，用户看到那些对着产品一顿拍的广告，本能地会选择屏蔽。

这就是底层逻辑，所以一定要树立正确的认知，认知决定行为，行为决定结果，做账号的时候一定要先想好，从流量侧思考想要什么样的用户，不要站在商家思维，而是要站在用户思维。

我们要想，用户打开视频应用是为了什么？是为了消遣娱乐还是为了舒缓心情，或者是为了空闲时间摸鱼，或者是排队吃饭时打发时间，当知道用户是为了什么而来，才能知道要拍什么内容给用户看。

从内容方向上来分，主要有五种类型：

第一种是获取知识的类型，如表 8-4 所示。

表 8-4　教用户知识类的选题示例

教用户知识类	怎么用野路子赚钱？
	记住这 5 个流量密码，第 5 个最重要！
	女生瘦 30 斤需要多久，给你操作指南

下面，我们看一个短视频的内容文案：

> "为什么牛奶是方盒，而可乐是个圆瓶？
>
> 如果你看过牛奶可乐经济学通常是这么回答的，第一，可乐是即买即喝，所以圆瓶更好拿。第二，牛奶需要放到超市冰柜里，而冰柜耗电，空间宝贵，方形节省空间。
>
> 但这个答案是有问题的，虽然从经济学和逻辑层面去分析好像很有道理，可它不符合常识，至少有三点严重的问题：第一，冰红茶也即买即喝，为什么是方的？第二，冰柜不是库房，库房才考虑存储，冰柜的主要作用是展示，是让消费者看到随时拿走，随时补货，不存在浪费空间。第三，商业上讲究差异化，你争我夺才是常态，如果别人都把牛奶做成方盒，那就应该会有人想着做成圆形来去抢占市场份额，任何一个地方有缝隙，对手都会乘虚而入的，但奇怪的是为什么这么多厂家、这么多品牌，大家齐刷刷地全部都用方盒了？
>
> 答案是一定有某种因素极大地制约了所有人，使得你想用圆瓶也用不了，那么，在牛奶的产业链当中，哪个东西是大家必须统一用的呢？答案是利乐包装，牛奶首先要解决的是灭菌问题，利乐包装可以很好地解决鲜牛奶的保存难题，常温之下可以保存半年，正因如此，所有品牌的牛奶几乎都采用这种复合材料的包装技术，所以它几乎是一个行业的规范。"

如果你看到这样的短视频，应该会不知不觉中看进去了，因为人们经常会出于一些好奇心理被内容拉住了停留，它可能是让人了解一点小知识，或增加一些小谈资，当用户觉得有价值的时候，就可能进而做出一些动作，比如点赞、收藏、评论、转发等，由此就会带来新的数据增量。

第二种是用户体验的类型（见表8-5），这种同样可以是出于好奇心或者是情绪共鸣，用户虽然自己不能出去玩，但可以看看别人是怎么玩的，还有一些特殊体验的，比如，天价豆腐、宫廷御宴、空中餐厅等，这些东西可能过于奢侈，过于铺张浪费，明明知道用户不会去，但并不妨碍去拍给用户看，因为用户去不去体验和想不想了解是两件事。

表 8-5　带用户体验类的选题示例

带用户体验类	分娩体验课，老公能承受到几级？
	沉浸体验土豪的阿联酋航空 A380 头等舱
	睡眠质量提升，睡在云朵上是什么感觉

这种类型中，比较常见的就是探店达人或者产品测评，如同城的美食探店、汽车博主发布的车评类视频等，都可以从商家端获得一定的流量变现。

第三种哄用户开心的类型（见表8-6），这类视频的特点都是给用户带来情绪价值。

表8-6　哄用户开心类的选题示例

	消除尴尬最好的办法，就是面对尴尬
哄用户开心类	报告！"鸡贼"员工今天开始摸鱼了
	刺激搞笑升级，探索奥运会新的打开方式

第四种替用户说话的类型（见表8-7），这类视频的特点是你想要争取谁就替谁说话，而且要说到用户心坎里。

表8-7　替用户说话类的选题示例

	晚婚最大的好处是什么？
替用户说话类	人很奇怪，不喜欢别人骗自己，却喜欢自己骗自己
	老板才是最苦最累的人

比如，你想要争取老板群体，你就可以说："老板是这个世界上最不容易的一群人，因为在公司里，你就是所有员工的天，经营压力再大你也要给员工发工资，一回到家，你是妻子的老公，你是孩子的爸爸，你是父母的儿子，你是家里的顶梁柱，所以为什么很多人就会喜欢在地库里面待半个小时，抽根烟，因为好像只有那半个小时才是属于你自己的时间。"就是用这种话来打动人的情绪。

我们再看一段视频文案：

"我之前对话过很多个头部的主播，就是月薪十几万二十万元的，他们一定是要算一笔，这一场能赚多少钱，才能够坚持下去。因为主播太反人性了，99%的主播，只要你播超过三个月，你就会觉得上播如上坟。如果你在一个单品型的直播间，你可能半年天天卖一件品，讲一模一样的话，4个小时要循环30遍，一直讲到你想吐，根本不想上播。如果你也不爱钱，那什么才能支撑着你一直在这个行业干下去呢？所以一定是爱钱的主播。如果说就让你热爱电商，千分之一的人才会热爱电商吧！电商就是非常非常辛苦，拿生命在换钱。"

这段视频是讲给主播群体听的，引发了大家共鸣，所以评论很多，视频数据做上去了，流量就很大。

第五种是给用户推荐的类型（见表8-8），这类视频主要是给用户带来经济价值。

表 8-8　给用户推荐类的选题示例

给用户推荐类	如果自拍杆有段位，你是哪一种？
	卫衣不卡脖子看这里
	终于在云南发现适合情侣第一次旅游的打卡地

总结起来，我们要做好账号，根本上就是把价值锚点做好（见表8-9），无非是让用户感到有用、有趣、有利，第一种教用户知识属于有用的范畴，第二至四种属于有趣的范畴，第五种侧重于有利的范畴。

表 8-9　短视频内容的价值塑造

锚点	种类
有用	体现实用价值
有趣	体现情绪价值
有利	体现经济价值

明确了内容方向后，我们可以进一步分析选题，了解如何选题才能更容易获得流量。

如表8-10所示，我们可以体会一下，同类选题采用 A 和 B 两种表述方式，你更倾向于哪个选题？比如，讲装修，只要有钱就能装修，但如果是可以省钱装修，是不是用户会更想看？

表 8-10　选题的不同表述比较

选题 A	选题 B
如何装修？	如何花 3000 元改造老破小？
如何搭建直播间？	如何花 3000 元搭建高清直播间？
如何赚钱？	如何在 30 岁之前赚到 100 万元？
千万不要再熬夜了	早起其实比熬夜更可怕
为什么有人说：自信的人更容易成功	为什么有人说：自卑的人更容易成功

一个普通选题，再加点反认知的东西，它就能成为一个引爆点，成为一个爆款的选题，如表8-11所示。

表 8-11 普通选题和爆款选题的比较

普通选题	爆款选题	引爆点
每一个成功者都不是完美的	丑闻才是对成功者的奖励	颠覆认知
如何提升工作效率	效率暴增 900%，提升每日执行力	菜鸟逆袭
PPT 技能分享	1 分钟就能学会的 PPT 小技巧	技能速成
提升生活品质的室内布置	又是帮闺密省钱的一天，30 元做个月球灯	与钱相关
精致上班族的淡妆与穿搭	出门没输过，千金妆保姆级教程	猎奇心理
家里装修如何规划需求？	揭秘装修中的无底洞，一不小心就超支了	行业内幕
新手奶爸带娃的一天	沉浸式体验已婚男士带娃的一天	强烈反差
什么才是好老板	老板才是这个世界上最难的一群人	情绪共鸣

当然，有人可能会质疑，这不是标题党吗？这不是哗众取宠甚至是胡说八道吗？选题这件事上，还真的别较真，有人喜欢阳春白雪，有人喜欢下里巴人，关键是投其所好。如果你是下场比赛的球员，你就不必计较看台观众对你的技能评价，因为你的目的是赢得比赛。

话说回来，短视频的选题实质上就是一种作品创作，没有人会指责抽象派的画作人物不够真实吧，没有人会评论那些电影作品的片名，如《盗梦空间》《星际穿越》《天使爱美丽》都是在夸大宣传吧，所以，如果从文艺商业化的角度看就容易理解了。

再说一句，爆点是一定要做全，还是只做一个就可以？答案是越多越好，你给用户的越多，用户给你反馈越多。

框架：把握结构和技巧

我们拍摄短视频的目的，要么是让用户喜欢你，要么是让用户买你的产品，由此，可以把短视频的类型分为两类，即内容短视频和引流短视频。[111]

内容短视频主要是围绕人设展开的，告诉用户你是什么人，一般可以朝两个方向去拍摄，第一个展示你的专业，让用户认可，第二个展示你的性格，让用户喜欢，每个方向各拍摄 5 条左右短视频测试。

---

[111] 知识点：什么是内容短视频和引流短视频？

　　需要注意的是，有许多剧情类的账号，即便到了百万粉丝也无法变现，因为没有粉丝黏性，粉丝不是冲着人设来的，没有办法植入广告，带货的话，粉丝也不买账，所以必须突出人设，而不是一味地拍短视频。

　　引流短视频在各个平台都非常重要，比如，短视频可以直接带货，可以引流到直播间，可以引流到私域，引流到小程序等，所以，这类短视频具有非常强大的功能。

　　在拍摄短视频前，我们需要清楚一个问题，就是短视频的第一步是应该先找精准人群还是先找大流量？

　　一定要明白，短视频的基础考核在抖音有一个指标叫作 2 秒跳出率，在视频号是 3 秒跳出率，平台设定这个指标的目的是看作品能否在短时间内吸引人的注意，所以短视频的第一步一定是找大流量，而对于精准人群，可以在短视频的第三句话、第四句话甚至是结尾时再去圈选。

　　这是短视频的逻辑，第一步是吸引用户的注意，第二步是引发用户的兴趣，第三步是建立用户的信任，第四步刺激用户的欲望，第五步是催促用户的行动。

　　通过这五步法，我们就可以列出短视频的结构，通常采用 AITDA 公式，如表 8-12 所示。

表 8-12　短视频 AITDA 公式

Attention	吸引注意	吸睛开头
Interest	引发兴趣	人设植入
Trust	建立信任	价值分享
Desire	刺激欲望	干货总结
Action	催促行动	福利结尾

　　如表 8-13 所示，这是一个典型的模板，运用了 AITDA 公式。[112]

表 8-13　AITDA 公式应用示例一

吸引注意 A	怎么判断自己的孩子适不适合国际学校？	吸睛开头
引发兴趣 I	过去 23 年我创办了 8 所国际学校，首先跟你分享一下，从三个角度判断孩子是否适合	人设植入

【112】　知识点：如何有效产出短视频文案？

续表

建立信任 T	第一，你要看孩子目前在国内教育体系开不开心，如果他不开心的话，你就换一个 第二，你看你的孩子的学习成绩到底在国内体系里面有没有竞争的优势，能不能考上 985、211 或者"双一流"之类的大学，如果觉得希望不大了，别折腾，不要折腾他，也不要折腾自己	价值分享
刺激欲望 D	第三，如果你孩子性格比较闷，不是那么开朗，没有那么阳光自信，我觉得他应该去接受国际教育，因为这样可以帮他打开他自己，当然如果他本身就非常开朗，就更应该上，因为国际学校是属于他的天地	干货总结
催促行动 A	如果你考虑让孩子上国际学校，我送你一份国际学校择校指南，里面包含全国一线城市国际学院的课程体系、环境、师资、费用对比等，高清版就在评论区。找不到的家长评论回复 666	福利结尾

这个案例，第一句话：怎么判断自己的孩子适不适合国际学校，它属于吸睛开头，第二步以过去 23 年里创办了 8 所国际学校进行人设植入，第三步和第四步从三个方面进行价值输出和干货分享，第五步设定了一个结尾的福利：送一份国际学校指南，包括评论区回复 666。

那么在评论区用户回复完以后，他的基础操作是怎么样的？把用户全部引流到私域，因为这批用户已经是他的精准人群了，整个视频的架构是越往后流量越精细，越往后越做人群筛选，这一点是很重要的。

同样，下面这个示例（见表 8-14）也是运用了 AITDA 公式，换个类目就可以去套用。

表 8-14　AITDA 公式应用示例二

吸引注意 A	最近我用 A 醇翻车之后，有了一个很大的感悟，就是健康的皮肤才是抗老的终极奥秘，你要是屏障不完整，皮肤不稳定，你做什么都是白搭	吸睛开头
引发兴趣 I	今天我就按照整个护肤步骤来教大家怎么做，哎，全程无广告，都是我自掏腰包买的好东西	人设植入
建立信任 T	首先就是清洁上做减法，你一天洗一次脸就差不多了，可以温水洗，减少刺激，尽可能少用洗面奶，另外我们尽量不要去摩擦皮肤，其次我们就要去减少皮肤的泛红，这个阶段主打一个简单维稳，如果说实在觉得火辣辣的，你可以用这个冷敷贴贴 5 分钟镇静一下就可以，那么我们给敏感肌的小伙伴还推荐了一个冷喷仪，它就是可以帮助泛红的皮肤降温，里面可以加生理盐水来消炎	价值分享
刺激欲望 D	总结一下我的修护经验，就是少刺激，少摩擦，远离不明成分	干货总结
催促行动 A	来，一张图总结，有需要的姐妹赶紧截图保存，关注我，当妈不易，一起努力	福利结尾

掌握了短视频的结构以后，我们再深入思考一个问题，即一个视频内容的开头、中间、结尾，这三部分哪个更重要。

或者说，如果一个视频播放量突破不了 5000，突破不了 1 万，是卡在了开头、中间、还是结尾？

如表 8-15 所示，列举了短视频的主要数据指标，包括及格率的参考数值，可以看出，完播率对于一条视频来说尤为重要，特别是 3 秒完播率、5 秒完播率就是取决于开头。

表 8-15　短视频评价指标参考

指标	参考值
3 秒完播率	>45%
5 秒完播率	>35%
整体完播率	5%~10%
点赞率	>0.5%
转发率	>0.05%
关注率	>0.1%

因此，我们要知道，短视频的开头非常重要，如果短视频没流量，播放量很低，突破不了流量池，那一定是开头很差的原因。所以，有句话叫"选题定江山，开头定生死"。[113]

下面，讲一下优化开头部分的几种方法：

第一种方法，与钱相关。比如，"挑战 365 天给男朋友做饭"可能就没流量，不如"定额挑战 15 元，搞定两个人的晚餐"；再如，"装修一定要避开的五大坑"，不如"只有行内人才知道装修内幕，听完之后能帮你节省 10 万元"。所以，一定要去想怎么样让你的产品、你的行业与钱挂钩，用户会更愿意留下来看。

第二种方法，去说数字。比如，"我在北京开了一家烤肉店，口味很好，价格便宜，菜品丰富"，不如"1995 年出生的女孩花费 300 万元，在北京开了一家 200 平方米的烤肉店，是种什么样的体验"有故事感；再如，"今天带大家去看一下我的小卧室都用了什么样的好物"，不如"我在上海有一个 14 平方米的小家，是一种什么样的体验"更有具体的生活场景感。

---

[113]　知识点：短视频的开头、中间、结尾，哪个更重要？

第三种方法，极端对比。比如，"我找到了一个直播间，这个直播间平均在线只有 20 个人，但每天都能收到嘉年华，并不是因为主播长得好看，而是因为主播的话术非常招大哥喜欢，所有的主播都应该去学习一下，我把她的话术一共拆分为三个重要的点……"再如，"我找到一个小店的案例，这家店只有 20 平方米，但是每个月能够做出 200 万元的业绩，不是因为这个店的选址好、价格好，而是因为这个老板有非常顶级的运营思维，我在这家店门口蹲了三天，一共拆分了三个运营方式……"这些就是有悬念、有转折、有对比的内容设计。

我们有了选题，有了开头，知道了整体结构，那么内容中间放什么呢？就是说，用户看了非常棒的开头后还愿意继续看下去，靠的是什么？

就是靠爆点，你有好的选题，好的开头，好的内容结构，再加上更多的爆点，就能做出爆款来。

所以，我们需要做的是在中间部分填充足够多的爆点，因为更多用户会因为一条视频中的爆点足够多，看不清的东西足够多而停留下来，而继续去看、反复看，只要用户对你的视频内容做出了反馈动作，那就是在给你贡献数据价值，爆款视频的出发点来自好的内容，但落脚点一定是用户的反应。

技巧一：找对标账号

找对标账号是找适合自己的对标账号，比如，你是做服装的，在平台上搜索服装，里面的账号多如牛毛，对标所有的账号不现实，只选头部账号对比也不行。

可以采用三五法则，就是 5 个头部账号，5 个中腰部账号，5 个最近的爆款账号。[114]

选择头部账号的目的主要是看风向、看趋势，如大家都开始做新中式、做膳食等，这些可能是流量的重点。

选择中腰部的账号，主要是看内容、看结构，看这些账号在蹭什么热点，用了哪些拍摄手法等，这些视频更容易学习和借鉴。

选择最近爆款账号，主要是看选题、看货盘，相比头部账号来说，你更容易找到类似的货源。

通过对这 15 个账号的对标分析，可以进一步明确赛道方向，锁定细分领域，找到适合你的选题、货品、变现方式等。比如，同样都是做瘦身的赛道，但是又分为饮食瘦身派和运动瘦身派两种，它们都有着各自的目标用户，做的内容会有很大区别，能够带的产品也会有很大区别。

---

[114]　知识点：怎么选短视频的对标账号？

技巧二：看指标做数据

用户为什么会给你点赞？因为他产生情绪共鸣了。用户为什么给你评论？因为他觉得有话要说。所以，我们想要得到流量，就需要用户做出各种反馈行为，对应的就是视频内容互动的关键指标，如表 8-16 所示。

表 8-16　视频内容关键指标对应的用户需求

关键指标		用户需求	视频内容
完播	点赞	情绪共鸣	易懂、垂直
	评论	有话想说	激发、槽点
	收藏	有趣、有价值	紧凑、趣味、价值
	转发	替用户说话	价值传递、社交名片
	关注	有用、有利	引导、系统推荐

我们说，视频中需要更多地填充爆点，这种爆点可能是热点、特点、亮点，也可能是槽点。

如果你的视频中有 4 个爆点，你得到的反馈一定不如有 10 个爆点的多，有人喜欢你的场景，有人喜欢你的衣服，有人喜欢你的水杯，一定是你的爆点越多，能够激起用户的反应就越强烈。

当然，众口难调，任何一条视频的评论都可能是毁誉参半，但这不是重点，关键是数据，视频评论不是店铺的口碑分，系统看的是活跃度，不是看评价内容。

技巧三：用好评价功能

在你发布了一条视频的前后，你可以搜索一下其他账号同类视频中，播放量和评论数高的，收集 20 条高赞评论，然后分发给亲朋好友，让他们帮你把这些高赞评论都打在你的评论区里面。

很多时候，人们都有从众心理，当发现一条视频完全没有评论的时候，会默认这个视频不是好视频，它也不想当第一个评论的人，但如果你视频下面发了很多那种高赞评论之后，别人容易默认这个视频应该是讲得很好的，可能会看完，会跟着评论。

有一种情况，就是我们经常会看到这样的视频开头，说："我这条视频动了太多人的蛋糕，有可能马上就要下架了，所以赶紧分享给你的朋友或者赶紧保存下来"，这样表述的底层逻辑是什么？

实际上在要数据，在向用户要转发数据，因为一条视频，只有转发才能把这条视频保存下来，如果用户只是收藏的话，一旦视频被账号隐藏，那么在收藏端就会显示视频已消失。

从用户的底层冲动来看，用户是有损失恐惧的，害怕以后想找的时候看不见了，而一旦转发，就帮账号做了数据，有了更多的互动数据，也就会有更多的播放量。

技巧四：找准发布时间

如表 8-17 所示，这不是一个严格意义上视频发布时间标准，只是一个可供参考的时间段，大多情况下，相应的用户群体会比较活跃。

表 8-17　适合短视频发布的参考时间

学习类	6：00~8：00
手工类	7：00~9：00
母婴类	8：00~10：00
摄影类	9：00~13：00
家居类	12：00~14：00
美食类	17：00~22：00
职场类	18：00~21：00
探店类	18：00~22：00
美妆类	19：00~22：00
穿搭类	19：00~23：00
减肥类	19：00~24：00
旅行类	20：00~22：00
娱乐类	21：00~23：00
情感类	21：00~24：00

技巧五：主页视频搭配布局

如图 8-1 所示，主页置顶的第一条视频，一般放干货知识类的，播放量、评论数等数据比较好的视频；第二条放能突出账号人设的视频，让用户更好地了解 IP 特点；第三条放置吐槽类的视频，进一步吸引人气和用户关注，接下来是带货类的两条广告视频，然后是讲解行业内幕类，最后是技巧类视频。

图 8-1 主页视频的九宫格布局

技巧六：账号起号打标签

一个新的视频账号在起号阶段，可以通过产品拍摄来建模打标签，但要注意，我们说的是产品拍摄，而不是拍摄产品，如果你只是对着产品拍，那么拍出来的视频就是硬广，用户不愿意看，账号标签也打不上，所以核心点不在于"拍产品"，而是要"晒过程"，就是要拍摄产品的使用过程、制作过程、展示过程等，比如卖面膜的，就拍怎么样敷面膜。再如卖美食的，从做美食到出锅再到吃美食，这些都叫晒过程，它需要经历一个建模期，如表 8-18 所示，虽然需要进行一定的堆量，但好处是这类视频制作相对简单，甚至可以不需要脚本、文案、讲话。

表 8-18 账号建模期的视频数量及对应效果

视频数量	效果
40~60 条	人群慢慢精准
60~80 条	流量开始起量
100~300 条	出现 1~2 条上热门

第九章 通过高曝光笔记实现流量增值

随着互联网流量变现接近极值，意味着投放流量就能见效，而停止投放就意味着失去流量，甚至可能导致生存危机，因此品牌不得不继续投入高价购买流量，这是种草备受追捧的背景，同时是推动互联网流量转移的动力。

种草，作为小红书社区的一种独特文化现象，从最初的原生词汇逐渐演变成了营销的第三种范式，它不仅仅是一种行为，更是一种情感的传递和共鸣。当用户在社区中分享自己的购物体验、产品使用感受或者生活方式时，他们所传递的情感和信息往往能够深深地触动其他用户，并引发购买欲望。[115]

随着小红书用户规模的不断扩大和社区氛围的不断丰富，种草逐渐成为一种具有商业价值的行为，品牌方开始意识到，通过在小红书上进行种草营销，可以获得更高的曝光度、更多的用户关注和更多的销售机会，因此，种草成为小红书商业化的标签，提出"万物皆可种草"。

种草的路径有两条：

一是在用户的细分需求场景中进行，找到蓝海。比如，大多数巧克力品牌通常把目标受众锁定在零食解馋或表达爱意的人群上，但有的品牌通过消费者洞察发现，健身减脂人群是一个被忽视的庞大群体，因此，通过针对性的营销策略，形成了差异化竞争的优势。

二是跟随用户的消费决策路径，建立深度联系。小红书的人群标签之所以与众不同，是因为平台将用户的需求与产品联系起来。比如，一个宝妈如果想找月嫂，她可能会搜索月嫂相关的关键词，然后看一大堆关于怎么找月嫂、怎么带月嫂体检等方面的笔记，那些对用户有帮助的、实用的、攻略性的内容，即使是商业笔记，也容易被分享。

这反映了一个现象，用户并不是没有需求，而是需求更加具体细分，用户的购买决策路径更加精细和理性。简单来说，遇到问题，许多人都默认去小红书找

【115】 知识点：种草的概念是什么？

答案，所以平台自己提出的宣传语是"遇事不决小红书"。

小红书上很多用户都是生活方式的意见领袖，甚至是产品价值的定义者，不仅是趋势的创造者，也是趋势的追随者。很多品牌都在小红书上寻找种子用户或者早期采纳者，因为他们有着明确的价值观和观点，对社区有着深远的影响力，而且具备打破圈子壁垒的能力。

因此，有效的产品种草不仅能增加品牌认知，还能促成交易，为品牌积累交易能量，在促销期间加速转化；要想成功地进行种草营销，必须深入理解真实的用户需求，在目标消费者的生活场景中找到适合自己的商机，其中承接的载体就是爆文内容。

反转：不要用抖音逻辑做小红书

小红书属于典型的 UGC 社区模式，用户既是内容的创作者，也是内容的传播者，基于创作者分享的真实属性，对产品的体验和测评，更容易得到其他用户的信赖，内容也更具有参考价值，很适合种草。

抖音是以泛娱乐和生活为重点的短视频平台，视频一般短小精炼，满足了用户的碎片化时间和娱乐属性，好玩、有趣、新奇的内容占比更多，曝光效果更好，但种草效果弱于小红书。

简单来说，抖音的种草模型是一个漏斗式的 5A 模型，以生意为导向，而小红书是一个扩散式的反漏斗模型，以全域转化为导向。

在抖音的 5A 模型下，人群分层是从大到小，先是被品牌 1~3 次触达，看过品牌商品的人群，再到看了多次或者进行了多次互动的人群，再到购买过商品的人群，最后到复购人群，形成了一个漏斗，如图 9-1 所示。

通常认为 A3 是未来最有价值的人群，预计 A3 人群在未来四周内有 50% 的可能性会直接成交，这个模型的目的是得到对生意和对成交最有帮助的那部分人群。

而小红书的逻辑路径恰恰相反，它的种草前提是先找到"好产品"，然后基于商品的特点找到最核心的人群进行种草，再逐步扩散到兴趣人群，再到泛人群，如图 9-2 所示。[116]

【116】　知识点：什么是种草的反漏斗模型？

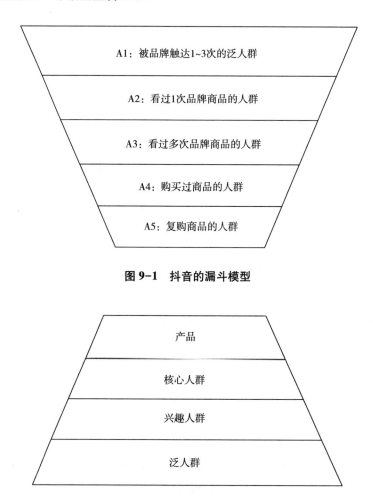

图 9-1　抖音的漏斗模型

图 9-2　小红书的反漏斗模型

在这个过程中，不管是品牌与达人共创的商业内容，还是 KOC 或用户的真实的测评及分享内容，在不断的传播扩散测试中，可以让品牌方看到一些新的场景、新的兴趣人群、新的产品机会，从而不断地尝试拓展和破圈新的人群，以求收获更多用户。

打一个比喻，做抖音就是在江河里捞鱼，面积很大，鱼也很多，但不确定鱼群在哪里，一网下去，可能会满载而归，也可能会空手而回，所以要不断地撒网、收网。对内容的容纳度很高，各行各业都可以来分得一席之地，但流量获取的链路太长，从江河里撒网，这个范围和成本都太大了，你还得有个大船能装下足够多的鱼。

所以，要么你是艘大货轮，你的网足够大，足够结实，捞一下就赚回来这一个月的成本，要么你有很多艘小船，不同地点一起打捞，那就算每一艘捞的不是特别多，加起来也是一笔很大的收益。虽然前期这个收网的过程比较长，但只要打好标签，做好产品和服务，抖音的势能是巨大的，可以通过星图+千川+云图来联动投放。

做小红书是在鱼塘里钓鱼，鱼塘里面肯定是有鱼的，种类也不少，能钓到多少以及能否钓到大鱼，既需要诱饵好，还需要会打窝。小红书的用户主要在高线城市，女性较多，更聚焦于时尚、美妆、护肤、生活方式，投放上是通过KFS—蒲公英达人笔记合作—发现页曝光—搜索场景去做收口，先用小预算测试产品，找准核心人群，然后加大投放力度；如果测试不成功，就及时调整策略，重新测试。

因此，在两个平台上获得流量的方法不同，对内容价值判断的维度也不同。

以点赞/收藏比为例，这个指标越高，说明创作的内容更加有趣、共情，这个指标越低，说明创作的内容更加真实、有用。如果同等内容发布在抖音和小红书上，多数情况是抖音上的点赞/收藏比要高于小红书的。

在内容的推荐机制上，小红书的推流分为搜索推荐和兴趣推荐两部分，而抖音多是兴趣推荐，所以导致抖音上的视频非常注重前3秒，就是3秒完播率这个指标，因为前3秒留不下用户，这个视频以后也基本没机会了；但小红书不一样，一个优质的内容可能在发布一个月后还有推流，就是因为用户有主动搜索的习惯，一旦搜索到相关的关键词，笔记又排在前面的话，就会有源源不断的新流量进来，所以小红书的整体内容会相对更干货一些。

我们要认识到，抖音更强调用户之间的互动，而小红书更加关注用户和品牌之间的互动，你即便在抖音上做得很成功，也不要直接把成功的经验照搬照抄到小红书上。

小红书的生态和调性其实非常特别，如果品牌方把其他平台营销的一些爆款内容照搬到小红书进行分发，未必能够取得理想的效果，因为什么样的土壤就适合什么样的种子，土壤变了，种子也得跟着改造，否则可能水土不服。

如女装行业，如果发布上去的全是一些外模超模图，确实是很美观，但可能会拉远与用户的距离，用户可能看到这个笔记会觉得，虽然模特穿着这么好看，但在自己身上肯定不会那么好看，会有一定的疏离感，这就是种草笔记和电商详情页的营销区别，所以，要尽量把产品卖点小红书化。

小红书种草笔记有三种类型：

（1）达人笔记，一般常见在一些 KOL 或明星做的产品宣传，它是以一个软性的用户视角，去做产品的分享及代入。

（2）素人笔记，主要是 KOC 分享生活记录、好评差评或者晒干货的内容。

（3）专业号笔记，主要是以企业认证专业号身份做发布，以官方的视角做产品露出和服务阐释。

打造爆文的基础逻辑是需要有一篇好的内容，因为好的内容是爆文的基石，也是后续拉流量的弹药，在小红书的品牌营销过程中，一篇爆文笔记对品牌的加持是非常高的，它意味着很高的曝光和持续不断的长尾流量，从而进一步提升品牌产品的搜索热度和种草转化。

那么，好的内容笔记是什么呢？是要给用户带来价值，要产生实用价值和情绪价值，这两个价值至少要满足一个，或者两者都满足。

实用价值是给用户传递他不知道，但又有参考意义的内容，如攻略、教程、试色、试穿等。

情绪价值指通过高审美的图片或视频，能够给用户带来放松、快乐或者共情的内容。

针对不同的目标用户，采用的笔记内容策略也不一样。俗话说，高端的猎人往往是以猎物的形式出现，那么商业笔记内容实际上是通过内容的手段伪装成猎物，让目标用户不经意地主动触达到它，这比被动推送或广告推送的种草效果要更好。

所以，需求明确的用户往往是把小红书当搜索引擎用的，上来就搜产品名或者品牌名，如果想要抓住这部分用户的话，可以在笔记当中直白一点，给到产品的名称、昵称，包括上下游词等，让笔记在搜索场域就能直接被发现。

对于需求比较模糊的用户，上来主要是浏览、打发时间，并没有想要直接搜索哪一款产品，则制作的内容就不能太直接，可以通过一些场景化、纯干货等方式去进行触达。品牌往往以更软的形式进行植入和出现，虽然可能对品牌和产品卖点的介绍并没有那么直接，但它往往更容易获取新用户，更容易让用户对这种产品产生兴趣。

爆款的商业笔记内容，需要更加精细化的打磨：第一是抛出痛点，引发用户的向往；第二是痛点与卖点相结合，让用户逐步建立信任，认识产品的优势和卖点；第三是通过解决方案促进成交转化。

从内容层面上说，无论是博主的笔记还是素人的笔记，或是专业号的笔记，做内容、做笔记的方法论都大同小异，底层逻辑都是相通的，因为用户在首页的双列信息流里，是否对一篇笔记感兴趣，是否愿意点击跟转化，其实看的是笔记内容本身，甚至有时候不会太留意发布内容的账号是谁。

那么如何衡量笔记是否优质？主要有三个指标：[117]

第一个指标是点击率，主要受标题、封面、头像、点赞量、专业号名称等因素影响。

第二个指标是互动率，主要受正文或者评论区的影响，如果正文很吸引人，用户会想要进行点赞、收藏，或者说评论区出现了一些话题的讨论，用户想要进行进一步的互动，这些都共同影响互动率的高低。

第三个指标是转化率，主要受正文、配图以及账号主页的影响。当用户看完笔记后，除了进行互动外，还想要产生进一步的商业行为，那么这时候可能进到账号主页里面去查看。如果账号主页里面笔记非常少，或者说每篇笔记的点赞量都不高，则有可能影响转化率。

所以，当点击率、互动率、转化率出现高低变化时，我们都可以反推到内容是否存在问题，是否需要做一定的调整和优化。

如果有了一篇数据不错的好笔记，下一步必须是盘它。[118]

第一步，复制并升级流量不错的这个营销笔记。即出了一篇好的笔记之后，去复制这篇笔记的框架和风格，但不是百分百的复制，还是要基于站内热点洞察的一些趋势、热门内容再进行优化，那么再次出爆文的机会就非常高。

站内许多品牌往往出现自己复制自己的一个情况，所以其实是不局限于品牌去复制竞品，自己复制自己创造过的爆文也是一个不错的思路。

第二步，在内容做得不错基础上，进行商业流量的打爆，延长爆文的生命周期。投放商业流量后的笔记，它会带动自然流量的分发，随着商业流量和自然流量越滚越大，越多的用户会看到这篇优质的种草笔记，能够增强用户对品牌和产品的一个信任感。因为人们的从众心理，就是大家在小红书看到一篇笔记，如它是500赞的笔记或1万赞的笔记，大家肯定是更愿意相信1万赞的笔记所推荐的产品，更容易种草。

通常来讲，5000至1万赞的爆文，是一个拐点，它能带动的一个笔记的自然流量和互动转化，包括它的回搜率都会有比较显著的提高，更容易让用户在搜索的结果页搜到。

【117】　知识点：如何衡量笔记内容是否优质？

【118】　知识点：产出了优质笔记以后该做什么？

共性：优质种草笔记的创作要素

图文笔记相对视频来说，执行成本更低，包括种草和转化也非常直截了当。

优质种草笔记是由选题、标题、图片、正文、评论这五大要素共同构成，选题一定要具备用户价值，有利他性的笔记更容易打造成爆文；接下来是标题、封面、正文以及后续的评论维护等，这些要素可以看作生产一篇内容的SOP（标准化流程），缺一不可。[119]

1. 选题和标题

在进行选题的时候，首先考虑自己产品的特性与目标群体的特性。比如，女装行业，经常打春装、夏装、秋装，这些都是季节选题。其次是场景，比如，亲子旅行、办公室、校园，这些都是打了人际场景。最后是节日，比如，春节、中秋节等，常见的一些行业有礼品行业、食品行业，很多都是在打节日这个选题。除这三个选题，还有细化人群选题，比如，宝妈是人群选题，上班族、打工人也是人群选题。

可以看出，我们进行选题的时候是有非常多的选择，不用固化哪一个，也不用同时覆盖，核心是围绕着我们的目标人群，结合具体情况选择。

在拆解了很多的爆文后，发现选题、标题无外乎就是几个维度，比如说季节、人群、使用场景、节假日或者价格定位等，如表9-1所示。

表 9-1　种草笔记选题的维度

维度	举例
季节	早春、初春、夏末、秋冬、换季
目标人群	学生党、打工人、白领、宝妈、铲屎官
使用场景	学校、职场、办公、居家、宿舍、约会、出行
需求功能	美白、保湿、瘦身、健身、解馋、拍照
节假日	跨年、春节、情人节、七夕、五一长假
价格定位	白菜、平价、贵妇、良心、平替

---

[119]　知识点：优质笔记由哪些要素构成？

在做内容选题或者内容策略的时候，通过排列组合，能产出一个不错的内容选题和标题，比如，"早春学生党平价保湿好物合集"就是选了季节、人群、功能、价格4个维度，"秋冬季打工人办公桌必备神器"选了季节、人群、场景3个维度，这样标题或选题的内容会比较丰满，也更容易被用户搜索到。

当然一定要结合产品的卖点和人群进行有指向性的组合，但不要把所有的维度全部囊括进去，那样会混淆用户的目标感，很难打出目标用户，建议是2~4种比较合适，更聚焦一些才能更好地打中品牌想要的目标人群。

2. 标题和封面

在小红书这个平台，标题和封面应该说是大写加粗、三倍重要的事项，因为小红书是双列的笔记流，用户在看首页的时候上面只显示标题和封面，那么标题和封面吸不吸睛直接决定了用户点不点进来。这时候千万不要有酒香不怕巷子深的自信，一定要把最好看、最吸引人的图放在封面，提取最精华、最热门的词放在标题，先把用户的注意力吸引到、圈进来。

用户为什么要点击你的笔记，可以看一下底层逻辑。比如，要制造热门的一个趋势，制造一些预期，激发用户的好奇或者引发共鸣，戳中了用户的痛点，又或者封面非常漂亮，满足了大家的审美等。

标题和封面一定是让用户想要点击进来的关键点，才能更容易吸引用户的注意。

那么，如何优化笔记的标题？表9-2列举了一些方法和技巧。

表9-2　优化种草笔记标题的方法和技巧

优化标题的要点	包含产品特点、用户痛点、使用场景
	适当添加数字
	利用标题与用户互动
	贴近用户引发共鸣
	制造好奇、预期
	善用表情符号
	善用关键词

第一个方法，标题中包含产品特点、用户痛点、使用场景，可以使用一些真情实感的体验式语句，突出性价比。强营销内容要强调专业身份、专业背书，弱营销内容要强调价值、强调体验。

　　第二个方法，在标题中适当添加数字，这样可以更直观地展现信息，能够抓人眼球。比如，"选好 5 样单品，普通人也能 get 少女感氛围""6 只春夏氛围感小众包包合集｜温柔又百搭""自卑 10 年！0 成本 4 个动作养成对称脸"，这些标题加入数字之后，整篇内容给人的感觉是非常有可信度，像"6 只春夏氛围感小众包包合集"，用户不用点进来，仅从这个标题就能知道整篇笔记的信息量。

　　第三个方法，充分利用标题与用户互动。比如，"找时尚大师帮我画了个 y2k 妆容，请打分！""一周纯欲和美式穿搭，你 pick 哪一个"，在标题当中发出了诉求，请大家来打分，或者说帮你选一个什么东西的话，用户会更容易点进来并且留言，它能够引发用户的好奇和点击，从而带来累积的互动率提升。

　　第四个方法，贴近用户引发共鸣。比如，"宿舍精致好物大合集｜学生党必须给我拥有！""打工人一周穿搭｜有我这样的同事几点上班？""3 个技巧拯救熬夜脸！！熬夜党必看干货分享"，包括学生党、打工人、熬夜党这些词汇大家一定都不陌生，是站内占据了大半江山的人群。这样的标题能够给大家带来身份和地域的共鸣，能够增强用户的代入感，用户刷到这个标题的时候会觉得：唉，这不就是我吗？然后会产生点击的冲动，想要进来看看这篇内容究竟写些什么，所以，这些都是标题的技巧。

　　第五个方法，制造好奇或预期，引发用户点击兴趣。

　　第六个方法，善用表情符号，如 🐣 🍼 🍃 。

　　第七个方法，也是最重要的一点是善用关键词，突出重点。因为小红书站内有非常多的延伸词汇，比如，"沉浸式开箱体验｜少女感新衣甜酷穿搭分享""黄皮爱用温柔系口红～纯欲天花板清纯女孩纸"，沉浸式、少女感、天花板等这些词汇都是非常具有小红书平台用户的心智，在标题中埋入这些词汇，更利于系统的分发和推荐，用户也能一眼直观地抓取到关键信息。

　　要善用搜索的关键词、热词推荐等，找到笔记核心词，以便能让系统识别，并推荐给对应用户。[120]

　　（1）默认提示词：点开搜索还未输入搜索词之前，平台会根据用户标签推荐默认提示词，默认提示词中存在一定量的搜索流量。

　　（2）搜索发现：热门搜索把最近一段时间被搜索次数最多的词展示出来，引导用户看一些最近热门的内容和用户搜索量大的话题推荐，与用户的搜索量和近期的热门话题相关。

---

　　[120]　知识点：如何确定笔记的核心词？

（3）补充联想关键词：即用户输入部分内容，然后系统根据这些内容，联想出完整内容，自动补全关键词，通过即时匹配关键词，并展示出来，增加用户的选择。

关于关键词的选择，以下几点需要注意：

（1）小红书的热搜推荐，是平台短期流量内容的标识；搜索提示关键词、筛选热门是长期流量所在，来源于小红书真实的用户数据分析和总结。

（2）一定要优先选择竞争度小而流量大，且比较精准的关键词，避免选择宽泛的关键词。

（3）学会反推关键词。确定笔记主题及关键词后，要去反推希望用户用什么关键词能搜到自己的笔记，考虑如果自己去搜这类笔记，会用哪些常见关键词。

（4）在笔记标题、正文、话题、评论等位置合理地布局关键词，有助于笔记被收录及精准推荐。避免堆砌关键词，堆砌关键词会被系统判定为广告，长期这样操作，账号会被系统降权。

3. 封面图片

在上传笔记的时候会有几个尺寸选项，包括竖屏的 3∶4，正方形的 1∶1，还有横屏的 4∶3，建议尽量选择 3∶4 的竖屏，因为它在展示页面中占据了最大的曝光面积，更容易被用户注意和点击到。[121]

同时，要保持封面图的清晰明亮，把人或者产品作为主体放在中间焦点的位置，当然也可以选择双拼、四宫格、九宫格的拼图，可以根据自己的产品或诉求去进行不同数量的拼图。拼图的好处是能够增加信息密度，让用户只通过一个笔记的主图，就能看到非常丰富的信息量，从而增加点进来的概率，如表 9-3 所示。

（1）一张大图型：以一张简洁、无装饰的美图为主要元素，将关注的主体放大，突出颜值即正义。

表 9-3　种草笔记封面图的类型

类型	适合赛道
一张大图型	美妆、穿搭、摄影、家居、好物推荐
图片拼接型	旅行分享、美食打卡、穿搭展示、家居推荐、好物分享、个人 vlog

【121】　知识点：什么样的封面图片更容易获取流量？

续表

类型	适合赛道
直观对比型	健身、减肥、医美、美妆、职业发展
纯文字型	知识付费、干货分享、教程推荐、读书、职场、学习教育
图片背景+文字型	汽车、情感、职场、知识干货
简约实景型	家居改造、露营旅行、好物种草
产品图+文字型	好物推荐

（2）图片拼接型：适用于需传递多元素的笔记，将相同主题的不同图片进行拼贴，图片数量2张以上，给人一种集中展示但又整齐划一的感觉。但需要注意的是，图片越多，越需要注意图片色调、风格的一致性，也更加考验个人的审美和排版能力。

（3）直观对比型：常见爆款封面之一，通过对比效果，如修图前后、护肤前后、素人改造前后等，大反差吸引用户，这种封面前后对比效果越强烈越好，用户的好奇心和需求越会促使其点击进入笔记，了解更多变化的信息，包括步骤、经验分享等。

（4）纯文字型：这种类型的封面图的展示形式是以文字为主，直观清晰地向用户传达本篇笔记的重点内容，信息量大，所见即所得，选择引人入胜的标题或关键词，如"纯干货""保姆级""超实用"，强调笔记实用性和价值，同时使用适当或夸张的字体和颜色突出重点，激发用户的求知欲，刺激用户点击笔记获取完整信息。

（5）图片背景+文字型：多为纯色图片，通过适当的留白+直接的信息点，用户看图就能知道笔记内容，降低阅读成本，更容易在五花八门的封面中脱颖而出，标题文字多选择易于辨认的字体，优先保证清晰；背景和文字采用明暗对比的方式，尽量突出文字。

（6）简约实景型：这种类型的封面图主要以拍摄的高质量照片以及电影、视频截图作为展示图，再搭配吸睛的标题和简洁的文案。

（7）产品图+文字型：封面图通过添加文字描述强调产品的痛点、需求和优势，更好地吸引用户的好奇心，通过用户的兴趣和好奇心，可以促使他们更加关注和了解产品，进一步采取行动。

要保持所有的配图比例一致，如果第一张图、第二张图、第三张图都是不一样的比例，会自动压缩为第一张的比例，后面的图片可能就会出现一定比例的裁切或留白，造成图片的不美观。

另外，封面上的文字非常重要，这可能是很多人比较容易忽视的一点。封面上的文字是需要跟标题或者正文有一些呼应，尽量把最有吸引力的文字放在封面上，尽量选择跟封面风格或者博主风格相匹配的字体，但要注意不要遮挡主体，包括文字的数量也是非常有讲究的。

4. 正文

正文的写作一定要注重言简意赅并且逻辑明确，降低用户的阅读难度，可以用一些表情符号做分行分段的处理，这样既能够强调主题，又能够不干扰用户的阅读，同时活泼化笔记的语气。

5. 评论

发布笔记以后，可以在评论区引导用户评论，提升活跃度，以及拉近与用户的距离，还要及时进行评论回复，针对一些有代表性或者用户非常关注的问题去做统一回答。比如，做女装的账号，用户经常会问有哪几个颜色。像这种有代表性的问题可以在评论里面做回复，这样后面进来的人也能看到评论的回复，进而对产品产生一定的认知和了解。

但要避免直接写一些点赞、收藏就送你东西之类的话，因为这是利益诱导，诱导他人进行互动，是违规的。

如果在使用小红书的过程中，出现了违反社区规则或者风险笔记的情况，那就会被判定违规，表9-4中列举了一些常见的违规问题，这时应及时进行自我排查和改正。

表9-4　种草笔记常见的违规情况

行为违规	搬运他人笔记	平台尊重原创，鼓励分享真实内容，如需转载，应获得对方同意，并且标明出处
	导流到其他平台	不要出现一些店铺名、网址链接、二维码、微信号等内容
	不真诚分享	不要使用夸张、猎奇的标题和封面来吸引用户点击
图片违规	过度美化	不要用过度P图或滤镜特效等美化手段夸大展示产品功效
	引人不适	避免使用一些肮脏、丑陋或者皮肤大面积裸露等可能引人不适的图片
正文违规	伪装体验	企业账号不能伪造第三方的用户视角，去做产品的推荐和分享
	过度夸张	不要用一些违背常识的夸张内容进行产品的效果描述
	伪科学误导	鼓励分享经过科学论证的内容，分享某些产品或服务需要建立在能够被反复验证的基础上

差异：不同行业笔记的创作方法

　　笔记创作，第一点是明确我们的需求，当我们进行内容创作的时候，一定要明白我们的需求点是什么，是需求私信，还是需求品牌宣传，或者是实现销量的增长。

　　第二点是找准定位，当明确好了需求后，需要结合目标受众及产品的特性，进行正式的笔记创作。

　　这里罗列了三种场景，分别是品宣类、销量类、客资类。

　　如表9-5所示，品宣种草笔记的创作主要是宣传产品，以强化用户的认知为要点。

表9-5　品宣类笔记创作技巧

封面要点	实拍场景图，强化真实性；大字贴图强化感官，突出卖点
标题要点	善用关键词，善用感叹句，引发用户兴趣
正文要点	开头：拉近与用户距离 中间：融合使用场景、产品功能、特性、用法等 结尾：带上相关品牌或产品话题，沉淀流量

　　如表9-6所示，销量种草笔记的创作，一定要重点展示产品的细节及整体优势卖点的提炼，这是非常关键的，因为我们需要让用户看完笔记后，产生下单和购买的欲望。

表9-6　销量类笔记创作技巧

封面要点	多图展示产品细节，突出商品卖点和优势，提升转化
标题要点	突出产品关键词，善用表情符号
正文要点	开头：表达真实分享意愿 中间：搭配使用场景，介绍产品卖点和优势 结尾：挂载商品卡 评论区：设定话术，引导购买

　　如表9-7所示，客资种草笔记的创作，文案是非常重要的一个要点，因为需要用文案展现出整体的特色、流程、权益、卖点，让用户看完整个行文后，产生进一步了解或者合作的意愿。

表 9-7　客资类笔记创作技巧

封面要点	大字贴图，图文并茂突出卖点
标题要点	融合关键词，善用疑问句，引发用户好奇
正文要点	上方：投放客资广告，设置私信组件 开头：直接且简洁表达产品或服务信息、承诺，增强用户信任感 中间：介绍使用场景，突出利益点和卖点 结尾：带引导语，提高私信咨询量

下面，我们具体看几个爆文的解析。

（1）护肤类爆文分析示例如表 9-8 所示。

表 9-8　护肤类种草笔记示例

封面	风格统一的四宫格拼图，大字贴图上标注文字"油痘皮天菜、油皮扛把子、干皮救星、熬夜脸终结者"
标题	全肤质学生党水润推荐！平价宝藏国货尖子生！
正文	我爱水乳！你们看我平时发就知道 Po 烂了都！🔥 之前发过它们家的面霜 💪大家很喜欢！ 今天整理了它家几款水乳的详细对比测试！ 全肤质都能挑到自己想要的~ 🎯樱花水乳 去黄提亮，花小钱办大事 爱熬夜想要提亮肤色 又想保湿补水的冲！ 🎯山茶花水乳 修复屏障，适合皮肤脆弱，状况不稳定的姐妹 🎯层孔菌水乳 修护、控油一手包办 适合爱出油的油皮敏感肌 即使冬天也能做到锁水保湿 帮助调节油水平衡 ……

封面分析：四宫格拼图传递合集式高密度信息，通过"热门肤质+网络热词"形成小红书心智的产品关键词，为用户指明方向。

标题分析："全肤质"拓宽目标受众，"学生党""平价"聚焦品牌主要定位的中低客单价人群。

正文分析：内容结构清晰，采用"总+分"结构分享功能和使用感受，利用 emoji 表情提升阅读观感。"你们看我平时发就知道"表明背景，引发用户信任；"花小钱办大事"准确击中低客单价人群消费心理；"去黄、保湿补水"等预埋站内高热度的皮肤搜索词。

（2）食品类爆文分析示例如表9-9所示。

表9-9　食品类种草笔记示例

封面	一张产品图，不加修饰的四根白色棒棒糖特写
标题	口袋里有十块钱的……都去给我吃这个糖！
正文	姐妹们，真破防了！ 头一回吃青梅味的棒棒糖哎，才 0.7 元一根…… 凉飕飕的像喝了酸梅汤!！真爽 s 了 #小红书爆款美食

封面分析：直观展示产品特征。

标题分析："口袋里有 10 元钱的"表明产品平价，精准锁定目标受众，"都去给我吃"号召力极强的热门标题句式，激发用户好奇和点击。

正文分析：首句"姐妹们，真破防了"迅速拉近用户距离，全文篇幅不长，用高度 UGC 化的文案巧妙展示了产品卖点+口感+推荐口味，文末带上美食类热点话题"#小红书爆款美食"进行长尾引流。

（3）数码类爆款视频分析示例如表9-10所示。

表9-10　数码类种草视频示例

封面	视频封面，女主手持相机，上方文字：女生自用相机，下方文字：保姆级入门
标题	女生自用 vlog 相机，保姆级使用教程
文案	忍了好久还是买了！get 到许光汉同款 vlog 相机~ 今天跟大家说一下入手两个月的使用感受 果然对焦超强啊！ 而且美颜功能分高中低三档 远看皮肤好，近看又能拍到皮肤小细节 ……

封面分析：封面主体由高颜值博主+手持相机构成，关键词"女生自用相机""保姆级入门"与标题呼应。

标题分析：精准锁定有 vlog 相机需求的潜在女性用户。

文案分析：开篇提及"许光汉同款"吸引明星粉和路人粉好感，简单提及对焦、美颜等功能，以及"入手两个月"，以体验者身份收获信任。

下面，我们看一下不同行业种草笔记的创作要点。

（1）美妆行业种草笔记。

1）创作思路：强调内容真实性和可操作性，描述用户问题和肤质状态，突出产品优点、特点，展示使用效果。

2）创作公式：个人情况+解决痛点+产品亮点+使用效果。

3）创作方向如表9-11所示。

表9-11　美妆行业种草笔记创作方向

朋友圈截图体现真实感	直击用户痛点，引出实用好物
get 明星同款肌肤状态	以明星活动生图切入，引发用户讨论
护肤干货教程	描述自身经历，强调产品使用过程
场景好物推荐	分享个人趣事，引出产品功能，展示使用效果
使用效果展示	通过图片直接展示效果，吸引用户共鸣
日常妆容分享	面部特写，介绍产品类型和对应场景

（2）服饰行业种草笔记。

1）创作思路：美观、显瘦、显身材为第一要义，用实拍、挂拍、摆拍等方式进行穿搭分享或合集介绍。

2）创作公式：细节突出+穿搭分享+场景展示。

3）创作方向如表9-12所示。

表9-12　服饰行业种草笔记创作方向

横向对比	实拍上身效果，围绕产品设计、面料等特点进行推荐
定向人群	结合季节营销和情感营销，分享不同类型穿搭
实拍测评	锁定目标人群，从博主实测过渡到产品功能特点
干货科普	从遇到的问题出发，进行正确或错误方法分析展示

（3）家装行业种草笔记。

1）创作思路：围绕"用户关注价格实惠和品质保证"的需求，提供专业的意见参考，讲明产品卖点和服务特色。

2）创作公式：风格特色+服务流程+效果展示+引导互动。

3）创作方向如表9-13所示。

表9-13　家装行业种草笔记创作方向

好物推荐	快速定位目标人群，围绕用户痛点，突出实用功能
使用经验	以使用感受为主，设计内容上的槽点、噱头
布置分享	正文极简，高质量配图，格调一致
案例吸引	以用户需求为切入点，针对重点主题进行细节呈现

（4）婚摄行业种草笔记。

1）创作思路：明确产品风格和服务流程，细化到全过程，体现专业度和交付质量保证。

2）创作公式：风格展示+服务特色+细节展示。

3）创作方向如表9-14所示。

表9-14　婚摄行业种草笔记创作方向

面向小众群体	多用疑问句，吸引用户点击，直接介绍产品优势
场景展示	吸引对场景感兴趣的人群，突出不同风格
一种风格多图组合	通过相同风格、不同角度的图片组合精细展示
热门风格	真实分享实际案例，介绍解决用户痛点的思路

（5）百货行业种草笔记。

1）创作思路：描述产品围绕用户痛点，如何做了解决，突出功能的实用性。

2）创作公式：产品亮点+使用感受+案例种草。

3）创作方向如表9-15所示。

表9-15　百货行业种草笔记创作方向

产品特写	通过卖点可视化，突出价格优势
热门场景下的推广	结合热门话题，以分享的口吻介绍商品
精致生活	通过精美图片吸引用户，简洁明了点出产品核心功能
干货测评	展示博主自用好物，软植入产品

（6）餐饮行业种草笔记。

1）创作思路：通过实拍手法，结合文案描述，突出产品特色、外观、质地、风味、口感。

2）创作公式：产品特色+用户痛点+号召体验。

3）创作方向如表9-16所示。

表9-16　餐饮行业种草笔记创作方向

品类种草	餐单点餐攻略科普，突出性价比和口味
自制教程	通过博主展示制作过程，自然植入产品介绍
门店打卡	介绍门店环境、排队情况、产品口感，进行引流
探店体验	从用户体验出发，突出活动、福利、赠品等描述

下面我们再进阶一下，讲一讲小红书专业号的操作。[122]

小红书专业号有两种：一种是个人专业号，个人绑定身份证，认证了专业号后，会在主页显示博主身份，也可开个人店铺；另一种是企业专业号，需要商家提交营业执照，认证以后，账号自动变为蓝V账号，具有品牌营销的权益和功能，又称为企业号。

企业专业号作为商家在小红书的首要阵地，带有蓝V认证更有可信度，但许多商家在专业号上发的内容，要么是硬广告，要么是太平淡，很难体现种草效果，因此笔记数据很一般。究其原因，很多品牌在创作种草笔记的时候往往会陷入一个误区：对笔记评估标准单一，盲目追求高成交。虽然变现是商家创作笔记的目的，但我们必须意识到，并不是每一篇笔记都直接为成交服务，关键在于要找到对的方法。

方法1：确定品牌主账号的内容方向，如表9-17所示。

表9-17　品牌主账号笔记的创作方向

权威性	输出一手信息类笔记，突出最新动态、创意宣传、专家科普
福利性	围绕产品宣发进行福利抽奖，围绕节日热点展开互动笔记
活动性	发起活动话题，邀请用户分享自己的故事，触达泛人群

方法2：打造品牌KOS账号矩阵[123]

KOS 全称 "Key Opinion Sales"，指那些具有专业销售能力且了解客户需求的优质内容创作者，因为服务专业、响应及时以及接触一手货源等优势，成为品牌接触客户，转化客户的重要阵地，因此很多品牌都搭建起了自己的 KOS 矩阵。

在小红书上，这类员工账号有两种：一种是由企业申请注册的账号，员工离职不可带走；另一种是员工个人注册的账号，但经双方同意，将个人账号绑定称为员工账号，员工离职且绑定删除以后，账号归员工所有。

如表 9-18 所示，当 KOS 粉丝量不足 1000 时，种草产品为品牌经典品，笔记形式适宜选择较为简单的图文，这样既能够降低产出难度，又能通过跑量，提高品牌在平台的知名度。当 KOS 粉丝量 1000~5000 时，具有了一定的专业度，种草力较强，适合推广潜力品。当 KOS 粉丝量超过 5000 时，表明已经有忠实粉丝和较好话语权，这时通过涨粉和曝光更快的视频笔记为品牌造势，因此更适合种草新品。

表 9-18　KOS 账号笔记的创作方向

KOS 粉丝量 1000 以内	经典品+图文笔记
KOS 粉丝量 1000~5000	潜力品+视频或图文
KOS 粉丝量>5000	新品+视频笔记

方法 3：找到适合的 KOL、KOC。处在不同种草组合类型的商家，在选择博主进行内容合作时，有不同的侧重点和比例，如表 9-19 所示。

表 9-19　不同商家选择博主合作的方向

赛道	决策门槛	用户偏好	合作方向
蓝海	高	偏理性	不适合头部 KOL 硬推，适合中腰部 KOL 及底部 KOC
红海	高	偏理性	头部 KOL 背书笔记，腰部种草笔记，KOC 口碑造势
蓝海	不高	偏直觉	头部 KOL 为主，笔记放入颜色鲜明的产品图片
红海	不高	偏直觉	头部 KOL 种草笔记，KOC 体验和测评笔记

方法 4：打好三频联动的组合拳。所谓三频联动指 "商品笔记+买手直播+商家店播"，它们在各自独立场域下都具备种销一体的特性，品牌可以结合自身需求，有侧重点地经营；同时，三者能够互相影响，发挥出超强的组合效益，从而

在低粉的情况下，能拉高站内销量。

首先，通过后台观众来源和首页推荐流量占比来分析笔记内容质量，产出爆款内容，积累原始粉丝，同步在私域做好用户维护，收集粉丝群中用户反馈的喜好，进一步增强用户好感，提高核心用户的忠诚度。

其次，联动多元买手，进一步提升品牌势能，撷取合作精华发布在店铺账号上，并挂上商品链接，在高效转化的同时渗透多元用户，以实现借力破圈。

最后，通过店铺直播找到稳定的新增量，形成体系化的运营闭环。比如，配置小红书专属的直播促销机制，每天直播 6~8 小时，吸引用户关注并拉长停留；定期优化直播间风格，在布景和灯光上做足功夫，打造用户偏爱的精致感直播间；参照优质商品笔记内容优化直播话术，实时观测直播 TOP 笔记引流来源，及时调整直播排品顺序和节奏，提升直播的整体效率和效果；复盘优质商品笔记的高转化人群画像，反哺直播间投流，提升直播人群精准度；结合产品卖点快速验证不同产品组合搭配，得到验证后撰写商品笔记，进行投流放大。

方法 5：借力商业流量放大生意规模。

商家可以采用小红书的聚光平台和千帆平台进行投放，借助专业化的产品能力提升产品转化效率。[124]

聚光平台是小红书营销一站式推广投放平台，支持全站智投、信息流、搜索和视频流，能够满足商家以"产品种草、商品销量、客资收集、直播推广、抢占赛道"为目标的多样化营销诉求。

千帆平台是小红书商家后台，日常可以帮助商家进行商品管理、订单管理、店铺运营等，与聚光平台相比，千帆平台的投放功能更加精简，它只能投电商推广，且只支持全站智投，适合初创品牌和新手商家。

比如，在商品推广方面，通过细分笔记内容，有针对性地输出一系列优质内容，结合用户需求，突出不同场景和产品利他性，然后通过核心人群定向触达品牌核心人群，精准测品、测笔记，找到受欢迎的爆款产品和笔记；当笔记点击率>5%时，通过搜索关键词定向，叠加各种品类词进一步拓宽目标受众；当投放出去的笔记开始有利润时，品牌将投放定向策略转为智能投放，进一步放大沉淀优质人群；当收益较为稳定时，可以选择通投拉满进一步扩大销量，获得最大收益。

又如，在直播间投流方面，首先通过信息流+全站智投功能，覆盖流量池内

【124】 知识点：小红书聚光平台和千帆平台的差异？

的人群，打响品牌直播间知名度；其次通过智能定向投放和兴趣定投功能，触达相关兴趣人群，提高对潜在群体的引流效率；最后将搜索关键词聚焦到年龄段、性别或地域，持续为直播间引流精准用户，将有兴趣且有消费能力的用户导流到直播间。

　　总体来说，无论是留资型商家还是电商型商家，都可以借助高质量笔记，将产品向更多用户种草，进一步扩大交易转化的生意规模。

第十章 通过数据分析实现流量持久

"无复盘，不直播"，做直播复盘的意义主要是为了找到正确直播内容的方向，少走弯路以及快速进行迭代，通过复盘找出问题，进一步分析问题、解决问题，及时调整运营策略。

因此，数据对于直播复盘来说至关重要，在任何一个平台的用户端后台，都可以查询到相应的数据，以抖音为例，可以通过四个渠道查看数据。[125]

第一个是巨量百应的数据参谋。

第二个是抖店后台的电商罗盘，电商罗盘分为商家视角、达人视角和机构视角，达人视角和巨量百应数据参谋的数据是一致的。

第三个是直播大屏，也就是巨量百应后台或是电商罗盘后台打开的数据主屏。

第四个是手机端进入创作者中心或企业服务中心的主播中心，也可以查看直播相关的数据。

一个用户在直播间购买的路径分为几个环节：用户通过免费流量或付费流量看到的直播间，选择点击进入直播间；进入直播间之后用户会产生停留、互动等一系列行为，如果用户对商品产生了兴趣，进一步产生商品点击、下单购买等行为；当直播结束后，还要为用户进行售后服务。

对于前半阶段，从用户看到直播间到点击进入直播间产生停留、互动行为，主要依赖直播间的吸引力，而从商品点击下单购买到售后服务，反映的是直播整体的销售力。

【125】 知识点：抖音直播数据从哪些渠道查看？

作用：数据指标的 4 种类型

通常而言，我们把直播间的数据指标分为四大类，分别是人气指标、互动指标、商品指标和交易指标，如表 10-1 所示。

这四大类指标可综合反映出一个直播间对于流量管理的能力和水平，每类指标中又分别包含了一些具体的关键性指标。

表 10-1　直播间数据的分类

人气指标	反映的是直播间的流量状态
互动指标	反映的是直播间的内容质量
商品指标	反映的是用户对直播间商品的兴趣
交易指标	反映的是直播间的变现能力

1. 人气指标

人气指标中，我们主要应关注 5 个指标，分别是看播率、总观看人次、总观看人数、最高在线人数和平均在线人数，如表 10-2 所示。

表 10-2　人气指标中的关键性指标

	看播率	直播间的曝光进入转化率
人气指标	总观看人次	各渠道的流量规模
	总观看人数	各渠道的流量效率
	最高在线人数	直播间获取流量的最大能力
	平均在线人数	直播间承接流量的核心能力

看播率指在曝光的流量中，有多少人进入了直播间。虽然不同行业或类目的曝光进入率会有所差异，但一般来说应该在 15%～30%。当然，越高越好，而如果过低，则对你的获客成本和盈利水平都会带来不利的影响。

总观看人次和总观看人数分别代表 PV（Page View）和 UV（Unique Visitor），PV 即访问量，一个用户来你的直播间几次就算几次，也即累计访问次数；UV 即独立访问量，一个用户不管来你直播间几次，都算作一次。

相应地，平台会用 UV 价值衡量用户的购买力，UV 价值＝销售额/访客数，这个数值越高说明直播越优质，平台算法越喜欢。

最高在线人数和平均在线人数反映了对流量的获取与承接能力，需要注意的是，两个指标的高低会影响到销售额和盈利情况，但不直接代表销售额和盈利情况。

在实际中，低场观、高转化和高场观、低转化的情况经常发生，也很正常。就是说，即便最高在线人数和平均在线人数这两个指标都很高，但也可能不赚钱，因为它们反映的只是流量规模，而不是流量变现结果。

2. 互动指标

互动指标中，我们主要应关注 4 个指标，分别是互动率、增粉率、加团率和人均观看时长，如表 10-3 所示。

表 10-3　互动指标中的关键性指标

互动指标	互动率	用户直播内容的喜欢程度
	增粉率	直播间获取粉丝的能力
	加团率	直播间被粉丝认可的能力
	人均观看时长	最基础的互动门槛

互动率指点赞、评论、分享行为的用户占总观看人数的比例，对于不同类目的直播间，对于点赞率、评论率、分享率这些指标数据的要求也不同，通常把这类数据称为"浅层数据"，它们对于拉动泛流量、自然流量有直接的作用。

对于直播间的用户来说，喜欢和购买是两个不同的路径，用户可能会因为喜欢主播、认同话术而发生点赞、评论等行为，也可能出于对商品的兴趣而咨询，但这些动作都不需要用户投入费用，基本上没有什么决策成本，而一旦发生购买行为，就是真金白银拿出来，会产生直接的决策成本，因此互动率只是反映出用户对直播内容的喜欢程度。[126]

增粉率和加团率可以看成互动率的升级版，是进一步反映用户对你的喜欢程度，这时用户不是简单地来了就走，也不是偶然刷到你的直播间，而是希望和你保持一定程度的联系，因此出现了从用户到粉丝的演变，进而加入粉丝团，成为一定意义上的"铁粉"。

人均观看时长反映的是用户停留情况，这个指标越高越好，流量的竞争，很

---

　　[126]　知识点：用户的喜欢和购买是不是同一个路径？

大程度上是用户注意力的竞争，能把用户留得越久，则成交转化的机会越大。一般来说，这个指标不应该低于 45 秒或者保持在 60 秒以上。

直播间的互动指标体现了用户对于直播内容的兴趣度，进而它会影响到直播间的热度，以及系统会基于直播间的热度进行直播流量推荐。如果直播间的互动比较低的话，要考虑第一个点是优化视觉场景，通过直观的福利信息展示而引导用户进入。

第二点是通过福利话术而引导互动，因为话术是最直接的引导方式，主播一定要有这种意识，包括称呼用户等方式拉近与用户的距离，进行动作行为的引导。比如，可以这样去讲：直播间粉丝给我们去点点赞，当点赞到 1 万的时候，我们给大家发福利、发福袋，或者下单再发一个优惠券，立减 20 元等。

第三点是通过提问话术而引导互动。切记不要用开放式或容易引发负面局面的提问，比如，问用户喜不喜欢主播，一定是一部分人说喜欢，一部分人说不喜欢，这很容易引起"羊群效应"，不仅影响主播心理，也可能会让一种不好的情绪在直播间蔓延。所以，一定要用封闭式的提问方式，或者提问+指令式的方式，比如，询问用户是喜欢哪一个颜色，是黑色还是白色？或者，"有没有夏天皮肤特别爱出油，爱长痘痘的姐妹呀，有的话打个有字"，通过挖掘用户痛点，引导互动评论。

3. 商品指标

商品指标反映用户对于商品的兴趣，包含商品点击人数、商品曝光率、商品点击率（见表 10-4），这三个指标很大程度上与你的商品类型、品宣设计、排品顺序以及流量与商品的匹配度相关。

表 10-4　商品指标中的关键性指标

	商品点击人数	用户对商品的兴趣程度
商品指标	商品的曝光率	用户被商品吸引的情况
	商品点击率	用户对商品关注的情况

通常来说，商品指标主要用来排查问题，如曝光率很高但点击率很低，说明用户进入直播间点了购物车，但不愿意点击商品，表明在商品展示、主播引导、落地页方面可能存在问题，需要逐一排查商品的展示效果是否到位，主播引导链接点击的话术和频率是否到位，以及商品主图、标题是否具备吸引力，是否存在 0 销量、0 评论的情况等。

4. 交易指标

交易指标反映了直播间整体的变现效率，两个核心指标分别是看播成交转化率和客单价，如表 10-5 所示。

表 10-5　交易指标中的关键性指标

交易指标	看播成交转化率	用户决策购买商品的程度
	客单价	商品的价格区间

如果按次数看，看播成交转化率结合客单价，对应的是 GPM 指标；如果按人数看，看播成交转化率结合客单价，对应的是 UV 价值。

这里有一个新的指标概念，GPM，GPM 称为千次曝光成交销售额，简称"千次"，还有一个指标 OPM，叫千次曝光成交订单数，下面我们具体说明。[127]

OPM 对应的是成交单量，单量决定的是流量速度。比如，有的直播间会采用密集成交的玩法，就是在一个时间段里，促进用户频繁下单，通常都是配合憋单玩法一起进行的，当单量的密集度拉起来了，则直播间流速瞬间就上去了，包括在线人数也跟着上去了。

顺便讲一下，拉高直播间在线有两种方式：一种是靠留存，另一种是靠流速。比如，第一个时间段直播间进来 5 个人，你把人都停留住了，假设每分钟平台给你推 5 个人，那么半个小时也能积累到上百人。当然，实际中肯定会有流失，但只要流入量大于流失量，就可以靠留存把在线人数给拉上去了。

如果通过密集成交，则从根源上解决问题，这个时候，平台 1 分钟可能给你推来的是 50 个人，那么直播间的在线人数可能就从上百人到了几百人。

当然，如果你不是带货的直播间，那就不存在成交，也不需要去拉密集成交，就是靠浅层数据拉停留，靠灯牌、转粉拉流速。

那么，流速高了，在线人数多了，就意味着出单量一定多吗？

不一定的。哪怕你做了密集成交，拉高了流速，但平台给你推的人是低消费能力的人群，那么成交转化情况也是不好的，这时我们要看 GPM 这个指标了。

GPM 对应的是成交金额，金额决定了直播间的人群质量，千次成交金额较低，则平台给你推的就是那种消费质量较低的人群，反之，千次成交金额越高，推来的人群消费能力越强，所以，我们应该既要单量又要金额。

---

[127]　知识点：什么是 GPM 和 OPM？

综上所述，可以看出四大指标反映的情况是不一样的，我们要了解每个指标背后的意义，通过数据分析直播运营的本质，在了解完直播间的核心数据指标后，再看直播间所有商家都比较关心的商品交易总额 GMV（Gross Merchandise Volume）。

漏斗：具体指标的归因分析

GMV 指的是商品交易总额，主要包括付款金额和未付款的金额。用户网购时会进行下单，产生的订单中往往会包括付款订单和未付款的订单，GMV 统计的指标是两者之和。[128]

GMV＝销售额+取消订单金额+拒收订单金额+退货订单金额。

可以看出，GMV 并不等于直接的销售收入，或者说 GMV 会比你实际到账的确认收入要高，这并不是说 GMV 就一定存在水分，或者计量方法不科学，而是在电商行业中通过 GMV 反映平台价值，通常用来研究用户的购买意向，比如，有时候用户是隔天付款，但订单交易是在当天生成的，所以 GMV 会大于实际销售收入。

从流量管理的角度看，GMV 是由直播间的流量规模和直播间的成交转化效率共同来决定的，如表 10-6 所示。

表 10-6　商品交易总额的关键性指标

GMV 商品交易总额	流量规模	直播时长
		最高在线人数
		平均在线人数
		平均停留时长
	流量效率	看播成交转化率
		点击成交转化率
		商品点击率
		客单价

在流量规模方面，可以分为外部的流量和直播间内部的流量，外部流量主要体现在直播间的曝光人次和人数上，内部流量主要体现在直播间的观看人次和人

[128]　知识点：什么是 GMV？

数上。

我们不仅要看这些指标，还要理解指标背后的含义，比如，停留时长反映的是直播间做内容、做互动留存的整体能力，点击成交转化率反映的是整体的商品水平，商品点击率反映的是直播间的运营能力。

举个例子来具体分析一下。

比如，看播成交转化率低说明了什么？[129]

看播成交转化率是由看播到商品的曝光转化率乘以曝光到商品点击的转化率，再乘以点击到成交的转化率，也就是说，影响从曝光到成交的转化率有三个因素。

影响点击到成交转化率的因素，更主要的在于商品本身，尤其是商品的客单价，商品的客单价越高，用户点击到成交的转化率越低。因此，我们不能单纯地通过看播到成交的转化而判断直播间整体运营的问题，应该将指标拆解，进行更深层次的分析，以免我们的判断出现偏差。

同样，在流量效率方面，即看"千次曝光的成交金额、千次观看的成交金额、单个曝光用户产生的成交金额、单个看播用户产生的成交金额"，同样可以按照人次和人数两个角度去查看，对应到具体指标是 GPM 和 UV 价值两个指标。

为什么要分别从人数和次数进行分析呢？

因为通常我们从次数进行分析时，看的是整个流量渠道的变现效率，而从人数进行分析时，看的是直播间内整体的运营效率。

并且，按人数和按次数中又包括子选项，分别是按购买、按互动、按转化、按渠道，通过排列组合，我们可以得到多组数据，但在实际中，我们只需要重点关注四组即可。

第一种，按次数 &（按转化+按购买），主要看各渠道的流量质量。

第二种，按次数 &（按渠道+按购买），主要看各渠道的变现销量。

第三种，按人数 &（按转化+按互动），主要是看流量来源的趋势变化。

第四种，按人数 &（按转化+按购买），主要看直播间的运营转化效率，这就是人们熟知的"五维四率"（见图10-1），也称为流量漏斗。[130]

【129】　知识点：看播成交转化率低说明什么？

【130】　知识点：什么是五维四率？

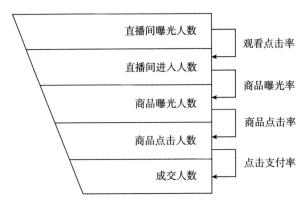

图 10-1　"五维四率"结构

五维：直播间曝光人数、直播间进入人数、商品曝光人数、商品点击人数以及商品成交人数。

四率：观看点击率、商品曝光率、商品点击率以及点击支付率。

通过五维四率，我们可以快速地了解从曝光到转化这条链路上的薄弱环节，再通过数据进行反向查找问题，一对一找到问题根源。一般的做法是对直播进行全程录屏，对照每个数据节点上流量的变化，找到该环节操作上的问题。

若直播流量漏斗中四率的某一率值较低，就会影响最终的成交人数，导致整体 GMV 受限。因此，直播间的健康状况，实际上可以由五维四率反推进行诊断，通过找到直播间五维四率中出现问题的"率"，对其进行优化，进而提升最终的成交人数，拉升直播间 GMV。

1. 观看点击率

观看点击率=外层用户点击进入直播间的人数/直播间总展示人数

归因分析（见表 10-7）和优化方法：

表 10-7　观看点击率的归因分析

板块	归因	具体内容
视听体验	场景	是否新奇特，吸引更多用户进入直播间
	人员	是否有亲和力和良好的话术、节奏
	权益	是否有吸引人的活动贴片
	听觉	声音是否清晰，有无 BGM 烘托气氛

续表

板块	归因	具体内容
引流视频	商品曝光	是否展示出商品的特点、细节、美观度
	权益曝光	是否说明优惠力度和用户权益
	IP 效应	是否有明星、达人、品牌的口碑背书
广告投放	投放人群	是否符合人群的精准度和垂直度

（1）提升直播间吸引力，关注视听体验，包括场景美观度、主播形象及人声清晰度、活动权益贴片。

（2）突出展示引流短视频的商品细节、优惠力度及用户权益，如满减、优惠券、运费险等。

（3）校验广告投放人群与当前讲解商品目标人群重合情况。

2. 商品曝光率

商品曝光率＝商品曝光人数/直播间进入人数，商品曝光量包含购物车商品展示、正在讲解商品弹窗展示、闪购卡展示等。

归因分析（见表 10-8）和优化方法：

表 10-8　商品曝光率的归因分析

板块	归因	具体内容
视听体验	商品讲解话术	是否生动丰富，突出卖点，吸引用户停留
	商品引导话术	是否包含福利、利益点
	基础引导话术	是否有身体语言或道具
后台操作	正在讲解功能	商品弹窗的频次是否合理

（1）加强主播话术引导用户点击购物车。

（2）提升后台"正在讲解功能"的操作频次。

3. 商品点击率

商品点击率＝商品点击人数/商品曝光人数，商品点击人数包含点击进入商品详情页人数。

归因分析（见表 10-9）和优化方法：

表 10-9　商品点击率的归因分析

板块	归因	具体内容
视听体验	主播展示效果	是否具有美感
	直播间话术	是否击中，用户痛点
购物车信息	主题	既要看得清，又要看得美
	标题	关键词+价值塑造
	卖点	激发用户兴趣，取得用户信任
	价格	有逻辑可循，减少用户决策焦虑
商品属性	性价比	有价格锚点，具备可比性
	上新率	激活长期关注用户，促进老客复购

（1）强化主播展示商品的视觉效果，讲解商品生动丰富，如商品细节、设计、材质等。

（2）提升商品主图美观度、标题和商品卖点，突出特色及利益点。

（3）提升商品价格机制竞争力，与其他商家同类商品相比更具有性价比。

（4）直播间粉丝及老客占比较高的情况下提升上新频率。

4. 点击支付率

点击支付率=商品成交人数/商品点击人数，成交人数为已完成支付的人数。

归因分析（见表 10-10）和优化方法：

表 10-10　点击支付率的归因分析

板块	归因	具体内容
商品属性	性价比	同样条件，更好质量，更低价格、更优服务
	供需匹配度	是否满足目标用户的需要场景
视听体验	促单话术	是否营造出稀缺性的氛围
后台操作	客服能力	是否专业、简洁、及时回应用户
店铺账号	用户信任度	认证账号、用户评价、口碑分、体验分等

（1）营造直播间的紧张抢购氛围，如报库存、时间限制等。

（2）助播或评论区客服对用户的提问进行及时解答，帮助用户应知尽知，充分了解商品。

拆解：直播和短视频的复盘方法

复盘对于任何一个账号运营者都非常重要，养成好的复盘习惯，不仅可以及时发现提高销量的方法，还能查缺补漏，提前发现一些潜在的问题隐患，从而循序渐进地提升流量管理能力和运营水平。

通常可以采用金字塔式的复盘方法（见图 10-2），基于不同的经营场景快速识别出关键数据，主要包含 5 个步骤，分别是拆解成交来源、复盘直播表现、复盘达人合作效果、挖掘爆款短视频和挖掘爆款商品，如果 5 步都做到位，就是非常完整的复盘了。

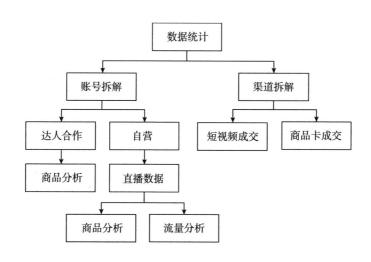

图 10-2　"金字塔"式的复盘方法

1. 拆解成交来源

可以按账号和渠道两条线做成交的拆解。需要特别注意的是，我们这里进行的拆解都是紧紧围绕成交这条主线进行的。也就是说，成交是我们在流量管理中的出发点和落脚点，只有成交才是真正反映流量变现的结果。

对于带货商家，这个成交代表销售额；对于接商单的达人，成交体现在推广费用中；对于线索留资的行业，成交要落在最终的商品交付上；对于娱乐主播、游戏主播，成交意味着收到的礼物、声浪。所以，流量管理中的成交是一个广义的概念。

如果按账号线拆解，我们可以看到自营和达人带货的整体分布情况，也可以看到每个自营或合作账号的数据表现，我们需要识别出一些重点运营或提升的账号，以及这些账号可能具备优势的一些内容。

如果按渠道线拆解，我们可以分别看到短视频和商品卡对应的成交占比，这里的商品卡指非直播、短视频外的其他带货渠道对应的数据，具体包含店铺页搜索、商城商品推荐，以及其他直播和短视频渠道的成交分析。通过识别出各个渠道的成交占比，我们可以判断未来需要重点经营的渠道。

2. 复盘直播表现

上文我们介绍过数据指标的分类和具体指标的归因分析方法。这里着重看的是流量结构和质量，识别出一些近期变小或者是有异常的渠道，然后看这个渠道对应的流量承接情况，尤其关注高流量、低转化或者是低流量、高转化的渠道，以最大化地提升不同渠道的流量运作效率。

对于高流量、低转化的渠道，可以有选择性地放弃；对于低流量、高转化的渠道，要想办法提升渠道的规模。

同时，要关注商品数据，识别出对于流量贡献非常大的一些商品。很多商家只会关注卖得好的商品或者转化高的商品，往往忽略了对于引流效果很不错的商品。所以，可以通过商品流量分析来优化你的选品结构。

3. 看达人合作效果

可以分成筛选优秀达人和诊断达人能力两部分，通过合作达人的数据表现，识别出高成交或者是高拉新、高转化以及流量高的合作达人，进一步去再判断后期是否加强合作以及调整合作的商品。

4. 挖掘爆款短视频

可以分为识别优秀短视频内容和复盘视频创意效果两个部分。

大多数人都不太清楚电商类账号短视频的类型。其实，不同类型的短视频有不同的考核指标，我们完全可以通过数据进行短视频内容的分析，这里具体讲解一下。

通常，我们会把电商类短视频分为两种类型：分别是带货视频和非带货视频。对于带货视频而言，核心目标是实现商品售卖，所以，带货视频的属性是属于交易流量。因此，在制作带货视频的时候，我们的目标是能够触达到交易人群，最终诉求是商品的点击和购买。

而非带货视频又分为两个小类：第一种是引流视频，引流视频是为了帮助直播间带来更多流量，因此它属于交易流量，直播间是最终的交易场所。所以，在体现内容价值时，更多的是体现直播间的价值，目标是能够触达到更多的看播人群，最终诉求是为直播间获取流量。第二种是标签视频，顾名思义是为了账号而打标签用的，它是属于一种无交易流量，重点要体现出来的是账号本身的价值，它的核心目标是积累粉丝人群，最终诉求是为了账号得到更多的传播与涨粉。

由于视频类型不同，我们进行参考的考核指标也会不同，但对于所有视频而言，完播率是首要的考核指标，因为完播率取决于视频的质量，同时决定视频能否获取更多的流量。

视频转化率决定我们到底能够获取多少流量，标签类视频、引流类视频和带货类视频，分别有着不同的考核指标。[131]

商家一定要明确不同类型短视频的目的、作用以及需关注的指标。

对于标签视频，我们最关注的是粉丝人群的积累，因此核心考核指标应该是关注率。

对于引流视频，我们希望能够为直播间带来更多有效看播用户的进入，因此要关注的指标是直播间进入率。

对于带货视频，我们的核心目标是通过短视频把商品卖出去，因此我们重点看的指标包括视频观看次数、成交金额、完播率、平均观看时长、GPM、OPM以及观看成交转化率，对于已经进入衰退期的视频，可以进行同类视频的复制，以此更好地完成带货目标。

同时，要记住带货类短视频的目标，一定是为了通过短视频完成购买，所以，在创作时应该以 PV 和 GMV 作为核心指标去分析，力求提升带货短视频的变现效率。

对于非带货视频，因为没有购物车，也没有去挂商品链接，因此不会有成交金额的，重点查看的指标分别是视频观看次数、引流直播间次数、完播率、平均观看时长和直播间入口点击率。

这里要注意一点，不是只要把用户通过视频引入到直播间就可以了，甚至拍一些搞笑段子往电商类的直播间引流。这是不可以的，虽然我们看的是引流直播间的次数，但请注意，我们要往直播间引入的应该是直播间的有效用户，也就是与你直播间所售卖商品有关的用户才行。

实际中，如果视频往直播间引入的流量精准有效，用户较多，也就是我们直

---

[131]　知识点：视频转化率决定了什么？

播间入口点击率较高的时候，往往是作品本身也会得到一个比较优秀的播放量。所以，我们在拍摄引流类视频的时候，一定要注意做直播间入口的引导。

通常而言，非带货类视频的生命周期比带货类视频的生命周期要短得多，因此，更大的挑战在于如何高效地复制更多有引流能力的非挂车视频，这需要定期对非挂车视频进行复盘，以 PV 和有效用户的进入率为主要指标进行分析，以此提高引流视频的制作效率，帮助直播间带来更多基于视频的流量，进而提升非带货短视频为直播间引流的效率。

5. 挖掘爆款商品

找到那些销量高的商品，查看这个商品在不同渠道的成交占比，可以定位出来各商品的最佳成交渠道，比如是适合直播间或短视频挂车，还是适合商品卡做售卖。

诊断：数据大屏的解读步骤

不同流量平台的数据大屏显示页面可能会略有不同，但基本数据模块都是涵盖的，我们可以通过查看成交趋势、人气趋势、流量分析、商品数据、直播数据进行快速复盘分析，如图 10-3 所示。

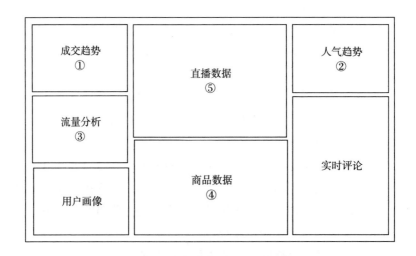

图 10-3　直播大屏分步解读示意

需要注意两点：

一是按照一定顺序进行复盘，依次查看相关的数据板块。

二是复盘不是看单一数据，一定要将各板块数据综合起来分析。

我们按照三步法进行直播快速复盘。

第一步，从①到②，看成交趋势和人气趋势，如图10-3所示，成交趋势是成交模型的可视化，人气趋势是推流模型的可视化。成交模型决定推流模型，如果成交是一波一波进行的，那么推流就会比较稳定。

第二步，从②到③再到⑤，根据推流情况查看各个流量渠道的占比情况，在流量分析模块中，找出主要的流量来源，然后看是否与场观、成交金额、粉丝成交占比等数据相匹配。

第三步，从④到③再到⑤，通过查看商品的曝光点击和点击成交率的高低，判断主要流量来源渠道的有效性。

下面看几个具体示例：

示例1：新号起步，如图10-4所示。

图10-4 新号起步的数据大屏

我们按照三步法，先看左上角的成交模型，它的成交密度做得不好，所以右上角的流量模型是持续下滑的状态，在没有介入付费、没有更多有效成交的情况下，这是典型的流量曲线状态，一定是越播人越少。当然，这是新号开播，出现这种情况也正常。

那么，后续我们要如何提高，如何做数据递增？

比较快的方法是介入付费，因为这个直播间的停留时长、千次成交金额以及成交转化情况都在及格水平，说明它的人、货、场的承接能力还是可以的，那么，现在要做的就是尽快破流量层级。

它的在线人数，最高也就 100 多，那么重点一定是想办法多拉新、多拉停留，想办法把前面的成交密度做上去，这时要具体看一下排品组货情况，开播先用引流品、福利品去炸，做好密集成交。

如果说你不是一个付费为主的直播间，纯靠自然流的直播间，当你的在线人数掉到20%，比如从 100 人掉到 20 人的时候，你就该下播了，千万不要去拉时长，不要等到人都没了再下播。一旦拖得久，会导致你直播间的平均在线、GPM 数据全部都变低，整体情况被最后这波数据拖差了，下一场的极速流会受到影响。[132]

示例 2：账号诊断，如图 10-5 所示。

图 10-5   密集成交的数据大屏

按照三步法，先看左上角的成交模型，成交密度做得还不错，再看右上角的流量模型，可以看出，开播极速流是有的，只是承接得不好，但后面又能拉起来几波流量，这是怎么回事？

我们说，要有极速流的承接能力，承接极速流的目的是获取后续更多的流量，但这个不是绝对的，因为极速流的流量是比较泛的，你没接住，可能是你的能力不行，也可能是在清洗流量。只要你的成交同步跟上，那么就可以留住精准流量，也有机会获得后续更多的精准流量。

---

[132]   知识点：自然流的直播间通常什么时候下播？

许多人一直都在研究如何把流量打爆，但没有意识到：有流量爆过，平台也给了很多机会，给了极速流；或者你自己投付费拉爆过，但是你接不住。核心问题在于"接不住"，所以，一定要学会提高自己的承接能力。

再看一下它的流量结构，97%都是自然流量，没有付费流量，说明它后几波的流量都是有效的成交转化带来的。

再看其他数据，新增粉丝数还不错，停留时长比较差，说明直播间的场景不行或者主播的留人话术不行，但互动话术挺好。

主播、产品、运营其实都很重要，没有哪个更重要的说法。每一方面的提升都能带来更多流量，比如，运营把产品选对了，流量就能上提一段时间；主播话术优化一下，又能拉动更多人；适当介入一点付费，再把流量顶一顶。这个配合做起来了，直播间会越来越好。

示例3：账号诊断，如图10-6所示。

图10-6　成交掉流量的数据大屏

这个案例，按照三步法，先看左上角的成交模型，成交密度做得还行。再看右上角的流量模型，可以看出，有了开播的一波极速流以后，越播人越少，为什么？

在这个过程中，流量下降并不是问题，除非一下子掉光，像这样稳步下滑是正常的。

那么，在这个过程中为什么人数会下降？[133]

因为我们要带货，每一次成交都会掉人的，有的用户买完就走了，有的用户对开价的商品不感兴趣也走了，这很正常。你仔细看就会发现直播间在线人数，

---

[133]　知识点：为什么成交一定会掉人？

从 3000 多人掉到 2000 多人，是不是因为做了一波成交，卖了一波货，然后再拉，又卖了一波货，是不是又掉到了 1000 多，然后再拉，然后又卖了一波。

这直播间一个很好的节奏，拉人、成交、拉人、成交，当直播间跑出这种节奏的时候，直播间基本上都已经很稳定、很成熟了。

接下来，我们要分析什么？

一场直播结束后，我们要看这个曲线，分析好的成交片段，如第一次成交，在线从 3000 人掉到了 2000 人，假设 GPM 已经做到了 5000，这个其实是件好事，这段成交虽然掉人了，但货卖出去了，因为我们要的不仅仅是流量大，平台会根据你成交的数据标签，再给你推更精准的人进来，所以它会让你接下来的流量其实是更精准的，哪怕在下播之前，人数都已经打到快两折的时候，成交效果还是不弱的，因为越来越精准，所以这一定是有效的成交。不要怕掉人，成交一定会掉人，只要能带来成交，就是好的。

上面，我们结合案例展示了三步法的具体应用，其中没有涉及商品数据的分析，因为不同类目的差异比较大，总的原则是看商品的倍率情况，定价是否合理，投产比是否划算，是否有足够的利润空间支持投流等。

我们再看一下付费直播间的复盘，重点是如何进行流量的优化，以及如何在决策上做改变。我们先要明晰直播间流量分析的一个前提，如果是付费流量，单小时的场观要大于 1000 人，如果是免费流量，两小时的场观要大于 1000 人，也就是总进入人数要大于 1000 人。

如果没有达到标准值的话，第一，查看是不是因为违规、没有报白等因素，平台对你进行了处罚、限流等动作，账号是不是需要去更换？第二，直播间的主播、运营能力要去做综合的提升，否则场观过低的情况下去分析这些数据没有意义。只有在达到了标准值的基础上，再进行下一步的流量结构分析与优化。

比如，分析付费流量占比高的情况。什么叫付费流量占比高？对于自然流加付费流的直播间，一般来说 40% 以上就算偏高了，即付费流量占比不要超过 40%，以保证整个账号和直播间的健康度。[134]

如果超过 40% 的话，也不是说绝对不行，根本逻辑是计算直播间的收益够不够高，这个占比下能否赚到钱，盈利效果怎么样。

有一句话请记好，流量只会越来越贵，付费流量将是未来每个商家在全链路运营上的一个必经战场，所以意味着越来越多的商家会做精准的付费，那么人群

---

[134]　知识点：付费流量占比多少比较合适？

会越来越贵。流量就那么多，出价会越来越高。所以，基于长效经营的考虑，一定要有意识地增强自己对自然流量的获取能力。

所谓自然流获取能力是什么？就是我们讲到的停留模型和成交模型，如果说我们持续地过度依赖于付费流量，不做自然流量的拉新转化、停留互动等数据指标的话，未来付费流量越来越贵，你会发现买不起了，特别是当你发现直播间付费占比高而且不赚钱的时候，要从三个层面做优化。[135]

第一，排查你的投放策略有没有出现问题，你的人群定向对不对，目标选择有没有出问题。比如，莱卡的兴趣行为标签，你选择跟你的同行一样的人群去PK，这对于直播间人货场的考验是非常大的，所以你的 ROI 不见得就能跑得非常高，这种情况下要去优化投流计划。

第二，排查人、货、场，要从整体转化率、场景曝光进入率、主播话术、排品组货等层面做优化。

第三，排查自然流量的获取能力，不要仅仅局限于付费流量，而要用付费撬动更多的自然流量。

如果是产品层面的问题，则是你的产品不够优秀导致流量转化效率低，常见的解决方法有两个：①爆款控单策略，就是通过爆款引流进直播间，可以是投放爆款短视频，也可以通过爆款的兴趣行为标签把人拉进来，这时候配合上一些微憋单的动作，让进来的精准人群产生停留、互动等指标，从而撬动更多的自然流量，提高整体的 ROI；②引流品复购策略，就是用引流品去承接你的爆品，以产生二次复购。这两个策略其实都是通过产品本身的属性以及用户的心理做直播间的停留模型和成交模型，从而撬动流量拉升。

不复盘的直播是无效的。盲目播，盲目做，没提升，一切都是白搭。

主播侧复盘的重点：要知道流量开始下滑了，流速变慢了，该如何判断？是因为停留互动做得少，还是因为成交做得不好。如果是浅层数据做得不好，接下来用哪一个产品，用什么样的话术，把互动率、关注率和停留，往上拉一下流量，把流量先拉起来后，又要用哪个产品去接这波大的流量，把它成交掉？

运营侧复盘的重点：要知道每个数据的提升，一点点地提升带来的影响都是极大的，寻找出有效的直播片段，积累起来进行分析。每一个数据背后包含着无数个优化的动作，每一个动作后又包含一个个细节。只要做好每个细节，把动作进一步优化，把数据进一步优化，最后的成交额就会直接有爆发式的增长。

---

[135]　知识点：投流了但不赚钱该怎么办？

第十一章　通过精细化运营
实现流量破局

　　无论是做直播还是短视频，很多人都会卡在起号这个环节。实际上，正规方法或是"野路子"，都是在平台算法逻辑下做数据递增，包括直播间出现的各种问题，比如，场观比较低，在线比较差，流量留不住，用户秒进秒出，千川付费计划跑不动，人群不精准，转化率不高等。背后的原因只有一个，即你的直播间没有给平台反馈正确的数据，这事不怪平台，平台永远都是根据你提供的数据而推流量的。所以，当你遇到这些问题时，更多的是需要反思自己的数据。

　　在起号阶段，你的主播能有效地把人气数据一层一层地做得更好，不断做到数据递增，刺激平台算法给你推送更多的公域流量。同时，当你在线拉到一定程度的时候，又能够有效地做出成交数据，把千次和 UV 价值做高，让平台知道你是有成交能力的，后续才会源源不断地给你推送流量。

　　本章介绍流量精细化运营中的要点，其中的逻辑需要根据前文的内容去融会贯通，这些方法可以作为参考。

递增：抖音7天起号模式

　　1. 第一天

　　第一天开播只做两件事情，第一件，打标签开播，第二件开推荐，这两个动作非常关键。很多人直播间流量一直上不去，包括推流要不到，互动要不到，就是因为第一天这两个动作没有做到。

　　（1）第一天必须做的第一件事情，打标签，这三种标签要全部打上。[136]

　　1）深层标签。深层标签只能靠成交去做，那么关键问题来了，假设开播第

【136】　知识点：抖音直播起号要打哪几种标签？

一天，一个半小时都没有成交，应该如何去选择，是直接下播，还是继续播，播到有成交为止，或者选择用付费补成交数据？

首先，如果第一天开播了一个半小时都没有成交，不要让主播继续播了，不要播到第 3 个小时、第 4 个小时，播到有成交为止。因为即便播到后面成交了几单，但这时，直播间的进人速度已经很低了，该数据会直接影响下一场开播前10 分钟的推流，下一场开播的初始流量会非常低，而且，这几单的成交并不足以支撑打上深层标签，所以不要等到流速很低的时候再下播。

其次，不要用付费去补单，大部分的类目尽量前三场不要做付费。所以，只能拿另外的账号做成交数据，但需要去做有效的补单，千万不要盲目补单，否则容易被判定为违规。

2）浅层标签，关注、灯牌、互动、停留这 4 个数据是要做的，如果不做，直播间的流速会越来越低。但需要知道这 4 个数据哪一个最重要，会直接影响账号能不能起号的效率？是停留时长。只有一种情况，可以在前期不做停留时长也没有关系，那就是直播间的成交转化率第一场能够达到 5%，并且第二场、第三场是递增的状态。则前期不去做停留也没有关系，但如果成交转化率达不到 5%，且在没有数据递增的情况下，则必须去做停留时长。

3）基础标签非常重要。其实这个操作非常简单，但很多人都没有做，容易把这个给忽略了。第一个是直播间的封面，因为封面也是带有一些流量的，可以参考同行目前直播间卖的爆品图，然后做自己直播间的封面。第二个是关键词，包括直播间的标题、话题以及产品链接的主标题和副标题，都非常重要，因为这些关键词会告诉系统算法，你是卖什么产品的，然后告诉平台给你推荐什么样的流量什么样标签的人群进到你的直播间里来。

（2）第一天必须做的第二件事情是打开直播间的推荐流量。不管是纯付费的直播间、轻付费的直播间、短视频的直播间，还是纯自然流的直播间，都要把推荐流量打开，因为平台有很多个流量入口，排在第一位的是直播推荐。

需要注意几点：

第一，下播前千万不要通过发红包、发福袋的方法，再拉一拉直播间的流量，那样会导致你直播间的其他流量占比非常高，而其他流量占比的转化率会非常低，一旦其他流量占比超过 10%，就会压制你的自然流，甚至导致直播推荐打不开。

第二，关注流量占比较高，也许不是一件好事。因为老粉进到你的直播间后，给你做灯牌，给你做转粉，给你做成交的概率，远远不如第一次点进你直播间的新粉，并且在开播第二天是需要做新增流量的，老粉不属于新增流量，所以，关注流量占比高未必是一件好事情。当直播间老粉占比高的时候，有两个解决方法，第一个方法是去做直播间的爆品，通过爆品拉新，第二个方法是通过付费拉新。[137]

第三，如何给自己的直播间做有效补单？这需要与你相关联的账号，至少提前两天去关注至少 10 个同行的直播间和账号，关注完后，搜索你短视频里面的关键词，去刷你的短视频，先不点关注。等到你开播的时候，让这些账号至少提前 5 分钟的时间刷直播间，那么在你开播后 10 分钟内，平台会把你的直播间推送给这些账号，这个时候再让这些账号点进直播间，先做互动，再点关注，再亮灯牌，再做互动，再下单。[138]

2. 第二天

第二天需要拿到两种流量：节点流量和新增流量，其中，节点流量比较简单，关键是新增流量。[139]

（1）在开播起号阶段，拿节点流量只需要做一件事情，而固定时间点开播。如果账号做起来后，当场观达到 C 层级以上时，则可以去换时间开播，但在前期一定要固定时间开播。

因为平台的大数据系统有一个记忆点，我们需要告诉平台在哪个时间节点，固定给到你直播间稳定增长的推流。一旦不固定时间，会发现开播前 10 分钟的推流曝光是递减的，而一旦开播前 10 分钟的曝光量和推流量在递减，则非常难起号了，所以有句话叫：开播开得好，直播没烦恼。

关于时间段的选择也非常重要，新手起号有两个时间段尽量不要去播，第一个是中午 12 点不要播，第二个是晚上 7 点不要播，除非你是做纯付费的直播间，否则不管哪一个类目，建议不要在这两个时间段播，因为这两个时间段整个大盘的流量都是下降的。

起号阶段可以参考 4 个时间段，第一个早上的 6：00~7：00，第二个上午的 10 点前后，第三个是下午 3 点前后，第四个是晚上 10 点前后，也可以根据自己的类目参考，如表 11-1 所示。

【137】　知识点：关注流量占比高是不是一件好事儿？

【138】　知识点：如何去做有效补单？

【139】　知识点：什么是节点流量和新增流量？

表 11-1　起号阶段开播时间参考

类目	开播时间参考
母婴、童装、知识付费、三农	早上 6：00~8：00
农业、水果、本地团购	上午 11：00 以后
茶叶酒水、宠物用品、百货、护肤品、干果	下午 2：00 以后
男装、女装	下午 4：00 以后
潮流女装、珠宝	晚上 9：00 以后
零食、素食	晚上 11：00 以后

如果是老号重启，可以适当地拉一下时长，最好能够播满 1.5 个小时，因为老号重启的时候，推流会来得比新号慢，一般在开播的 20 分钟后或半个小时前后，平台才会推荐比较大的流量。同时，如果你单小时的场观低于 200，则可能已经是废号了。

（2）拿新增流量。这非常关键，因为新增流量会直接影响第三天的推流能够达到多少。

新增流量指第一次刷到你直播间的人，他们有没有给你做数据，这些数据指标包括新增流量的成交单量、千次观看成交金额、转化率、转粉率等。

在单量方面，假设第一天做了 5 单，则第二天成交单量至少做到 8 单，至少保证 1.5 倍的率值增长；转化率参考值要做到 5%，千次观看成交金额的参考值在 600 元左右，转粉率至少 4%，灯牌至少 1.5%，互动至少 5%，停留时长 40 秒到 1 分钟，如表 11-2 所示。

表 11-2　起号阶段数据指标及参考值

数据指标	参考值
单量	第一天的 1.5 倍
转化率	≥5%
千次成交金额	600 元
转粉率	≥4%
灯牌	≥1.5%
互动率	≥5%
停留时长	40~60 秒

这里很多人会遇到一个问题，就是前三场要不要挂购物车？各种说法都有，我们的建议是，但凡要带货，第一场就应该挂车，否则，即便数据做上去了，也会导致账号标签不精准，后面还要洗流量，还要花更多的时间和金钱。另外，千万不要找其他人的鱼塘，那样也容易导致账号出现问题。

3. 第三天

第三天需要做一个非常关键的动作，就是激活自己直播间的流量。

播到第三天，你可能会发现，直播间的人不与你互动，不去下单，也不跟着你做停留、做灯牌，因为你没有激活流量。

不同的在线人数，激活的方式完全不一样，如果直播间是小于60人在线的，需要做点对点的方式激活；60~260人，需要做点对点加点对面的方式激活；如果直播间是大于260人在线的话，需要做点对面的激活。

4. 第四天至第五天

第四天和第五天的主要目标是稳流量，需要做的关键动作是通过短视频提升直播间的流量。

开播前半小时，发一条福利型预热短视频，告诉用户半个小时之后，直播间开播会有什么样的福利，然后开播中每隔15分钟或30分钟，发一条切片短视频，以此稳定流量。

因为每一条至少也有300~500的基础播放量，而且能够通过短视频点击进入到直播间，都是非常精准的流量，甚至比随心推、千川投的流量还要精准，所以，这些流量能够帮助做成交数据。

同时，针对播放量最好的那条短视频，去投对标达人涨粉，第四天投100元，第五天投200元，去把同行的流量、同行的粉丝转化成自己的粉丝。

5. 第六天

第六天是起号阶段的生死局。如果按照前5天的操作步骤做，第六天直播间会来一波极速流。称为"生死局"的原因在于，当直播间极速流来的时候，很多人会慌。

第一，没有见过这么大的流量，不知道怎么接大流量，不知道通过什么样的产品、什么样的话术接大流量，所以节奏就会乱，而节奏一乱，流量会直接下降。

第二，当有极速流时，这个流量是比较泛的，直播间里面如果有人带节奏，主播就更慌了，慌了之后就做不了数据，而做不了数据之后，流量直接滑到底，若后半场流量再拉不起来，导致明天的推流递减。

所以，第六天，也就是极速流来的时候，才是对主播、对运营、对整个直播团队和前期直播准备真正考验的时候，有一个非常关键的问题，即面对推流高峰时，要不要放单?[140]

这时，你需要看一下直播间的商品情况，如果这个时候上的是福利品，则肯定要去做放单，但放完单要紧跟上 4 个动作，不然会直接掉量，后面很难再拉流量。先留余量，紧跟互动，再跟拉新，最后铺垫切款，这 4 个动作是一环连一环，串在一起的，一个都不能少。

一般来说，福利品的价格差不多是正价品价格的 30%左右，如果是正价品的直播间，或者中高客单价的直播间，可以选择性地放单，做试探性的询价动作，然后根据评论区的需求量决定要不要去放单。

当承接完极速流以后，还有两个关键动作，一是场中要做成交密度，以保证持续的推流，如果成交密度做得不好，流量会直接下降；二是下播前，需要把流速拉上去。如何拉流速，比如：可以靠爆品拉流速；没有爆品的直播间，可以靠福利品拉流速；既没有爆品也没有福利爆品的直播间，只能靠微憋单去拉流速了。

6. 第七天

到了第七天，需要去做破量的动作，就是通过轻付费去破直播间的流量层级。

不管是做哪类付费，有三个前提：[141]

第一个前提是对大部分类目来说，当场观达到 C 层级以上，再做付费。如果是做纯付费的类目，或者直播间基本上没有自然流的，那开播第一场就要做轻付费，第一场不做，第二场或第三场也必须做。

第二个前提是当你的人、货、场完成优化后，再做轻付费，否则要么付费会花也花不出去，要么买来的付费流量会越来越贵，投产比很低。

第三个前提是保证你的产品品质和服务交付没有问题，如店铺的体验分、口碑分，客服的三分钟回复率等，要知道，后端强则流量稳，后端不强、不稳定，流量一定会掉。

强调一点，如果你的直播间出现多次违规的话，那肯定是不行的，建议至少停播 24 小时，一般来说停播 3 天左右，然后再开播。

【140】 知识点：极速流来了要不要放单?
【141】 知识点：可以去做付费的前提是什么?

闭环：视频号 5 个起号步骤

视频号是个全民的分享平台，每个人在视频号端口都有平等的发展空间，只要你有微信，你就能做直播，即便是从来没有做过视频号的，只要想尝试的，那么这个平台对你来讲将是一个比较友好的平台。

截至 2023 年，视频号的月活突破了 8 亿，用户使用时间已经达到了朋友圈的 80%，人群的消费能力在 200 元左右，这是一个非常利好的数据，它意味着如果今天你的产品定价是 200 元以下的，你就有机会吃一波自然流量。

同时，视频号用户的黏性更强，更愿意去复购，并且退货率低。当然部分原因是退货入口有点难找，从门槛上隔断了一部分退货用户。

从视频号的起号方式来看，主要有 5 种形式（见表 11-3）。[142]

表 11-3　视频号起号的模式

起号模式	适合类型
IP 起号	有技能的、有特长的
私域起号	有资源、有渠道、有私域
爆款起号	一手资源、低客单价
投放起号	高利润、多品类
达播起号	高利润、高客单价

（1）IP 起号：通过发布高质量视频打造 IP，积累高质量用户，通过短视频引流用户进入直播间成交。

（2）私域起号：将现有私域用户导入视频号，作为流量启动池，通过私域宣传直播利益点，在直播中通过口播引导添加企业微信，公域导流私域。

（3）爆款起号：通过日播拉升直播时长，提高用户转化，定时开播，培养用户习惯，精选爆款商品承接流量，撬动平台更多公域流量。

（4）投放起号：根据用户目标画像，智能或定向投流获取新客，通过成交

[142]　知识点：视频号起号有哪几种方式？

密度，提升流量层级，通过货盘组合提升销量。

（5）达播起号：根据目标消费群体特征，精准选择带货达人，通过短视频进行宣发引流，根据达人粉丝画像、往期直播数据、客单价等重组货盘，主打爆款，快速转化流量。

在视频号上直播起号，它依然遵循了直播的底层逻辑，如赛马机制、成交模型等，相比其他平台而言，视频号属于慢热型，如果把抖音比喻成短跑竞技，那么视频号就相当于马拉松比赛，所以在一些规则上会有所不同，特别是基于整个微信生态，视频号在公私域联动上有着明显的优势。

下面，介绍一下视频号起号的 5 个步骤（见表 11-4），以供参考。

表 11-4 视频号起号的 5 个步骤

第一步	①初期准备
	②发 3~5 条垂直领域视频作品
	③叠加预约
第二步	①开播测试，2 小时 200 场观
	②拉流量
第三步	数据维稳，人均观看时长和 3 秒划出率
第四步	①做成交，成交转化率>1%
	②排品组货
第五步	①短视频加持
	②投流加持
	③公私域联动

第一步：做好初期准备。

去发 3~5 条的垂直视频作品，每条作品的时长在 14 秒以上。[143]

为什么要在 14 秒以上？

因为，所发的视频是要起到引流作用的，而大盘用户发生点击这个行为通常在第 14 秒左右，所以引流短视频要保证一定的时长，时长太短，会影响转化效果，时长太长，则需要考虑完播率的情况。

同时，确定好开播时间，并在短视频上挂上直播预约。预约是能够干涉平台的流量分配的。一般来说，在正式开播之前，如果能把预约量堆到 40 个人，只

---

[143] 知识点：视频号作品的最短时长要多少秒？

要人、货、场别太差，第一场直播在线能够稳在 20 人左右。当然，还可以通过主页放置一个预约键以及直播间弹窗的方式，进一步拉动流量。

第二步：进行开播测试。

通过开播两个小时，测一测两个小时的场观有没有达到 200，如果两个小时场观到了 200，说明账号流量是正常的，因为视频号本身流量比较慢。如果两个小时直播下来连 200 场观都没有的话，那大概率是遇到了隐性违规的问题，比如，营业执照过期了，或者你的产品需要报白。[144]

如果账号正常，接下来的关键动作是拉流量、做数据。

很多人为什么想要做视频号，核心原因在于视频号中，只要能把转发数据做出了，相当于可以无视平台算法。

在抖音，转发是链接，你需要先复制，然后关闭抖音，打开微信再粘贴发送；接收端需要先复制，关闭微信，打开抖音，再粘贴才能到这个直播间里来，所以抖音对于转发的权重是很低的，因为转发就意味着用户要离开抖音这个平台，到微信里去了，所以它不鼓励你转发。

但是，视频号是鼓励转发的，在视频号的转发界面会直接生成一个曝光图，你的转发还是在微信这个生态里，所以，这是视频号跟抖音不一样的点。

因此，在视频号你可以单靠转发把你的流量拉起来。

第三步：数据的维稳。

视频号前三天会考核两个数据，一定要做出来，第一个是人均观看时长，第二个是 3 秒划出率。

视频号的人均观看时长要比抖音的高，但两者的侧重点不同，视频号要考核的是有效观看占比，比如，在一个直播间里面，停留 30 秒的人占多少，停留 60 秒的人占多少，停留 180 秒的人占多少，它是个饼状图。基于这个逻辑，我们思考一个问题，即你找一些亲朋好友来长时间蹲在你直播间，对拉流量有没有帮助？

如果是起号阶段，可能是有一些帮助的，因为按照平台算法，单项数据打爆就有流量，但最终会没有什么效果。

举个简单的例子，如果你是用鱼塘来拉流量的，数据做得挺好，平台认为你有能力承接，然后给你推了一大波流量，但你本身是没有办法承接住大流量的，那么平台给你的真人流量就接不住，反而会把有效观看占比做小，结果导致直播

---

[144]　知识点：视频号开播测试的场观要达到多少人？

间综合数据被稀释掉了，反而流量会一场比一场差。

第二个指标是 3 秒划出率，在抖音是 2 秒划出率，虽然有差别，但评判的内涵是一致的，就是考察用户对你的直播间感不感兴趣。我们说过，用户最快划出的时间是 0.8 秒，这主要是在于你的直播场景，而 3 秒划出，不仅考验你的直播场景，还包括主播形象和产品画面的展示效果。

因此，直播间一定要做到卖点可视化，要有一定量的"视觉锤"增强用户停留，减少 3 秒划出率。

第四步：成交。

关键动作是至少做到 1% 的观看成交转化率。这项数据在起号阶段的合格线是 1%，你需要远超同行，才有机会撬动更多流量。

我们知道，抖音提出的是"五维四率"，视频号这里强调的是"六维五率"（见图 11-1），两者之间大同小异，只是多了一个创建订单的维度。

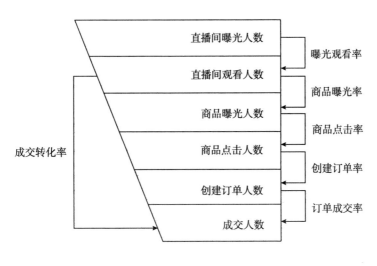

图 11-1　"六维五率"结构

这个有点类似于电商平台的加购行为，实质上是细化一下用户行为的颗粒度。

也就是说，用户点击商品以后，可能感兴趣但又不急于购买，所以一些用户就会把商品先放进购物车，在此之后，用户可能会购买，也可能没有进一步的转化，除非像"618""双 11"这样的活动，用户把大量商品加入购物车的原因，准备在活动开始后进行抢购和集中支付。

所以，这个订单成交率考察的是那些下单但未支付的情况，商家可以根据这个数据进行相应的动作，比如，定向发送优惠券、抵用券等，或者客服及时跟进，做进一步的咨询解答等；也可以结合 5A 人群进行分析。总体目标就是促进支付，落袋为安。

具体每项指标，可以结合表 11-5 进行参考。

表 11-5 "六维五率"指标的参考值

数据指标	参考值（%）
曝光观看率	15~30
商品曝光率	30~40
商品点击率	15~20
创建订单率	10~15
订单成交率	90
成交转化率	3~5

这些数值在实际中，因为类目不同会有所差异，如曝光观看率，店铺一般在20%左右，知识付费赛道在 15%左右，达人直播在 30%左右。[145]

第五步：短视频加持、投流加持以及公私域的联动。

短视频和付费投流，我们在前文中具体阐述过，这里并没有什么特别要说明的。但公私域联动是一个非常关键的动作，也是视频号特有的优势之一，如表11-6 所示，是公域和私域相互导流的一些方法。

表 11-6 公私域互导的方法

公域到私域	私域到公域
订单粉导私域	个微状态栏跳转
公众号导私域	微信名片跳转
视频导私域	预约通知
企微弹窗	社群通知跳转
主页客服导私域	朋友圈海报跳转

[145] 知识点：视频号的曝光观看率在多少算合格？

不管是达人起号还是直播起号，不管是做人设、做品牌还是做旗舰店，最终的目的都是为了赚钱，因此，除公域端口外，还要学会在私域端口的赚钱方法，通常可以获得10%～30%的增量。

第一件事，是需要统一好公域和私域的人设，告诉用户你是个什么样的IP，以及你要做什么样的类目。这就是定调，就是市场细分，然后保持这个调性来搭建你的整体名片和短视频的方向。在这个过程中，品牌跟人设是不冲突的，要么品牌是你人设的加分项，要么人设是你品牌的加分项，两者是可以堆叠起来的。

第二件事，加了用户微信才是视频号引爆流量的黄金标准，也是视频号端口起号的核心步骤。无论企微还是个微，它是能够帮我们联通所有短视频流量、直播流量的一个关键。任何渠道的人，你可以全部拉来视频号端口，为你的短视频赋能，为你的直播间赋能，这是平台允许，并且能够为你带来反哺的新流量。

第三件事，私域用户的破冰和维护。我们先要思考一个问题：为什么做私信成交时，用户不理你？第一种情况是很多人有了第一波粉丝以后，很容易犯的一个误区是马上开始卖货，急于给用户发送商品信息；第二种情况是重复邀约，频繁发送信息；第三种情况是发大段的说明，向用户做自我介绍、自我推荐；第四种情况是用机器人回复，所答非所问，这4种误区很容易引起用户反感，要尽可能避免。

那么，该如何在私域激活新粉丝的成交？

第一种方法，提问式开场，你得先抛问题，用户才会回答你，高级的销售都是以钩子开头，主动提出问题，然后在互动中给出解决方案。比如，"您这几天是不是有改变，瘦了几斤？""我看您这方面好懂，可以邀请你做个有奖调研吗？"

第二种方法，对话式沟通，要像和熟悉的朋友微信对话一样，打招呼、写短句、多轮次，要有真人的温度。比如，"宝，货收到了没？""好的，我现在给你查一下物流""查到了，快递小哥今天会送货上门哈""到时候您收到了，第一时间联系我，我告诉您怎么使用"。

第三种方法，渐进式触达，给用户传递有价值的内容，循序渐进软植入商品信息。比如，"每周一测，最近您皮肤是否出现以下状况：长痘痘；肤色暗黄；油脂分泌过多，回复对应的数字即可得到解答""很多人不习惯刷朋友圈，怕您错过，特地发消息来：补水面膜本月最后3天"。

技巧：爆量之后的 3 个动作

"未来假设你有一条视频上了热门，这条短视频爆了以后带货能卖 50 万元，那我教你两个办法，只要在你热门的时候用，能让你在 50 万元的基础上再多卖 100 万元，想不想知道？"

上面这一段话，在话术上叫什么？

这个就叫钩子，在直播中，主播通过使用钩子话术让用户留在直播间，从而提高直播间的人气和流量；在视频制作中，通过钩子话术吸引用户的注意力，让用户更愿意观看和分享。[146]

为什么需要放置钩子？因为想拉更多人的停留，想做好直播间里的数据。只要用户多停留一会儿，那同级赛马的排名可能就靠前，就有可能获得更多的流量。

那么，对于一个新账号，应该先做流量还是先做爆品？

许多人都认为，平台是一个内容拍得好，或者直播间有节目，来的人会越来越多；人只要越来越多，流量就会越来越精准，就会卖得越来越多。

其实，不是这样的。

我们思考一个问题，平台为什么给你流量少，给别人流量多，给别人流量多的原因是什么？

因为我们做商业流量池，商业流量池主要是千次观看成交，也就是常说的流量利用效率。通俗点讲，如果平台给你推了 1000 个流量，你卖了 1000 元钱，给别人也推了 1000 个流量，别人卖了 2000 元钱，那谁给平台贡献得更多呢？

一定是 GPM 值为 2000 的那个人，所以，平台其实是通过衡量每个直播间或者短视频的 GPM，也就是衡量你的流量利用效率，从而决定是否给你推流量。

如果你的 GPM 低，你同行的 GPM 高，那么平台会给同行加流量，给你降流量，这就是流量的推送机制，一般 GPM 应该做到正价品单价的 10 倍左右。

那么，如何提高 GPM 值呢？

爆品，一旦有爆品，一个直播间或者一个短视频里只要有爆品，它的 GPM 值势必会高。

---

[146] 知识点：话术中的钩子是什么意思？

因此可以看出，平台为什么给直播间流量，其实是因为它识别到了哪个直播间的产品是爆品，就给那个直播间流量；哪个短视频挂了爆品，就给那个短视频流量，这就是人们常说的爆品撬动流量，而不是先有流量再把产品卖掉。

我们一定要明白这个逻辑，从来不是先把直播间流量做好了后，产品就能卖爆，没有这样的事儿，一定是现有的爆品撬动流量，平台识别到你有爆品，从而才会给你更多流量。爆品决定流量，任何的花拳绣腿，在绝对的爆品面前不值一提，爆品撬动的不只是流量，更是精准流量，所以电商的本质就是货，弄明白产品，流量自然来。

那么，一条挂车短视频为什么能爆呢？

一定也是因为挂车的产品是爆品，如果有一天你的挂车短视频上热门了，一定是因为这个产品爆了，被平台识别到它是爆品，从而给这条短视频灌更多流量。

同时，我们要认识到，任何短视频是有生命周期的，流量一定会衰减，也就是说一条爆火的短视频播放量到 500 万次或者 1000 万次可能就上不去了。

但要切记这个产品，它还是爆品，此时围绕这个爆品再去拍不同的短视频，一旦被系统识别到是爆品，那么大概率会带着新的短视频再爆一次。

举个例子，假设一条短视频，卖一个商品第一天卖了 30 万元，第二天卖了 20 万元，第三天卖了 10 万元，然后第四天卖了 5 万元，它一定是衰减的，但这个产品它是爆品，拿着这个短视频和爆品，再去拍不同的短视频，即便新的短视频没那么爆，但还是有可能先卖个 20 万元，再卖 10 万元，这个技巧动作就叫作"榨干爆品的价值"。

下面说第二个技巧动作。

当这个爆品价值被榨干了，也就是说这个爆品过去了，那我们是不是只能再等下一个爆品？

请记住，任何一个账号，它都有自然流量的周期，也就是说，如果你的账号在短时间内有一条爆款的短视频或者有一个爆款的直播间，这时账号热度比较高，你的流量层级比较高，此时，如果你再拍不同的短视频，它的流量大概率不会太差，千万别浪费掉。

短视频一旦爆了，除爆品因素之外，还有第二个原因，即这条短视频的数据特别好，完播率高。

所以，爆款的短视频完播率一定是高的，那既然这条短视频的完播率高，再加上最近账号的流量层级也高，我们可以把之前这条视频的结构给剥下来，1：1 地去复制，然后换一个新品。

就是把这个流量的周期给利用起来，称之为"榨干流量的周期"，这是第二个技巧动作。

用这两个办法，我们就能进一步地延长爆款周期，做出新的销售增量。

第三个技巧动作是但凡一条视频爆了，切记一件事，千万别下播。

任何一场直播也好，或是一个短视频，只要爆量了，就能持续地获得流量推送，在同级赛马中，但凡短时间内获得了高流量，你的排名一定是靠前的，这时候你只要不下播，你的排名就一直在那儿，就一直能获得流量推送，而你一旦下播了，那所有东西就相当于清零了，又得重新比试，除非你每一次都能靠前，否则就别下播。

平衡：投流计划的核心要点

要学会如何测算 ROI，ROI 也叫投产比。[147]

第一种方法，根据毛利率推算，如商品的毛利率是 50%，用 1 除以毛利率，得出投产比 1：2，但电商有很多边际成本，比如 3%~5% 的平台服务费、税费、快递费、运费险等，所以，这时的保本投产比要做到 1：2.5 以上，才有更多的付费投流空间。

可以看出，具体的投产比与毛利率直接相关，如果商品毛利润是 20%，那预估保本投产比至少要做到 1：6 以上。

第二种方法，是在商品定价的时候就把一些费用考虑进去，如退货率，如果商品的毛利率为 40%，那么保本投产比在 1：3 左右，就是说你投流 100 元，产出 300 元，毛利 120 元，扣除掉投流费用和其他杂费，刚好盈亏平衡，但这时发生了退货，退货率 20%，那么退货后的毛利就变成了 96 元，就会出现亏损，所以你的保本投产比还要再提高才行，或者把预估的退货费用结合到商品定价中，重新测算毛利率和 ROI。

根据毛利率的情况，要有区别地选择付费投流工具和方法（见表 11-7），比如，毛利率在 20%，那就不适合投放千川，因为投产基本打不正的。[148]

---

[147]　知识点：如何测算投产比 ROI？
[148]　知识点：如何根据毛利率情况来选择投流方法？

表 11-7　按毛利率选择投放方式的方法

毛利率（%）	工具	方法
10~25	随心推	小额多笔叠投
25~40	随心推+千川	结合预算投放
40 以上	千川	多计划测试

（1）毛利率在 10%~25%，适合通过随心推进行小额多笔叠投，预算 300~500 元，搭建 3 条计划。

第 1 条计划：100 元预算，转化目标上新账号投成交，老账号投支付 ROI，以 500 订单量为基数，500 以下为新账号，500 单以上为老账号。然后选择投直播间画面，目的是测试主播的承接能力。在定向上，如果有价格优势，选择对标达人；没有价格优势，选择自定义或智能推荐。投放时长为 0.5 小时。

第 2 条计划：依然是 100 预算，投成交，直播间画面，自定义年龄性别，在投放时长上为 1 小时。

第 3 条计划：与前两条计划间隔 10 分钟，投放时长为 1.5 小时，其他内容相同。

如果这三条计划投放情况好的话，可以进行追加叠投，如果投放情况不好，在消耗 50% 的情况下可以停止投放。

（2）当毛利率在 40% 以上，通过千川投放，预算 3000~5000 元，搭建 6 条计划。

在投放之前，需要准备好两个前提条件：一是准备 8~15 条引流短视频素材，可以参考一下同行做的优质内容。二是保证直播时长不少于 3 小时，因为千川计划有一个冷启动期，需要探索人群，如果播了 1 个小时就下播了，计划还没起量，那就很难测出计划来。

第一天投放准备 1500~2000 元预算，先把钱给花出去，因为 80% 以上的商家在第一天都比较难跑量，非常焦虑的一个点是计划跑不出去，计划消耗不动，所以要有这个心理准备，因为新账户前期没有人群模型，系统不知道给你推送什么样的人群，它是需要探索的，需要消耗的，在消耗过程中，它会慢慢地给你推送更加精准的人群，若你的计划有了足够多的转化数据，系统就知道你推什么样的人了，所以第一天投产打不正很正常。[149]

【149】　知识点：为什么投流计划第一天经常跑不出去？

如果计划跑不动，可从几个方面找原因和调整：

（1）提高出价。出价有三种方式，第一种是按照利润出价，比如 100 元的产品，毛利 40%，那就按照 40 元来出价。第二种是高开低走，高开是指高出价，即产品售价的 60%~70%，低走是指低预算，控制总的投放成本。这种方式的目的是让计划先动起来，当计划动起来以后，再做压价动作。第三种是放量测试，如果按照售价 70% 的出价，计划还跑不动，则需要放量测试转化成本，然后以转化成本作为手动出价的依据。

（2）如果提高出价，计划还跑不动，那要看一下覆盖人群是否过窄，保证定向人群至少 3000 万~5000 万以上。

（3）如果出价和人群都没问题，那就看一下短视频素材，是不是素材质量有问题。

（4）如果出价、人群、素材都没问题，那就看一下体验分，5 分制的时候，店铺体验分不能低于 4.6 分，低于 4.6 分会被限流，百分制的话，店铺体验分不能低于 81 分，低于 81 分也会被限流的。

（5）如果上述这些动作都做了，计划还跑不出去，则需要放量固定时长 2.5 小时跑素材进行打品了。

我们要知道，放量固定时长的计划跑出去，投产比基本上是很低的，特别是新账号阶段，这是非常痛苦的一个点，但它可以解决消耗的问题。也就是说，应通过放量消耗带动控成本计划，当控成本计划起来后，再把放量计划给删掉。

接下来，我们说一下要搭建哪几种计划，如表 11-8 所示。

表 11-8　投放计划的类型

计划 1	放量—测素材计划。
计划 2	自定义—成交—出价 A
计划 3	自定义—成交—出价 B
计划 4	自定义—成交—出价 C
计划 5	托管—出价
计划 6	放量—固定时长

思考一下，这 6 条计划同时跑，哪条计划最先消耗掉？

一定是放量计划，因为放量是以优先跑量为主，但它的投产比可能只有 1：0.8，其他控成本计划可能是 1∶1.5、1∶1.8 之类的，接下来第二天需要做优化动作。

在投放计划中，分为主力计划、潜力计划、主消耗计划、高投产计划、炮灰计划等，一定是有跑得好的，有跑得差的、跑不动的，所以，第二天我们要对计划进行调整。

首先，关闭那些跑不动的计划。

其次，如果放量计划是主消耗计划，因为它的投产比较低，也可以关闭。

最后，留下来的是高投产计划和潜力计划，因为潜力计划是能够跑出去的计划，所以可提高点出价。

对于高投产计划，可以做压价动作，但要注意，很多人一压价就把计划压死了，那是因为你的压价远远低于了你的转化成本，所以要进行阶梯式的压价，一般第一次压价是在原来出价的基础上减少 4%~5%，比如原来出价是 70 元，那就可以压价到 67 元左右。[150]

如果 67 元的出价还高，那就可以进行二次压价，这时通常会复制一条新计划出来。

接下来，我们再从另外一个视角，看一看投流计划跑量的底层逻辑是什么，先认识一个公式，ECPM 是预估千次展示费用，简称"千展"。[151]

ECPM = 出价×预估点击进入率×预估转化率×1000

其中，预估转化率受人货场的影响，预估进入率受直播间画面和素材的影响。

比如，有人说，该如何承接付费流，我的计划怎么跑不动，想花钱都花不出去；还有的说，别人花 10 元就能买到流量，我得花 100 元，为什么我的转化成本那么高，等等，这些问题都与 ECPM 相关，因为它决定了你的竞价排名。

下面，我们深刻地感受一下这个公式对直播间具有哪些直接性的影响。

如表 11-9 所示，通过测算，我们可以知道这两个直播间的 ECPM 值，A 直播间 ECPM 为 400，B 直播间 ECPM 为 120，按照平台推流逻辑，虽然 A 的出价少，但整体 ECPM 是高的，一定会优先把流量给到 A 直播间。也就是说，并非你的出价越高，你的流量就一定越多。

【150】　知识点：投流计划第一次压价多少比较合适？
【151】　知识点：什么是 ECPM？

表 11-9　预估千次展示费用的计算示例 1

直播间	出价（元）	预估点击进入率（%）	预估转化率（%）
A	50	10	8
B	120	10	1

换一个角度，我们使用公式：ROI＝成交金额/ECPM，也可以看出，虽然 B 直播间的出价高，但投产比仍低于 A 直播间，如表 11-10 所示。

表 11-10　预估千次展示费用的计算示例 2

直播间	售价（元）	ECPM	曝光（次）	预估点击进入率（%）	预估转化率（%）	成交金额（元）	ROI
A	100	400	1000	10	8	800	2
B	100	120	1000	10	1	100	0.83

那么我们该如何优化？

B 直播间的主要问题出现在转化率上，它的转化率特别低，如果这时我们优化千川计划是没有用的，应该优化人、货、场。也就是说，只有你的人、货、场可以了，才能正式去投流，如果在人、货、场没有优化好的前提下而直接去投流，基本上都是亏钱的状态。

对于 A 直播间来说，也是有优化空间的，这时可以降低出价，比如从 50 元降到 45 元，此时新的 ECPM 值为 360，ROI 为 1∶2.22。

投流的本质是竞价排名，你的直播间预估千展费用排名越高，你能获得越多流量，ECPM 的作用是衡量付费投流与直播间承接能力是否相匹配，因为流量花钱，你买了这些流量又接不住，造成了流量浪费。如果说免费流量越多越好，那没毛病，但如果说付费流量越多越好，这句话就有大问题的，前提是你得承受得住。

下面，讲一下关于千川投放的要点：

（1）通过巨量千川，无论是做短视频带货，是做商品卡，还是做直播间，或是巨量广告做小风车、小雪花，投放逻辑思路都是一样的，只是按键的区别。如投放目标，包括要投放多少时间，投放的预算和出价以及要投谁，投放方式包括莱卡行为兴趣、相似达人、人群包等，操作页面都是一样的。

（2）直播间里面有三个选项，日常销售、新客转化、直播加热，其中，日常销售是针对日常销售卖货和起号的，比较常选；新客转化相当于从 O 类人群直接转到 A4 人群；直播加热是从 O 类人群转到 A2 人群，主要是提升直播间观看量和互动量。

（3）广告分为通投广告和搜索广告两类，通投是系统智能推荐、托管的意思，一般选择自定义。

（4）投放方式分为两类：一类是控成本投放，直白讲就是稳；另一类是放量投放，直白讲就是快。[152] 控成本投放是以你实际转换的设置目标为第一评判标准的投放方式，放量投放是以消耗金额作为第一指标的投放方式，这就是两者之间的区别。放量消耗的速度很快，计划很有可能跑飞，即把钱花出去了，却没有什么实际的产出效果（见图 11-2），这时要设定好预算，如预算 500 元，即使跑飞了，也就损失 500 元，当然这并不是绝对的，也经常会出现选了放量投放，实际投出来的效果比控成本投放要好得多，这就是跑赚了，那就可以继续跑。

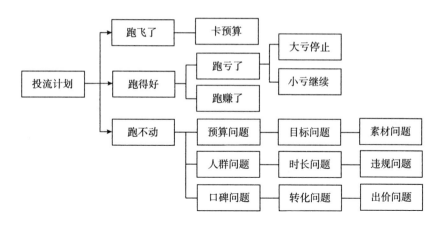

图 11-2　投流计划的运行情况

（5）转化目标上有下单、成交、支付 ROI，一般不选下单，选择成交，因为下单不代表成交，可能没支付，如果直播间已经有了模型和标签，可以选支付 ROI。

（6）莱卡就是英文 like 的音译词，也叫行为兴趣定向，要点是大行为、小兴趣来圈选人群，人群覆盖至少 5000 万。[153]

【152】　知识点：付费投流是要选择稳还是选择快？
【153】　知识点：人群定向投放至少要覆盖多少人？

（7）达人定向中，一是看对标达人的用户群体和你的目标用户是否一致，二是看你的产品、价格、场景、主播、话术等综合转化能力是不是比对标账号强。

（8）标准推广和全域推广的区别在于，标准推广只能帮你优化付费流，不管自然流，而全域推广会同时帮你辅助优化自然流。

（9）全域推广的智能优选视频是对账号主页的短视频进行投放，如果你觉得你主页的短视频内容偏种草属性，可以引流的，那就可以选；如果是品牌直播间，主页短视频偏软广属性的，那就不要选。如果主页账号的短视频中有部分是可以作为引流短视频的，则可以选择手动排除。

（10）如果投付费久了，直播间没有自然流量了，可以换一个人群探索的方向，如之前一直用的是通投，则把通投方式取消掉，可以建莱卡、选人群包、达人定向，只要跟之前的计划发生明显区别就好。

另外，再说一个问题，就是你需不需做付费，或者说付费流压制自然流怎么办？这个事情你一定要想得通透一些，我们可以从正反两个角度来看：

先从逆向思维看，做直播是为了赚钱。如果付费流就算真的影响了自然流，但付费流能让你稳定赚钱，你到底付不付费？重点不在于付不付费，也不在于压制不压制，而是在于通过付费能不能赚到钱，如果这个付费能让你赚到钱，你管它压不压自然流，如果这个付费让你赚不到钱，不压自然流你也不能要它，是不是这个道理。所以，核心点是你能不能打得出来让你赚钱的付费流。

再从正向思维看，其实不存在完整意义上的付费流压制自然流，付费流对应的是人群，自然流对应的也是人群，两者之间具有重叠属性，因为一个产品的受众人群可能也就几千万，不管是付费流还是自然流，中间都是有重叠的，所以，我们的目的是要尽快覆盖这几千万人就可以了，这是付费流的本质。

还有一种情况，一开播就直接投付费，付费流和极速流同时进场，因为极速流得做浅层数据才能接，付费流得做成交数据才能接得住，所以两者发生矛盾，你做了成交数据就做不了浅层数据，极速流就往下掉，就会让你感到是付费流压制了自然流。

投放本身是一个每天需要常变常新的工作，懒人做不好投放的，或者说长期要不断地面对挑战和变化。计划是每天都要做调整的，因为任何计划都存在一个快速衰退的时间，付费投流只帮你找到对的人，找到满足你条件和要求的人，找到对你商品感兴趣的人，但这个人是否会购买你的产品，由你的人、货、场决定。

第三部分　工具

第十二章　运营篇

播前检查表

表 12-1　直播前检查

主播		场控		中控		直播时段	
目标 GMV		投放金额				投产比	
营销玩法							
主播、场控之间的配合							

序号	检查项目	序号	具体事项	预估时间	负责人
1	时间提示		开播前倒数计时 30 分钟、5 分钟、1 分钟、5 秒钟	1 分钟	
2	后台登录	1	直播伴侣登录	1 分钟	
		2	巨量百应达人工作台登录	1 分钟	
		3	产品表（应对直播间产品出现的各项问题）	1 分钟	
3	设备检查	1	灯（直播灯、背景灯）的位置、高度、方向是否正确？亮度是否适宜？	1 分钟	
		2	摄像头画面传输是否流畅，机位是否正确，画面是否清晰，是否歪斜？	1 分钟	
		3	检查直播推流电脑网络连接是否正常？	1 分钟	
		4	返送手机网络是否正常？手机是否连接电源？	1 分钟	
4	设备摄像头参数	1	是否竖屏推流？镜像是否正常？	3 分钟	
		2	比例：画面点击—变换—等比例缩放		
		3	选择格式：YUY2 1920×1080 30FPS		
		4	调整画质：数值调整保证质感高级、画面无色差		
		5	直播设置：分辨率 1280×720 视频码率 4000 帧率 30		
		6	高级设置：视频编码 265（硬编）编码档位：高　色彩空间：601 色彩范围：局部		

序号	检查项目	序号	具体事项	预估时间	负责人
5	商品检查	1	检查商品状态是否可展示（例如，衣服是否褶皱，包是否干净，锅具是否清洁，桌面是否整洁）？	1分钟	
		2	检查商品状态是否可展示（例如，衣服是否褶皱）？	3分钟	
		3	每款产品讲解需要的搭配或道具是否齐全（如搭配外套的打底，锅具煎蛋是否煎好）？	3分钟	
6	人员到位		主播服装或化妆是否满足直播（衣服、首饰、水杯等画面露出的部分无品牌以外的logo）？吃喝拉撒等生理问题是否解决？	3分钟	
7	后台设置	1	直播封面设置	1分钟	
		2	直播标题设置：标题文案编写，搜索符合本场直播主题的文案注意确保无违禁词，避免过度营销	5分钟以上	
		3	直播话题设置：搜索符合电商和产品的热点话题	1分钟	
		4	商品是否上架好？品序是否正确？直播参与人员是否清楚品序？	5分钟以上	
		5	副标题是否卖点清晰？是否违规？	1分钟	
		6	屏蔽词设置（思考品牌或主播是否有哪些可能造成负面影响的因素和关键词）	1分钟	
8	问题预案	1	直播运营、中控、主播是否敲定当日直播爆品和预爆品？	3分钟	
		2	各产品的信息、规格、优惠活动是否清楚？	3分钟	
		3	快递物流、发货时间、退换货细则等是否对答如流？	3分钟	
		4	上轮复盘问题回顾	5分钟以上	

直播上播表

表 12-2　直播上播表

福利品

序号	类目	图片	品名	商品编码	产品标题	库存	退款率	毛利率	直播价格	曝光—点击率	点击—成交率	曝光价值	唯一上播链接	链接副标题

主推品

序号	类目	图片	品名	商品编码	产品标题	库存	退款率	毛利率	直播价格	曝光—点击率	点击—成交率	曝光价值	唯一上播链接	链接副标题

挂链品

序号	类目	图片	品名	商品编码	产品标题	库存	退款率	毛利率	直播价格	曝光—点击率	点击—成交率	曝光价值	唯一上播链接	链接副标题

商品货盘表

表 12-3　商品货盘表

序号	类目	图片	品名	商品编码	产品标题	库存	退款率	毛利率	直播价格	ID/上播链接	备注	型号	规格明细

直播下播结案表

表 12-4　直播下播结案表

数据概览	账号		开播日期		开播时长		直播时间段	
	用户总数		付款总人数		付款订单数		销售额	

直播内容质量问题分析				

直播间吸引力指标		关联因素	问题记录	复盘结论
最高在线人数		流量精准度 选品吸引力 产品展现力 营销活动力 主播引导力		
平均停留时间				
新增粉丝数量				
新增粉丝团数				
关注转化率				
粉丝团关注率				
评论人数				
互动率				

直播销售效率分析				

销售效率指标		关联因素	问题记录	复盘结论
转化率		流量精准度 选品吸引力 产品展现力 营销活动力 主播引导力		
订单转化率				
客单价				
UV 价值				
GPM				
商品曝光率				
商品点击率				

主播状态复盘			

内容	时间	问题记录	复盘结论
引导关注			
产品卖点			
引导购买			
利益点讲解			
节奏把握			

续表

		脚本复盘	
内容	时间	问题记录	复盘结论
脚本遗漏点			
脚本节奏配合			
脚本问题位置			

直播活动大纲

表 12-5　直播活动大纲

全天目标/品牌费情况	GMV：　　收入：　品牌费：　　预估收入：　福袋+投放费用：
早场目标	GMV：　　收入：　预估 GMV：　　预估收入：
中场目标	
晚场目标	
专场情况	早：美妆　　中：服饰　　晚：酒水食品
投放预算 & 策略	商场推荐位：（早场）　　　公司自采：
福袋	
自采福袋	预算：　　　　　　　清单：
主播穿搭	男主播西装、女主播都可
短视频	
全天注意事项	
其他注意事项	
福利	库存 7500【引流】倩碧有油黄油 125ml 库存 5000【引流】凡士林 100ml×2 库存 1 万【引流】MAC 魅可子弹头口红 602　3g
物料名称	物料内容

产品名称	到手价	佣金	预估 GMV	预估收入	备注

直播带货脚本

表 12-6　直播带货脚本

直播时间	**月**日
直播地点	公司总部
直播主题	七夕福利专场
运营	①负责确认产品的上架（开播讲解后提示产品上架程度和库存，下单成功看订单数据，随时报所剩库存） ②开播测试 ③直播间标题及封面编辑 ④直播背景音乐 ⑤设福袋 ⑥现场配合烘托气氛
场控	①不出镜，提高直播氛围，引导加关注、刷屏、控制评论 ②利用相关话术（单环节、讲解环节、费用相关），配合主播节奏（背景展示+评论互动） ③及时上下架+营造氛围（与主播交流+音乐），配合主播做场景置换+互动（库存多一点） ④互动评论+在线人数，关于核心产品问题归类，黑粉关键词设置隐藏拉黑或者刷屏，评论维护、黑粉的应对方案提醒控评，引导评论 ⑤开播前一天6小时投放一次预告视频，开播前2~3小时投放一次预告视频，开播后每半小时投放一次现场视频（直播现场、突发搞笑情况），直播结束要根据数据相对应隐藏，视频要注意违禁词 ⑥及时调整直播方案，不同流量不同方案 ⑦及时报库存，倒计时，配合主播，配合现场氛围
客服	①后台粉丝互动 ②3分钟内回复用户问题，飘屏互动及引导关注，商品维护，弹幕讲解 ③倒计时，配合主播，配合现场氛围

续表

助播	①配合主播逼单、空镜补镜、补话、公屏留言回复、露半脸/只出声、根据促销文案营造氛围	
	②配合节奏要及时，频繁提醒关注主播加粉丝团和在线人数促单，宣导产品优势。一场直播中的活动，如果助理会隔一段时间提醒大家关注主播的话，一般在同等的直播主持能力下，单场直播下播后粉丝数上涨可以提升 10%~15%，这是一个重要的涨粉小技巧	
	③管理直播间，配合发产品，秒完提醒库存，提示开秒，如果调品，助播就要及时跟后台沟通，同时准备题板提示主播介绍单品的时间，以防主播介绍单一产品时间过长	
	④倒计时，配合主播，及时配合现场氛围，时刻迎合主播回复，空镜补镜，补话，公屏留言回复	
	⑤尺码范围板	
	⑥配合主播营造氛围，反应要及时，倒计时后，引导如何操作下单互动点赞关注分享，展示手机操作，点+号链接，点地址，点购买，点付款	
	⑦需要准备一些促单的小道具，如计算器、小黑板、秒表、手牌器等，需要根据介绍的产品配合使用道具，这些道具要放到主播伸手就能拿到的地方	
	⑧可以通过问题引出产品的卖点，关注到主播忽略的部分，同时也可以通过试用产品，介绍感受来吸引用户	
	主播讲解提问，自造噱头、问题	01. 助播向主播提问：这个衣服可以怎么搭配，××可以搭配××吗，挑不挑身材之类的 02. 助播制造提前策划问题提问主播：我们这种材质能机洗吗？我们的衣服穿起来什么感觉（亲肤透气轻薄等），我们这个衣服是不是用了那个××材质，花重本钱了呀 03. 帮主播挑粉丝正向问题提问主播：这个衣服××斤/××身高穿起来怎么样，适合什么人穿，怎么搭配等
	助播讲解秒杀促单配合	01. 主播询问助播库存还有多少，助播根据在线人数汇报库存数量（一般直播中提到的库存数量，是根据直播间用户人数来定的，一般为实时在线人数 10%） 02. 主播安排助播去跟厂家或者工厂确认 03. 助播与主播配合商量砍价，主播质问助播是不是上错了产品价格信息，这个怎么能这样卖等
主播	①节奏+互动+引导操作+五连（关注、加粉、分享、点赞、互动评论）	
	②搭配讲解逻辑（产品卖点切入+形容词+产品搭配知识+适用场景+价格对比+产品痛点+适用场景+产品卖点+展示产品+质检证书+粉丝图片反馈展示+销量展示+店铺评价展示+售后保证+常见问题解答及注意事项+返场抢购时间）+穿插预告下一款+价格价值（价格伏笔+实际价格对比+技巧性报价开链接）+适应人群+引导操作+互动，所有话术都要围绕为什么买？为什么在你这儿买？	

续表

播前准备	①提前 2 小时团队彩排，沟通脚本
	②直播手机和支架，用于看评论 2 台，抽奖福利免单截屏 1 台，抽奖倒计时设定
	③选品+组货
	④直播设备准备，灯光，镜头调试，音乐准备
	⑤播前沟通直播流程与直播玩法分工
	⑥预告视频发布
	⑦账号设置
	⑧后台操作准备
注意事项	①丰富直播间的互动玩法，提高粉丝活跃度，增强粉丝黏性
	②直播讲解占比：60%介绍产品+30%回复粉丝问题+10%预告下一环节的大福利
	③多引导粉丝回答问题
	④以主打产品为导向，产品的链接介绍时间不能过长
	⑤注意违禁词
倒计时	5、4、3、2、1（全场团队）
前 1 分钟	开场白
前 5 分钟	本场专场直播福利预告（整理话术，我是谁，我为什么直播，我能为你带来什么）

账号设置要点

表 12-7　账号设置要点

基础命名	基础要求	20 个字符，中文字占 2 个，英文字母/数字占 1 个		
		允许标点符号，中文字占 2 个，英文字母/数字占 1 个		
	小技巧	尽量通俗易懂、朗朗上口、便于搜索		
		聚焦目标领域，多使用专属词		
头像	不建议经常换	不要用明星照，不要侵权		用真实照片印象深刻
个人简历	突出自身属性；哪些平台有多少粉丝等			
	展现自身专业：特长、专业等			
	展示成就、荣誉事件以及专业背书等获得信任			
	封面图底部 1/3 处含重要信息			
	支持换行排版，插入表情符号，支持超过 10 行简介			

续表

头图	默认大小匹配是横版，如非横屏，需下拉才能显示完整图
防范雷区	
个人简介	不可有导流到其他平台动作
用户名称	不可夸大引起资质质疑
用户头像	不可带导流信息

直播间复盘维度

表 12-8　直播间复盘维度

角色	复盘要点	关注维度
主播	直播状态	脚本内容、开场话术、互动话术、憋单话术、促单话术、塑品话术、控场能力
场控	直播效果	选品、排品、流程、节奏、视觉、人气、转化
运营	投放效果	视频发布、投流时机、投放消耗、投放目标、投放效果
助理	后台操作	上下架产品、库存配置、库存调整、优惠券
客服	粉丝需求	中奖登记、高频问题统计、粉丝需求记录、咨询话术

第十三章　话术篇

美妆护肤类参考

一、痛点需求

1. 用户痛点

不管干皮油皮混合皮，就算化妆前做足了补水还是会有卡粉的现象，涂太多护肤品反而会搓泥。画个底妆感觉就像戴了个面具，一笑就有一条痕，特别是有重要约会忙着出门，怎么都画不出满意的底妆，心态就很容易崩。轻薄一点的粉底液，一出门底妆就不见了，还容易氧化泛黄，底妆没画好，整个妆容都毁了。

2. 放大问题

上妆的时候，粉底液一按上去感觉浮在脸上，眼袋泪沟的地方会有白白的一条，这个时候你如果继续上散粉，跟和稀泥一样，一块一块地结在你脸上。如果你去卸了重画，第二次可能还是卡粉，非常浪费时间，主要是影响好心情。

二、产品卖点

1. 解决问题

选粉底液一定要服帖，并且持妆力度杠杠好的，＊＊粉底液防油防汗，上妆超级服帖，效果非常好，简直就是妈生好肌肤。上次我再次被＊＊妆效惊艳到，我熬完夜，第二天早上起来随便按了两下，非常服帖，完全不会卡粉，眼角纹遮干净的同时妆感不厚重。姐妹见了我说我肌肤就像剥了壳的鸡蛋。玩了一天带妆十几个小时皮肤也没有负担感，底妆也不会氧化暗沉，出油后也不容易脱妆。

它妆感服帖的同时，持妆力也是非常棒，自带柔焦哑光感，而且它的遮瑕力也是数一数二的，有的姐妹容易红脸，熬夜之后造成的暗沉，面部泛红，肤色不均，真的需要＊＊粉底液来救命，它还有个名字叫作"人间橡皮擦"，因为遮瑕力非常好。我第一次用的时候还以为会有面具感，但上脸质地还是很轻薄的，流动性属于中等，像是半打发的流动奶油质地，延展性真的很绝，点涂在脸颊，用美妆蛋就能轻松推开至整个侧脸，脸上有泛红或者小丘疹，用这款粉底液一次就能遮个十之八九，而且服帖也不会闷痘。

2. 带来好处

有了它之后，不管是熬大夜还是赶着上班快速化妆或者是刚刚学化妆的小白，都可以打造妈生好肌肤，并且不卡粉的妆容效果，不用担心反复上妆，妆感厚重，脸部一有表情就有一条纹路。让你快速上妆的同时拥有吹弹可破的好肌肤。就算近距离看，是你本身肌肤好，而不是化妆技术有多高超。

三、价值塑造

姐妹挑选粉底液要认准品牌，毕竟品质有保证，我们 ** 粉底液是 ** 家的明星产品了，价格亲和，使用感也很好。我身边的姐妹真的是人手一瓶，回购率非常高。它的粉质非常细腻并且有养肤的成分，一边养肤一边化妆，从内而外地变美。你看我直接在手上涂抹，完全不显毛孔，明星自己都在使用的粉底液。你不用再去看美妆博主测评，不用反复纠结，买它准没错。

四、促销成单

1. 开价上款

你们想不想不脱妆不卡粉，想不想把咱们脸上的小秘密遮掉？想的姐妹把咱们粉底液刷起来，今天给你们来波大的福利！我们后台统计一下，想要的姐妹越多，咱们福利越大！厂商指导价799元，你们也知道 ** 粉底液非常难买到现货，今天在咱们直播间！给你们争取到200个库存！现货！而且色号非常全，给不给力？现在给主播点个关注加入粉丝团，我来给你们开个福利价！厂商指导价799元，今天在我直播间，只要2开头！给你289元一瓶带回家！话不多说，倒数五个数上链接！5、4、3、2、1！瞄准小黄车一号链接，价格已开，赶紧去拍！

秒拍秒付款！

2. 限时限量

库存不多，大家赶紧拼手速了。今天这个价格我自己都要囤两瓶，并且它真的很好用，某红书的很多博主都在推荐。今天真的只有200个，所以大家能抢就赶紧抢，只有最后3个库存了！过了今天可能咱们还是会以日常的价格售卖，也有可能完全断货，到时候你多花钱可能都买不到。来，给家人们把8个待支付的订单清掉，把库存给没抢到的姐妹们！拍下还没付款的姐妹要赶紧付款了，我们马上要关闭待支付，我看好多姐妹都没抢到，千万别犹豫！卖完就下架。

3. 消除疑虑

姐妹们，听我说，咱们别的都可以将就，但粉底液一定要精挑细选，选好用的，选适合自己的，这一款粉底液我自己这段时间一直在用，妆感确实很好，我长时间在咱们直播间那么多灯照射下也没有脱妆，来导播老师切个近景，你们看看这个妆感超级细腻，真的妥妥的妈生好肌肤。而且我们保真，大家记得加粉丝团，有运费险购买更放心哦，售空啦。

4. 踢单促单

咱们纠结颜色扣颜色，我给你们推荐。这个色卡大家可以看一下，自然肤色就拍 1W1，自然想要白的拍 2C0，冷白皮本来就很白的拍 1C1。不知道怎么选就拍 2C0，主播推荐 2C0。拍下的宝贝抓紧付款，早买早享受！！我们下播之后就恢复厂商指导价了，这个是我们的开播福利，也是我们直播间的爆品，你可能稍微犹豫一下，你喜欢的颜色就被拍完了。今天情况比较特殊，我们清库存，拍下赶紧付款，这个是限时优惠并且是现货，来倒计时三个数请出库存！3、2、1！一号链接库存已请出，大家赶紧刷新去拍！

5. 过款返场

这款没问题的话我就要过掉了，今天咱们"双 11"活动第一天，全场高能，新品连炸，姐妹们最好不要离开直播间，不要错过自己想要的新品和福利哈，我看很多人在问我嘴巴上的口红色号，这个我们今天也有，素颜都能涂，特别显白提气色！等下就给你们上链接，没点关注的先给主播点个关注。

厨房家电类参考

一、痛点需求

1. 用户痛点

宝宝们买空气炸锅一定还要买容量大的，容量小真的很不方便，对不对。每次只能炸一点，有时候明明一次能解决的事情，我们还要分两次，不仅浪费电还麻烦。空间有限，能做的食材也很单一，完全享受不到空气炸锅带来的幸福感。

2. 放大问题

要是碰到了朋友到家里做客，更麻烦。端上桌一点儿，吃到一半还要再炸，等下一锅做好了，前面的东西都凉了，很影响食欲。并且客人看到东西少了还不好意思多吃，我们去炸的时候客人干坐着，到时候大家都尴尬，所以我们推荐要买容量大的。

二、产品卖点

1. 解决问题

这款锅的容量大。市面上一般空气炸锅都是 3 升或者 5 升的。今天这款是 8 升的！足够 2~10 人的家庭，就算多来几个客人，也不用担心食物多装不下。这个容量买回去使用的频率都会变多，咱们想做的食物种类也能换花样。

2. 带来好处

咱们平时家里 2~3 人，做东西吃，完全没有问题。一整只鸡放进去足足够够的，甚至还能多出点地方来放几个鸡蛋。这样我们家庭聚餐或者请客的时候就不用一道菜分好几次去炸它了，一锅炸出来热气腾腾香喷喷，大家也吃得开心、玩得开心。

三、价值塑造

我们希望既能吃得健康又不用油炸，味道又能像油炸一样好吃。这款空气炸锅做到了无油煎炸，8 升大容量满足一家所需，并且我们做了各种实验，比如脆骨、鸡柳、鸡米花等，煎炸、烧烤、烘焙它都能完成。就是希望大家买回去之后，能还原油炸的香味和酥脆感，让我们不出门就能吃到和肯某基一样的口感，8 升大容量家里开派对都不用担心，一锅足矣。

四、促销成单

1. 开款上架

我昨天自己网上查了一下，市面上的空气炸锅 8 升稍微好一点的都要 299 元。咱们今天这款是××牌的，今天在我直播间让你 199 元带回家，这么优惠只希望大家给我关注，以后会给你们带来更多福利。来，宝宝们，话不多说了，大家选好自己想要的颜色尺寸，我们准备给大家上链接了，5、4、3、2、1、1 号链接，赶紧去拍！

2. 限时限量

但是今天库存真的不多，因为就是为了给大家做福利的，你们看一下，8 升的容量，无噪声的，还是我们××品牌。同等级产品里面这个价格真的是非常给力了，再给大家 60 秒的时间，大家抓紧时间赶紧去抢哦！60 秒后我们就要下链接了，下了链接就拍不到了！

3. 消除疑虑

我们是××官方旗舰店，认准这个平台官方认证的蓝 V 账号，正品出售，大家可以放心下单，而且我们家有七天无理由服务，你买回去有任何不满意，直接给我退回来，关注我，我再给大家赠送一个运费险，退货的运费由我们承担。

4. 踢单促单

拍好的宝宝们记得回来扣个"已拍"，我们给大家备注优先发货，我们左下角小黄车给大家置顶到一号链接，只有最后 4 件了，到了年底，七大姑八大姨都要到家里做客，不买个大容量空气炸锅怎么行？今天这个价格同等品质真的找不到了，所以机会难得。大家一定要秒拍秒付哦，别等会儿想拍没有了！到时候再后悔就来不及！

5. 过款返场

最后 5 秒钟，主播就要给大家过款了，我们链接就要下了，哇！我看宝宝们都好热情，1 分钟的时间全部抢光，看来大家都很识货，认准好品质，还有没抢到的宝宝可以在公屏上说一下，先不要走开，给我们点点赞，等下再去给你们大家争取福利！

服装服饰类参考

一、痛点需求

1. 用户痛点

在这个恨不得披着被子出门的冬天，尤其是刮冷风的时候，没有一件保暖的羽绒服撑过冬天真的不行，但之前买的羽绒服穿着穿着就跑绒，穿在身上稍微动一动，羽绒就从衣服里钻出来，就连里面的衣服也粘的全部都是毛絮。然后羽绒服还越穿越薄。

2. 放大问题

在公司开会，你在上面讲方案，讲着讲着会议室就飘着小毛絮，那种尴尬真的让人恨不得扣出个三室两厅；跟朋友聚会，你进门把外套一脱，整个衣服都是白白的毛毛，在一群打扮精致的朋友中间，就你一个人看起来很狼狈，连聚会的好心情都没了。

二、产品卖点

1. 解决问题

选羽绒服你们一定要看面料走线和充绒量，我们填充的是 90 的大朵嘎嘎绒，充绒量足足的，很保暖。我们这款羽绒服是分格充绒技术，你看我给你们捏一下，立马蓬松！它的走线非常密实，面料也是密度很高的细纤维，不会像一般羽绒服跑绒钻绒。

2. 带来好处

有了它之后，咱们就可以肆无忌惮穿漂亮的内搭了，中长款更保暖，里面可以穿裙子穿 T 恤，能保证咱们室内室外都美美的，北方的朋友也可以放心穿，平时也比较好打理，它有四个颜色可以选：黑色经典，米色高雅，蓝色清新，黄色活泼，都很百搭！这件衣服是属于一款穿出去别人看到会问你要链接的羽绒服。

三、价值塑造

挑选羽绒服一定是认准品牌，毕竟品质有保证，我们羽绒服大品牌值得信赖，质感和保暖性没得说，毕竟它是在雪山上做过直播的羽绒服。它的面料比较耐磨，连拉链都使用结实耐用的材料，有品质的羽绒服防风防水防污渍，我们现在还给你们加两防，防跑绒防钻绒。来酱油给我倒一倒，用纸一擦，没了！你买别的羽绒服可能只能穿一年，一年一换，买到咱们羽绒服品质好，款式也经典不会过时，是可以陪伴你好几年的。

四、促销成单

1. 开款上架

来，想要的姐妹瞄准一号链接，厂商指导价是 599 元，你们也知道 500 多元买一件品质好，又好看的羽绒服，性价比已经很高了吧。市面上同品质的羽绒服都是上千元的！

今天是咱们大家新品的优惠价，厂商指导价 599 元，今天新品只要 399 元，就能把这件好看又保暖的羽绒服带回家！这个优惠很大了！

给大家报一下尺码，M 码穿到 110 斤，L 码 120 斤，XL 码穿到 135 斤，2XL 最大码能穿到 160 斤！你们根据自己的尺码去拍！包容度是很大的哈。话不多说，倒数五个数上链接 5、4、3、2、1，瞄准小黄车 1 号链接，赶紧去拍！

2. 限时限量

咱们家老朋友都知道新品优惠真的很大，所以都来蹲守，上次上新真的是上一个链接，一会儿就拍空一个链接，今天库存也不多，只有 100 件，如果想抢现货的一定要秒拍秒付，你犹豫可能就要排单等预售了，要等好几天，寒冷的天气可不等咱！并且今天的优惠力度很大，如果连预售都拍完就真的没有货了，抓紧时间抢哦！

3. 消除疑虑

买羽绒服认准××，认准咱们××官方直播间，正品，品质有保证！拍了的回来说已拍给你们送运费险，回家试一试，觉得好看保暖，您留下，觉得不喜欢直接退给我们，退回的运费都由我们承担，加了粉丝团福利再升级，顺丰包邮送到家！喜欢的姐妹买回去试一试，关注我！有任何问题都可以随时找到我们。

4. 踢单促单

咱们纠结颜色扣颜色，纠结尺码扣尺码，我给你们推荐。买大一码也可以，里面穿厚一点也有余地。现货库存不多了哦，咱们抢的就是现货，可以很快发出，大家赶紧付款，早拍早发早上身。主要是赶紧把这波优惠给拿下！我下了直播就恢复厂商指导价了哈，并且可能需要等预售，爆款一般都很抢手，你晚付款一分钟就可能就要多排很多单了！

今天情况比较特殊，我们不要占库存，拍下赶紧付款哦，这个是限时优惠并且是现货库存的。来倒计时 3 个数请出库存！3、2、1！1 号链接库存已请出，大家赶紧刷新去拍！

5. 过款返场

这款没问题的话我就要过掉了，今天咱们"双 11"活动第一天，全场高能，新品连炸，姐妹们最好不要离开直播间，不要错过自己想要的新品和福利哈，我看很多人在问我身上的打底衫，这个打底衫我自己就自留了三个颜色！超级好穿超级百搭，等下就给你们开款，多件购买的话优惠更大，没点关注的先给主播点个关注，后面我直播的信息你能及时收到。

箱包鞋帽类参考

一、痛点需求

1. 用户痛点

挑一款咱们上班通勤的包得讲究，一款包如果太小装不了必需品，很鸡肋，太大又显得人很笨重又压个儿，还担心包包里的东西丢失，出门背个包都要提心吊胆。所以，咱们女生买再多的包包，平时背的也还是那两三个。

2. 放大问题

小包包买来放支口红就装不下别的，占地方还浪费钱。大包包背着累人，小个子一背上，看起来立马矮半截。而且装的东西还乱七八糟，想想你回家掏个钥匙开门都要手忙脚乱翻很久。

二、产品卖点

1. 解决问题

它的容量很大，平时咱们上班的电脑、水杯都能装得下，甚至你还能带一把雨伞以备不时之需，并且它的重量特别轻，不会让你背着很累，你看这肩带设计，也做了加宽处理，背着会更舒服，长短是可以调节的，可以斜挎可以单肩背，很方便。包包内部做了分层，东西可以分类放好，它还有拉链，重要的东西也不担心会丢失。

2. 带来好处

它的存在真的能给人安全感，平时我们女孩子的东西就很多，好像每一件都是必需品，咱们把它们都装起来归纳好，带着出门就很方便，像个百宝袋想要什么都可以精准取到什么。背着提着看起来都很好看，长短可调节，个矮的女生也不用担心压个子，咱们上班也好还是出门旅行也好都可以带着它。

三、价值塑造

姐妹们看过来，我手里的这款包，纹路很高级，真的是能摸得到的品质感，我相信你们拿到手也会有这种惊喜感。它采用的材质耐磨耐脏！我家有一只同样材质的包包就背了好几年，越背越喜欢。它包装就很精致，有正品保障的证书，还有保护套，手提袋，最后是一个精美的盒子，让你打开时有一种收礼物的幸福感，无论是自己背还是作为礼物都很适合。

四、促销成单

1. 开款上架

它的专柜价近3000元，包括某猫的旗舰店也得2700元。但是今天咱们直播间。我给你一个惊喜价！只要899元，有没有心动的姐妹？赶紧把"包包"打在公屏上，我们来看看有多少人想要？咱们买包也得精挑细选才行，千万别乱买。今天这个优惠很难得，库存不多，大家拼手速哦。关注点一点，再送运费险，我倒数五秒直接上架开拍！5、4、3、2、1！1号链接，899元把一款超经典的包包带回家！

2. 限时限量

今天因为是我们刚开播，所以拿出这个经典包包作为福利给大家，希望大家给我们点个关注哦，但是库存实在不多哈，只有30件，咱们直播间这么多姐妹没法全部都给到，但是这个福利我希望姐妹们快速去抢到。毕竟真的很难得，手慢无哦！

3. 消除疑虑

是的，我们是官方旗舰店，品质保障，每一个包包都有证书的，很多朋友也在我们直播间这里买好多次了，咱们支持 7 天无理由，加入粉丝团还赠送你运费险，包邮让姐妹们免费试背。咱们女孩子遇到心动的东西千万别错过。

4. 踢单促单

大家手速都挺快！感谢姐妹们的支持。拍了的姐妹回来说"已拍"，我们后台登记安排优先发货。我看库存也不多了，899 元的优惠也只是今天我直播的时候给到大家，以后的售价还是厂商指导价 2700 元。所以，能今天抢就今天把它抢到手！

我看后台还有待支付的，姐妹们我要说抱歉了，我要清库存了哦！这个价格还占库存不付款的话，其他的姐妹都要不同意了！来倒计时三秒把待支付订单关闭！大家一起，3、2、1！1 号链接库存已更新，大家赶紧刷新去抢！早买早享受！

5. 过款返场

任何问题，拍了回去不满意，不是直播间所见所得，我们都包邮退！你可以安心买回去试试！好了，恭喜抢到的姐妹们，这款我要过掉了。大家把赞点起来，接下来我就要给大家放福利了！福袋里有惊喜哦。

母婴用品类参考

一、痛点需求

1. 用户痛点

当妈妈的姐妹们都知道，换纸尿裤是不是特别麻烦，特别辛苦，尤其是天气热，宝宝需要多喝水的时候，差不多 20 分钟就得换一次。一天时间，啥也不干，光给宝宝换尿不湿了！而且有的妈妈在买纸尿裤的时候可能只在意吸附性是不是强，但吸附性强的很多都添加了一些化学成分，对宝宝小屁屁很不友好。

2. 放大问题

比如用了过某敏，屁屁泛红，还以为宝宝得了什么皮肤病，宝宝难受，咱们也着急难过。遇到这些情况，特别是新手宝爸宝妈，很容易手忙脚乱，换一次尿不湿可能就要很久，不但浪费时间，还容易冻着宝贝。

二、产品卖点

1. 解决问题

这款是全包的设计，像短裤一样，直接穿上去就行，很方便，咱们买纸尿裤一定要买容量大的，一是减少更换次数，平时给宝宝换真的很麻烦；二是能给咱们省钱。而且，这款纸尿裤，用的是天然无害的材质，吸附性非常强的同时，还能保护宝宝的屁屁，一个干净清爽的屁屁让宝舒服一整天。

2. 带来好处

我家宝宝爱吃水果又爱喝水，所以尿尿非常多，我本身直播就特别忙，很少有时间照顾宝宝，同是宝妈的朋友推荐我这一款，因为它透气性很好，用一晚上也不闷，给宝宝一个舒适干净的屁屁，而且容量又大，一天下来用一块，基本上就够了，晚上给宝宝换上就可以了，让宝宝一觉熟睡到天亮！

三、价值塑造

材质具有高吸水性，吸水和蓄水量很大。所以宝宝尿尿会被它全部快速吸光，不必担心尿湿裤子，是真正的"尿不湿"。你们看一下它的细节，有三层。表面包覆层、吸收芯层和底布。表面包覆层紧贴宝宝的身体，中间吸收芯层可以快速渗透尿液，并且它还能阻止回渗，保持纸尿裤表层干爽，不会闷到屁屁，平时照顾宝宝更省心。

四、促销成单

1. 开款上架

我们这个柯基款，很多明星宝妈都在用的，大家买过的应该都知道平时 89 元只有 50 片，今天再给大家一个惊喜，现在拍下之后再给大家加 5 片，真的非常给力！来，话不多说，我们准备给大家上链接了，5、4、3、2、1！左下角小黄车给大家置顶到 1 号链接，已经开价！赶紧去拍！

2. 限时限量

因为姐妹们很给力，我只给大家推荐我家宝宝用过的质量好的，毕竟我们都是真心爱我们的宝贝，想给宝贝更好的，这是我自己给宝宝用过觉得好，才为大家争取的这个福利，只有 100 份，这个加不了库存，所以大家要快速下单哈！

3. 消除疑虑

拍好的宝宝们记得回来扣个"已拍"我们给大家备注优先发货，安排 7 天无理由，而且我们是官方旗舰店，是官方认证的蓝 V 账号，都是正品，大家可以放心下单，你买回去有任何不满意，直接给我退回来。关注我，我再给大家赠送一个运费险，让你退换无忧。

4. 踢单促单

我看还有最后 10 单了，这个我们真的加不了库存哦，还没拍的抓紧时间，还没付款的我要清出待支付啦！今天这个价格真的你们找不到了，89 元 55 片，我们明星同款纸尿裤，超大容量不闷屁屁，主播自留款哦，宝宝们一定要秒拍秒付，别等会儿想拍没有了。

5. 过款返场

再过 5 秒钟，主播就要给大家过款了，过款我们马上就恢复厂商指导价了，并且也没有 5 片的优惠福利了哦。等会儿想拍也没有了。来，倒计时 5 秒钟，5、4、3、2、1，过款啦！

洗护用品类参考

一、痛点需求

1. 用户痛点

有没有姐妹像我这样本身头发就干枯毛躁，还容易分叉打结，没有光泽，早上起来就像顶个鸟窝一样，拔下来可以原地给你扎一个扫帚，洗个头还能把下水管给堵住。平时伸手一摸，以为我走进了撒哈拉沙漠，特别粗糙。还有头皮屑的问题也很困扰，头皮发痒，忍不住一肩膀上就下了一场小雪！

2. 放大问题

早上洗完头发，下午就开始出油，刘海变成一缕一缕的，看起来很邋遢。很影响一整天的心情，更难过的是，出油还容易掉发！本来发量就岌岌可危，一出油贴头皮，发量更显少了。

还有想象一下，你跟喜欢的男生走在一起，当你觉得气氛正好。这时，你的男神突然让你别动，然后轻轻帮你拍掉肩膀上的头皮屑，是不是当场现原形，当场用脚趾抠出两室一厅并钻进去再也不想出来了！

二、产品卖点

1. 解决问题

说到有去屑的洗发水，我第一个就想到××，去屑是真的专业。它主要成分中含有 ZPT，是一种除真菌的化学成分，有效改善头皮。从根本上减少咱们头屑问题，对头皮也有修复的效果，去屑不反弹才是真的有效，针对刚才说的头发干枯毛躁的问题也可以说是狠狠拿捏。

用它洗完后，你摸着自己的头发就能够明显地感觉到发质变得丝滑柔顺，你的手从你的头顶到你的发梢一摸，就像是在丝绸上滑过。

2. 带来好处

咱们在日常生活中也不会再有头皮发痒又不方便挠的情况，也不会有不敢穿深色衣服害怕掉头皮屑的现象了。我之前经常漂发染发，头发很干枯，用这个洗发水后好了很多，并且我不用再去用护发素，洗头更方便，而且它本来还自带清香，我朋友经常说我头发的味道很好闻，咱们也可以有气质女神那样柔顺的头发！

三、价值塑造

买自己用的产品还是得选老品牌，它的效果大家都是有目共睹的，××一直致力于研发养发，滋养头皮的产品，几十年的大品牌，咱们买着也放心，对不对？并且今天咱们这个一千克的超值装，买完家里全家都能用，并且可以用很久！它有去屑、清爽柔润的效果，一瓶就可以解决咱们头发的小烦恼。日用品肯定是买品牌更放心，而且这个大瓶装也能用很久。

四、促销成单

1. 开款上架

不管你去超市也好还是某宝也好，这个一瓶都是卖 59 元，买过的家人都知道。今天给我直播间的姐妹来波福利，感谢你们一直以来对我的支持和关注，我手里这瓶一千克装的洗发水，今天只需要 39 元一瓶！并且，加入粉丝团，我的福利再升级，再给你一袋价值 38 元的抽纸，这个抽纸韧性很好也很柔软。今天我不卖！只要加入粉丝团再下单的姐妹，我直接给你们。

大家准备好了吗？来，后台准备，5、4、3、2、1，1 号链接！价格已开！大家刷新去拍！

2. 限时限量

今天给大家放 500 个库存出来，主播是很实在的，这个优惠我肯定希望大家都能抢到。但是我给不了那么多，因为这个我们已经是亏米了，今天就是给大家的福利回馈，倒计时上架后，我们按照付款时间前 80 名安排，所以大家拼手速！今天这个优惠力度真的很大！日常消耗品趁直播间优惠赶紧囤起来，并且是快递直接给你送到家的，不用咱们去超市费力提回家。

3. 消除疑虑

××是老品牌了，一直致力于研发洗发护发。并且用了那么多年，咱们放心，我家基本从妈妈辈开始就一直在用，并且你们要认准我们官方旗舰店，售后有保障！购买更放心！

4. 踢单促单

赶紧给家里囤起来！我看大家手速都挺快的！咱们这款呢，它是无硅油的洗发水，所以洗完后头发很清爽，有一种你头皮上的每一个毛囊都能够张嘴呼吸的感觉，感觉头都轻了好几斤！

现在只有 30 单了，大家付款都很快，很快就要卖完了！大家都知道咱们＊＊的洗发水是真的好，还没下单的抓紧了哦，库存有限。而且它这个搓到头发上泡沫也很绵密，不夸张地说，每次洗头，都像在给头皮做 SPA，舒适又享受，感觉工作一天的疲惫都消散了。还有一个建议，不要经常用手去碰头发哦，也很容易导致出油哈！

5. 过款返场

现在已经卖完啦！我看还有很多说没有抢到的！

没抢到的姐妹多不多，扣个"没抢到"让我看看，如果多我再给大家放 100个库存，真的不能再放了，最后 100 个你们赶紧去抢，等下我就要过款了，这个优惠你们自己把握哦。3、2、1 上链接，100 个库存已经放上去了，大家赶紧下单，没点关注的把关注点起来，方便找到我们！以后会有更多优惠和福利给大家！

食品饮料类参考

一、痛点需求

1. 用户痛点

来！爱喝饮料的宝宝们看过来了，特别是跟我一样爱喝饮料又怕胖的宝宝快听我说，我吃饭必喝饮料，喝完又很有负罪感，怕热量太高，稍不注意就胖几斤。一般的饮料口味也很单一，根本没有选择的空间。

2. 放大问题

我有朋友就是很爱喝饮料，他基本上天天都要喝两瓶，一段时间不见他整个人都胖了好多。但还是很喜欢喝，我也一样，特别是吃火锅的时候，不来上一瓶饮料好像缺了点什么，不能尽兴。但饮料喝多了，不但身材走样，对身体也有不好的影响。

二、产品卖点

1. 解决问题

今天给大家带来一款最近超级火爆的××气泡水，来，所有宝宝们听好，零糖、零卡，让你们喝饮料没有那么大的负罪感，想要进行身材管理的宝宝们可以放心喝起来，就算喝几瓶都不用担心发胖，吃火锅的时候喝一瓶，健康又美味，解辣又解腻、平常上班在家都可以喝，加冰块，加水果，怎么搭配都很棒，一口下去，满满都是气泡，特别爽！而且今天给大家准备的口味特别多，一定有一款你喜欢的。

2. 带来好处

这次有非常多的新款，有冬日草莓味，我觉得它就很像草莓牛奶的口味，还有刚刚喝的石榴味的，还有酥梨的，都会给到大家，大家可以根据自己喜好拍。主播推荐石榴味，因为我本身就爱吃石榴，但是大家也知道石榴吃起来特别不方便，这个石榴水真的绝了，入口满满石榴味，然后气泡水又是那种清清爽爽的感觉，一口下去直接到达了巅峰，哈哈哈！＊＊气泡水简直既能满足我的爱好，又不用害怕多喝饮料影响健康。

三、价值塑造

大家最近是不是都被这个牌子刷屏了，网红、主播、明星都在推，主播自己也去尝试了下，真的特别好喝！并且针对不同需求提供了不同的口味供大家选择，我们主张健康的饮品，希望大家都有元气满满的生活。

四、促销成单

1. 开款上架

所有宝宝们听好了，我们直播间，89 元到手 15 瓶，买两份会更优惠，并且我们会赠给大家一个冰激凌的模具，127 元可以买 30 瓶，关注我，我再给你6 瓶，今天这个福利真的很给力了，听好了，库存只给大家争取到 500 份，宝宝们一定要抢到，5、4、3、2、1！左下角小黄车链接已经上好了。赶紧去拍！

2. 限时限量

数量填 2，领 32 元的优惠券，到手 127 元！拍了的宝宝记得回来扣"已拍"，给大家备注加急发货。

今天这个优惠是主播为大家争取了好久才得来的福利，但库存真的不多，特别是新口味，亏米给我粉丝们的福利，所以希望宝宝们点了关注再去拍。我看到宝宝们手速太快了吧，有几个口味已经拍完了，拍完我们没法补货哦，还没下单的宝宝快去拍吧，真的晚了就没有了！

3. 消除疑虑

拍好的宝宝们记得回来扣个"已拍"我们给大家备注优先发货，安排 7 天无理由，而且是官方旗舰店，这个是官方认证的蓝 V 账号，所有产品都是经过安全检测的，大家可以放心下单，看下我们家的评价，就知道了，真的是好产品！

4. 踢单促单

宝宝们记得回来扣"已拍"。喜欢美食、喜欢吃喝玩乐的宝宝可以点个关注，我是一个爱吃的主播，日常也会给大家推荐各种好吃实惠的零食，最后 30 份了，宝宝们抓紧手速哦，下次不会是这个价格了，零蔗糖、零脂、零卡的××气泡水，还是新品，这个优惠难得，朋友吃火锅的时候每人喝一瓶，解辣又解腻，在家喝，上班喝也都可以的！只有 10 份了。宝宝们，抓紧时间啊！平时我们买一瓶 6 元，今天拍两份单瓶到手价 3.5 元，一般新口味是不打折的！我们还给大家赠送冰激凌模具，一定要拍到啊，宝宝们。

5. 过款返场

最后把待支付的订单清出来了，大家快去捡漏吧，拍完就恢复厂商指导价了哦，这一款过完准备给大家安排上场直播很多宝宝没拍到的螺蛳粉，现在是不是在煮了？我都闻到香味了，好香啊！大家吃完螺蛳粉也是可以来一瓶气泡水的，真的超级爽！那我们这款给大家过了。

三农产品类参考

一、痛点需求

1. 用户痛点

想品尝到一块肉质好的牛排，挺难的。去西餐厅吃，一块 200 克牛排就要 500 多元，挺贵的。网上买，生怕买到假的拼接肉、肉质不好不说，还容易吃坏肚子。

2. 放大问题

孩子天天闹想吃牛排，店里吃吧不划算。网上买，实际到手的肉质和主播讲的不一样。肉一下锅，肉质软软烂烂，散成渣渣，嘴巴里一咬，嚼不烂。这种肉先不说口感，就光品质安全就打个大大的问号，担心家人吃坏肚子。

二、产品卖点

1. 解决问题

我们 ** 是大品牌，品质有保障。我们的牛排没有添加，原切，不注水（展示资质）。我们只选用优质牛排，还带有淡淡奶香。我们的牛排做过低温杀菌，就算三分熟都可以放心吃。甄选口感上品的原切牛排，表面雪花纹路丰富，口感肥润香滑。

2. 带来好处

给家里小孩吃，放心吃，奶香奶香不会嚼不烂。健身达人爱吃生一点的，三分熟，也不用担心吃坏肚子。随时随刻享受美味大餐。家里准备烛光晚餐，这牛排一出，让你在家就能享受高级西餐厅美味。

三、价值塑造

来，一号链接、西冷牛排，牛背部做切割，120克一包，120克一包，1包这样的大小厚度，不含卡拉胶，没有蜂窝状，扎扎实实整切牛排带回家。妈妈如果是想给宝宝买牛排吃，就要买这样大面积的瘦肉牛排，为什么？宝宝吃着嫩，吃着不费劲也安全放心，到手除了有5包的西冷外，一号链接值得一提的是什么？来咯，惊喜哦，买5包西冷牛排赠5包菲力牛排，菲力是牛身上比较软嫩，同时也是比较昂贵的部分，一头牛身上能制作菲力牛排的肉是比较有限的，直接给您看一下。姐妹们看过来，我手里的这块是刚刚拆开包装的牛排，是不是雪花纹路丰富？这里是刚刚切好的，来切一下，你看这个横截面，好牛排就应该这样。我们 ＊＊，专注牛排，品质有保证并且今天点关注下单的家人再安排顺丰冷链到家，不用担心肉质在路上会变质。我们还提供运费险，收到的牛排和主播说的不一样，直接包邮退给我们。

四、促销成单

1. 开价上款

来，100多元，西餐厅可能还不够吃一顿，今天直播间1号链接主播为您争取到的是5包120克的西冷，加上5包130克的菲力，10包牛排，双击屏幕点点赞，头顶上方点关注，加赠两包100克，到手有12包牛排，除了有12包的牛排之外，想要有更多赠品的扣波"牛排"，主播赠送刀叉，扣波"牛排"，主播赠送酱料，扣波"牛排"，主播赠送100克的意面，扣波"牛排"，主播再给半斤烤肠，西餐厅三五十元小吃零食，这些加起来都要200元了，我们直播间主播，买就赠！

2. 限时限量

我们的牛排卖爆了，低脂肪、高蛋白、低卡路里，肉质好，我们的工厂生产的速度，远远赶不上大家下单的速度，复购率非常高，所以说我跟你讲很多的网红达人明星直播间都争着抢着想要去带，但其他直播间你可能买不到。拍到的话你也是5天左右发货，我们直播间48小时就给你发货。最后40单抢完没有就没有，有现货抓紧抢现货，抢完只有预售了。

3. 消除疑虑

真的保证大家满意，我们是官方旗舰店，品质保障。1号链接5包西冷，5包菲力，10包牛排，满满10包牛排，非常的软嫩，很多朋友也在我们直播间这里买好多次了，明星达人都爱带我们家的牛排，因为品质真的好。咱们支持 7 天无理由，点关注加入粉丝团还赠送你运费险。

4. 踢单促单

来，1 号链接 12 包牛排，4 样赠品，被抢完了！这样子，后台把 13 个待支付给他踢掉好吗？来！1 号链接待支付踢掉，3、2、1！直接刷新去拍，大家拍到要立即付款，秒拍秒付款。

5. 过款返场

下完订单也不要马上离开直播间，还有惊喜等着你。任何问题，拍了回去不满意，不是直播间所见所得，我们都包邮退。大家把赞点起来，接下来我要给大家放福利了！福袋里有惊喜哦！

珠宝首饰类参考

一、痛点需求

1. 用户痛点

很多家人怕金饰太老气，戴在身上总感觉土里土气，送人怕别人不喜欢，而且黄金的吊坠容易变形，虽然保值，但使用率不高。

2. 放大问题

衣服鞋子穿得很洋气，妆容非常精致，戴在脖子上的吊坠却老气得很，没有了二十几岁小姑娘的朝气，不管是拍照还是聚餐都会很不自信。

二、产品卖点

1. 解决问题

今天给大家准备了两个款式，给大家看一下，这个是爱心虎，它在 wink。这个是晚安虎，在打哈欠，就很俏皮。是不是很可爱？真的太可爱了！爱心虎我们可以送给女朋友，或者女宝宝；晚安虎男女宝宝都可以戴的，非常可爱！而且这款吊坠 3D 硬金工艺做得非常好，看它身上那种"blingbling"的光泽。3D 硬金可塑性更强，这样子给大家做出来的款式也会更好看更灵动，这样子做出来的黄金是传统工艺黄金硬度的 4 倍，宝宝们买回去就不会遇到那种一捏就扁的情况了。

2. 带来好处

小老虎的表情做得都是非常细腻和传神的，看下我们同事佩戴的效果。这个晚安虎是在打哈欠的状态，让大家在日常生活中感到非常的萌趣，可爱，比较年轻。再看下我们的这位同事，她通体穿的是一个黑色的打底，很凸显黄金的质感。不同年龄段都可以佩戴，衬托整个人都非常有气质。款式很时尚，当成礼物送人，也不用担心她不喜欢。买来自己戴，不管什么穿搭风格都能搭配它，简直就是一个时尚小单品。

三、价值塑造

宝宝们听好了，3D硬金也是纯金的，3D硬金指通过电镀工艺来提高纯金的硬度和耐磨性。××也是大品牌，各大商场都有，品质有保障。戴上身的时候能感受到金子的质感，而且非常时尚，可以作为一个时尚单品，搭配什么衣服都合适。戴上它出去，大家都会问你哪里买的，真好看。它无论是自己戴还是作为礼物都很适合，它包装很精致，有正品保障的证书，还有保护套、手提袋，最后是一个精美的盒子，让你打开时有一种收礼物的幸福感，非常有面子。

四、促销成单

1. 开价上款

它这两款都是刚刚出来的新款，爱心虎的净重是1.78克，某猫活动的时候1980元。晚安虎的克重是1.3克，某猫店铺活动价格1580元。今天我们直播间，点关注的宝贝两款都可以领600元优惠券，这个优惠券是我们真金白银补贴的，额外我们还会给大家价值39元的黑皮绳，还给单层首饰盒，单卖都要89元。

到手价爱心虎1245元，晚安虎953元，来，后台把优惠券发一下。左上角领优惠券，今天这个优惠很难得，库存不多，大家拼手速哦。我倒数五秒直接上架开拍！5、4、3、2、1！1号链接，直接去拍，秒拍秒付款。

2. 限时限量

××的生肖黄金吊坠，每年都卖得特别特别好。去年的飞天牛是我们直播间的爆款，好多宝宝都没有抢到。今天数量也不多，只有130条，今天你们要准备好手速了，不要再错过了。补贴的优惠券领完没有就真的没有了。

3. 消除疑虑

我们是官方旗舰店，品质有保障，而且今天拍下所有产品会经过官方检测基地检测合格后才会发出，给大家配备一物一证一礼盒，所以宝宝们放心去拍就好了，拍好的宝宝记得老规矩，回来给我扣个"已拍"，我给大家备注加急发货，因为要质检，检测所以会慢一些，宝宝们耐心等待。如果之后不喜欢了还可以去××店换别的款式，让您售后无忧。

4. 踢单促单

最后30条了，还没拍的宝宝要抓紧了，这款是3D硬金工艺的，给大家强调一遍，不是那种传统工艺的黄金，大家知道现在普通黄金一克就 400 元了，加上手工费，检测证书，少说都要 2000 多元，今天这个价格真的很给力了，而且我们还是××的品牌，买黄金一定要去买品牌，不要去买品质很没有保证的东西。大家手速都挺快！感谢姐妹们的支持。拍了的姐妹回来说"已拍"，我们后台登记安排优先发货哈。优惠券被抢完了，有没有刚刚来的家人想拍的？扣波"没抢到"。我给家人再发一波优惠券，一定要先领优惠券再去拍。这个优惠价格是真金白银补贴给大家。所以抢到优惠券的家人抓紧付款，来倒计时三秒加优惠券！大家一起 3、2、1！优惠券已经发了，点击左上角领优惠券！如果这波优惠券没抢到就真的没办法给大家补发了。

5. 过款返场

任何问题，拍了回去不满意，不是直播间所见所得，我们都包邮退！你可以安心买回去，试试好了，恭喜抢到的家人们，这款我就要过掉了。大家把赞点起来，接下来我就要给大家放我手上珍珠戒指的福利了！千万别离开直播间。

带货主播通用话术

1. 开场话术

欢迎新进直播间的宝宝们，今天进到直播间的宝宝们都太有缘了！我们今天是年中大促，这个直播间全场福利价。

2. 选择话术

下方黄色购物车全都是现货，喜欢哪一款把链接号打上来，我们是××品牌直播间，把喜欢的链接号码扣在弹幕上，我给你们看细节，拍过的姐妹弹幕上扣一下已拍几号，后台给你登记一下我们给你加急发货并送运费险。

3. 互动话术

最后 30 秒倒计时报名时间，把手机拿出来，给你倒计时，就还剩 30 秒啊，来，后台小哥哥，现在有多少人报名了，20 个人报名成功，28 个人报名成功，31 个人报名成功，最后还有 12 秒报名时间！来，这会儿新进直播间的宝宝们，你们运气太好了，我们是××官方直播间，现在正在给大家做福利，下方小黄车全都是现货，可以比价专柜，同时直播间里正在抽围巾的活动，可以参与一下，想要参与的连续扣三遍"想要"，来，后台现在统计已经有 35 个人报名成功了，报名最后五秒倒计时，5、4、3、2、1！

新进直播间的宝宝，我们是××官方直播间，今天是宠粉日活动，今天老板准备了很多福利，感兴趣的点个关注！福袋结束，就开下波福利了！点点关注不迷路，每波福利都找得到路！

4. 福利话术

来，宝宝们想要哪一个直接打在公屏上，我们的运营小哥根据人数给大家抽取相应的小礼品了哈。大家点点关注，评论，点赞不要停，点亮我们的粉丝灯牌，抽取到你的概率会更大哦。

5. 停留话术

价值吸引：如果你是年年减肥年年肥，现在点关注加粉丝团；如果你知道减肥药或食品对身体不好，相信健身+科学饮食可以帮你瘦，点关注；如果你一直吃得很少，可从来没有瘦过，可以点关注。

细节展示：有宝子好奇咱们家 129 元的小龙虾套餐包含哪些东西，来，主播给大家展示一下，我们家的小龙虾，个头非常大，量也是很足的，我们请小助理给大家展示一下。

6. 互动话术

点赞：今天的福利还会持续送上！要看到大家的热情！点赞点起来！点到 1 万赞给大家继续抽我们的免单券！

答疑：宝贝们不清楚怎么使用，想要哪个套餐，都可以打出来哟！

提问：有没有山东的？多少人家里有老人的？家里有小孩的？

气氛刷屏：来宝宝们，今天是谁给我们送的优惠和福利！没错就是××（品牌名），那我们这一波抽奖就把品牌名扣起来，来，感谢我们的品牌爸爸！

福袋：新来我直播间的飘一个 1，我给你们走福袋。

7. 吸粉话术

来，宝宝们 3 秒点关注，2 秒点关注，1 秒点关注，来，我们上秒品，新来的宝贝点击一下粉丝灯牌，就可以抽取优惠券哦；加粉丝团，优先福利给到你。

8. 促单话术

先下单再考虑，过期可退，不约可退，错过等 1 年！

9. 分享话术

宝贝们，你们要是想中奖概率高，赶紧把我们的直播间分享出去，让我们的亲朋好友，让我们的兄弟姐妹一起过来帮咱们抢，中奖的概率就会大一些哦！

第十四章　抖音篇

直播筹备工作表

表 14-1　直播筹备工作表

工作类别	工作项	细节	计划
直播间策划定位	短视频定位	娱乐营销型、内容安利型、直播预热型	
		账号人设梳理	
	直播定位	账号的基础特色	
		账号人群划分	
产品策划及筹备	产品策略	根据自身优势，选择合适的产品种类	
	产品排序	优化 SKU 数量、品类聚集、结构分层	
	产品副标题	12 个字符，体现购买理由，开播 30 分钟内添加	
直播间人员准备	人员架构	主播、助播、场控、后台、运营等	
	人员职责划分	岗位职责划定	
	人员管理	岗前培训及激励	
直播间硬件准备	地点	工作室、工厂、店铺、背景墙	
	灯光	环境灯光、补光	
	布景	实景、绿幕、户外	
	摄像头	手机、摄像机、单反、摄像头	
	麦克风	收音正常无杂音	
	声卡	麦克风	
直播流量规划	流量认知	公域流量、商域流量、私域流量	
	短视频拍摄	短视频、直播切片	
	流量规划	流量渠道占比	
	流量采买	千川、随心推、抖加	

续表

工作类别	工作项	细节	计划
直播流量规划	站外渠道筹建	大众门户：短视频引流	
		社交媒体：垂直媒体引流	
		私域引流：社交媒体引流	
创建直播间	直播时间	日常直播，大促直播	
	直播封面	尺寸：750×750	
	直播标题	15 个字符，无违禁词，利益点最大化	
	直播简介	文案体现利益点	
	直播地址	选择任意地址，是否打开同城	
	发布预告视频	检查是否有预告及预约按钮	
开始直播	贴片透出	贴片放在直播间画面右侧，开播前添加贴片	
	巨量百应工作台	直播中控台—开始直播	
	直播伴侣	开始推流	
	同步粉丝群	开播 5 分钟内进行同步	
内容及复盘	单品脚本	脚本编写、塑品话术	
	单场脚本	留人话术、促单话术	
	数据分析能力	分析重点数据	
	直播复盘能力	解决问题，进行调优	

产品货盘的要素

表 14-2　产品货盘的要素

选品	品类	当前产品是热卖品
	品相	产品形象好，容易展示
	品牌	提升产品认知，有溢价
	品质	满足消费者的购买预期
测品	市场规律	季节、地域、温度、流行趋势
	大盘数据	行业热搜词，行业爆款属性
	渠道热点	直播间热品，大主播爆款
	粉丝偏好	人群需求，共性需求，个性需求

续表

产品优化	转化	自播选品策略，自播过款模型	
	利益点	促销方案，折扣、红包、抽奖	
	放大体量	厂家营销活动，平台营销玩法	
	货品模型	种类、配比、单品、组货	

抖音号简介公式

表 14-3　抖音号简介公式

特色卖点+主打商品+商家宗旨		
①免费接送迪士尼 ②可观赏迪士尼烟花 ③网红吊床，独院落地窗榻榻米 ④轰趴，团建，生日聚餐 ⑤网红露天泳池透明滑梯摇椅 ⑥有落地窗浴缸全景天窗观赏星空	①新鲜草莓，潮流酸奶茶饮 ②一杯里有 15 颗草莓 ③低卡，低糖，低脂，口感好 ④追求健康，玩味生活 ⑤联系电话营业时间查看门店	①专注于温泉、餐食、住宿一体化 ②二十年老店，感谢这些年老用户的关注 ③往后的路我们会更加努力，感谢有你陪伴 ④查看地址营业时间，查看门店
门店简介+门店背书+预告门店活动/直播		
①一站式美丽定制会所品牌 ②万达/印象城两店通用 ③发现美，创造美，传播美 ④每天不定时直播	①18 年专注养生护肤领域 ②致力于线下实体店经营 ③感谢关注，持续传播美 ④每周一三五 19 点直播和大家聊护肤	①8000 亩幸福湾区 ②一个源自水晶的温泉 ③520 浪漫专场官方号 15：00 直播 ④欢迎加入粉丝群

分析爆款短视频七要素

表 14-4　七要素

1	信息	有用信息	硬核信息
		有用技巧	实用咨询

续表

2	观点	管理评论	人生哲理
		科学真知	生活感悟
3	共鸣	价值共鸣	观念共鸣
		经历共鸣	心灵感悟
4	冲突	角色冲突	常识冲突
		剧情反转	观念冲突
5	幻想	爱情幻想	生活幻想
		别人家的	移情效应
6	好奇	为什么	是什么
		怎么做	在哪里
7	欲望	是什么	怎么做
		在哪里	好想试

提升视频播放量的四种方法

表 14-5 四种方法

稳定更新	稳定更新可以增强粉丝黏性,如果更新频率少或者不稳定,在这个信息复杂的时代,就算是粉丝也可能会很快把你忘掉
高质原创	你创作的视频质量越好,那么就会得到更多用户的良性反馈,系统会根据用户的反馈来对你的视频进行推荐,也就是我们常说的流量池
独特风格	用户每天看抖音,会接触到各式各样的人和各式各样的视频,那么在这几百上千个视频中,怎么才能让用户为了你这个视频点赞、互动甚至关注你呢?只有你的风格独特,在众多视频中脱颖而出,给用户眼前一亮的感觉,自然就能吸引用户的特别关注
积极互动	创作者和用户是隔着屏幕来交流的,不能把用户当成数据来看,而是要把他们当作在你眼前的朋友,需要和他们积极互动,这样既能吸引他们的注意,更好地打造个人 IP,也能够从互动中得到对作品的反馈,为后续创作开拓新思路

适合图文带货的行业

表 14-6　适合图文带货的行业

美妆	美妆教程、化妆品测评、变美攻略、好物种草、妆容技巧
护肤	护肤品测评、护肤教程、护肤成分科普、护肤攻略、好物种草
穿搭	穿搭攻略、穿搭技巧、服装测评
知识	知识分享、图书分享
职场	职场知识、简历模板、面试技巧、职场提升
情感	恋爱心理学、情感文案、星座情感、情感树洞
摄影	手机摄影、调色知识、构图知识、摄像教程
母婴	好物种草、宝宝穿搭、早教知识、育儿知识、亲子玩具
家居	家具好物、房屋设计、软装干货
旅行	旅游攻略、景点攻略、住宿攻略、避坑指南、旅行穿搭
数码	数码好物、产品测评、数码避坑
健身	健身教程、健身好物、健身动作
零食	好物分享、新品尝鲜

20 个爆款标题的关键词

表 14-7　关键词

从零到一	万能	懒人必备	保姆级
好家伙！	凡尔赛	挑战全网	一眼认出
干货合集	公式	解锁	流量密码
提问	快速入门	开箱	不会吧！
天花板！	诚不骗我	哭了！	我不允许

商家选品的10个考虑因素

表14-8　考虑因素

考虑品类	快消品、非标品、产品档次
考虑价格	低中高
考虑复购	高复购
考虑人群	下沉市场、中产阶级、中青年、老年
考虑款式	应季款、反季款、限定款
考虑利润	如毛利率50%，投产比普遍在2~2.5
考虑退换货	运费、运费险、退换率
考虑资金周期	小店15个工作日的资金周期
考虑口碑评分	口碑分、好评、差评
考虑二次营销	如何提升复购率

抖音小黄车挂视频条数

表14-9　挂视频条数

粉丝量级别	限制
粉丝量1000以下	每周限制发布1条电商视频（挂车视频）
粉丝量大于1000，小于3000	每天限制发布2条电商视频（挂车视频）
粉丝量大于3000，小于1万	每天限制发布5条电商视频（挂车视频）
粉丝量大于1万	每天限制发布10条电商视频（挂车视频）
挂车视频一旦发布成功，无论删除还是隐藏，都会扣除发布次数	

第十五章　视频号篇

视频号开通使用规则

表 15-1　使用规则

账号注册	一个微信号只能注册一个视频号	
	账号名称与内容相符，且不能与系统已有名称重复	
	账号名称、头像、简介等内容要合法、真实、易识别	
	不得侵害他人姓名权、名誉权、肖像权、隐私权、知识产权、商业秘密以及其他合法权利	
	不得以添加无实质意义的字母、符号等方式避开名称规则	
禁止行为	不当注册	批量、虚假信息注册，买卖视频号
	篡改功能	对视频号功能、页面或文案等内容进行篡改，影响原功能、用途或意义
	使用外挂	未经微信书面许可使用插件、外挂或者第三方工具接入微信和相关系统
	诱导用户	胁迫、煽动、利益诱导用户进行分享、关注、点赞、评论等
	刷分刷量	使用非正常手段制造虚假数据
	违法营销	利用视频号实施诈骗、传销、走私等违法犯罪行为。销售法律法规禁止和限制的商品或服务
	恶意对抗	采取技术手段绕开或者对抗平台规则
	干扰他人	批量发送骚扰信息或垃圾信息
	使用不实身份	冒用身份、冒充他人发布信息
	进行人身攻击	发布攻击他人的内容

视频号与抖音、快手的差异

表 15-2 差异

内容	视频号	抖音号	快手号
展现形式	全屏式 滑动视频	瀑布流形式 滑动视频	双列形 滑动视频
视频时长	60 秒视频/9 张图片	15 秒/60 秒/15 分钟	11 秒/57 秒/10 分钟
视频尺寸	半屏显示	全屏显示	全屏显示
标题长度	超 3 行折叠	55 字以内	超 37 字折叠
微信支持	可加微信号 公众号文章链接	不能加微信号	不能加微信号
视频编辑	素材编辑插件 音乐库	素材编辑插件 音乐库	素材编辑插件 音乐库

视频号的 11 个特点

表 15-3 特点

1	视频号没有暂停键，没有拖拽条
2	视频自动播放、循环播放
3	观看超过视频时长的 1/3 有进度条显示
4	视频不能下载，不能分享到微信外平台
5	视频不能设置封面、默认视频第一帧
6	视频号昵称一年只能修改 2 次
7	视频发布时三大添加：话题、位置、公众号链接
8	后台有"名片""认证"功能，可以绑定公众号
9	点击个人"粉丝"可看到每个粉丝的头像和昵称
10	轻轻下拉出现搜索框、用力下拉刷新内容页
11	视频号每天可发多条

视频号账号定位与风格

表 15-4　定位与风格

序号	内容类型	内容价值	人群定位	呈现风格
1	剧情	有趣	娱乐需要	搞笑、感动
2	生活记录	有品	长见识需求	真实、共鸣
3	鸡汤	实用	长知识需求	共鸣、感动
4	手艺	实用、有趣	长见识需求	剧情导入、才艺展示
5	美食	有品、有用	长见识需求	诱人美食教程
6	美女	有趣	娱乐需求	诱人、自拍
7	科普	实用	长知识需求	理性
8	健身	实用	娱乐、长知识需求	诱人自拍、展示教程
9	单口相声	有趣	娱乐需求	搞笑
10	第一视角对话	实用	长知识需求	共鸣、感动
11	动画	有趣	娱乐需求	生动、有趣
12	场景演绎	实用	娱乐需求、长知识	共鸣、感动
13	舞蹈	有趣	娱乐需求	有趣、活力
14	艺术欣赏	有品、有趣	娱乐需求	真实、共鸣
15	产品介绍	实用	长知识需求	长知识
16	图片轮播	有趣	长知识需求	长知识
17	街拍	有趣	娱乐需求	有趣、生动
18	音乐	有趣	娱乐需求	个性、风格
19	录屏故事	有趣	长知识需求	真实、共鸣
20	直播片段	有趣	长知识需求	顺畅、直观

视频号变现的主要方式

表 15-5 主要方式

普通玩家	引流粉丝到个人微信号推荐商品
	帮商家转定制视频到朋友圈
	增大被 MCN 发现的可能性
专业人才	让自己的专业内容变成吸引人的视觉化输出
	输出自己的专业知识取得商业价值
公众号	每天视频号带入一条链接引入新流量到公众号（公众号的商业逻辑不变）
直播达人	直播内容剪成一分钟内容分发
	通过视频号来告诉粉丝直播信息
培训教育	输出培训的专业能力树立形象和信任度
MCN 机构	生产专业内容，接品牌方广告，签约视频达人呈现
实体商家	通过视频号导流到自家小程序商城（公众号内）

视频号粉丝运营要点

表 15-6 运营要点

互动	引导型互动	用引导性的话语/提问的方式引导粉丝评论点赞	
	主动与用户互动	挑选优质、排名靠前评论回复	
		引起受众共鸣，刺激用户评论、交流	
涨粉动作	内容涨粉	发布垂直作品、热点内容	
		持续输出优质原创好视频	
	话题涨粉	热搜话题	争议话题
	互动涨粉	发粉丝群	互推
	引导涨粉	干货引导	Eg: 关注××视频号分享干货
		结尾加关注引导	Eg: "点击关注"视频号
	挑战涨粉	挑战类型：话题、特效、趣事、商业合作	
	评论区话术涨粉	以朋友口吻帮用户解决问题	
		评论打造人设 IP	
		引导粉丝不喷、不怼	
导流		视频下插入公众号的链接（沉淀在公众号，提供更深度的价值）	

第十六章 小红书篇

穿搭类标题

万能公式：痛点 or 场景+具体单品+结果

（1）如果我拿出秋冬大合集……阁下又该如何应对。（具体场景+反问）

（2）现在有些衣服还没我夜用卫生巾长。（穿衣痛点吐槽）

（3）反季节｜谁懂啊！真的拒绝不了绑带格子衬衫。（场景+情绪化表达+具体单品）

（4）不露腿职场穿搭｜通勤衬衫？温柔气质打工人。（场景+具体单品+结果）

（5）黄黑皮夏天穿什么颜色才显白，户外真实测评。（特定人群痛点+信任背书）

（6）快看呀这是不是你的梦中情裙！（夸张情绪化表达+单品）

（7）4件吊带让副乳离家出走！很显瘦嘞！（巧用数字+痛点+结果）

（8）4款假日出游发型清凉显脸小，拍照巨出片。（巧用数字+场景化+结果）

（9）学会这2款发型，贵气感算是被你妥妥拿捏了。（巧用数字+结果）

（10）夏日罩衫，我说你真的别太显瘦了!!（单品+夸张情绪化表达穿着效果）

美妆类标题

万能公式：细分人群+痛点 or 问题+结果 or 效果安利

（1）不是……美妆圈又出什么新东西了？（情绪+反问）

（2）太香了！求求这两个千万别停产啊啊啊！（夸张情绪化表达）

（3）信我的！！菱形脸姐妹就把这个发型焊在头上！（信任背书+特定人群）

（4）暑假5天学会化妆！！0基础新手进。（底妆篇）（速成+特定人群）

（5）过度打扮吸引同性……（好奇）

（6）鼻子长这个的姐妹！真的要小心了？？（问题+焦虑警示）

（7）怎么这么润啊啊啊啊！！化我嘴里！（夸张情绪）

（8）兰蔻怪不得你火！清冷裸粉粽上大分！（现象描述+夸张结果）

（9）姐妹听劝！哪里都可以不练，背一定要练！（朋友视角+效果安利）

（10）化两小时的妆跟没化一样寡淡？不显妆的痛我懂！（痛点反问+情绪共鸣）

美食类标题

万能公式：感官占领+场景化+认可

（1）只要有锅就能做！比冰激凌好吃的柠檬巴露亚。（难度低+感官占领）

（2）土豆简直是最完美的食物，不接受反驳！（主观最高级表述）

（3）西瓜的正确打开方式，以前的西瓜都白吃了！（重塑认知）

（4）神秘配方喝到爽，在家实现可乐自由！（感官占领+场景化+表情包）

（5）这在整个铜锣烧界都是相当炸裂的！（夸张）

（6）实习生下班如何快速吃上饭！！咸蛋虾仁粥。（特定人群痛点+具体产品）

（7）零失败？一口爆汁的蜜汁鸡腿，做法简单巨下饭。（感官占领+难度低）

（8）巨巨巨……巨好吃，我妈做了半辈子的配方！（多重肯定）

（9）终于吃上了，原来网友给的配方是真的！（多重验证）

（10）老公都赞不绝口的家常菜，含泪吃下三碗米饭。（他人认可+结果）

宠物类标题

万能公式：多用情绪表达 or 吐槽+事件

（1）它一定觉得自己是我亲生的小宝宝！（拟人化表达）

（2）我的哈基米真的有艺术天赋！（热词+拟人化表达）

（3）第一次养猫，这是正常现象吗？（事件+反问）

（4）一回头！魂都要没了！谁家好狗这样坐车啊！（情绪表达+场景）

（5）猫咪犯错说这 3 句喵语，让它乖乖听你话！（场景+数字+结果）

（6）生活破破烂烂，小狗缝缝补补！（好奇）

（7）还好有监控，不然我就解释不清了！（吐槽）

（8）哇快看，这里有一只小狗天使！（感官占领+比喻）

（9）无法抗拒！糯叽叽 de 兔兔肉粽~（夸张表述+感官占领）

（10）这是我的小海豹，可以看看大家的吗？（表情）

生活类标题

万能公式：场景/事件描述+感受/结果。

（1）后悔没有早点去，99 两件套，学生党扫货天堂。（结果+数字+特点人群）

（2）第一次带父母拍变装视频，他们很新奇。（反差化）

（3）我爸让我修个灯，结果我把家给换了？（反差化）

（4）准爸爸必须看？老婆怀孕 老公要做什么？（特点人群+痛点问题）

（5）忽悠男友让他去染了一头金发，结果……（事件+结果……）

（6）怎么会有人在洗衣机报复社会啊？（奇葩现象反问）

（7）花了 36 个小时，我真的做出了原版金币的味道！（过程+数字+结果）

（8）下班 2h 做副业｜小红书博主的四大收入来源。（数字+痛点解决）

（9）终于用上这个开头了！赛里木湖遇到天鹅了！（结果+事件描述）

（10）不上班月入过万，在家也能养活自己的干货分享。（痛点问题+场景）

第十七章　选题篇

美食类目

（1）十分钟就能做的美食。

（2）保持身材，减肥人的一日三餐。

（3）沉浸式吃饭，今天也要快乐干饭。

（4）和好朋友在一起吃的 N 顿饭。

（5）简单好做的美味早餐。

（6）来不及吃饭，xx 零食好吃不胖。

（7）减脂又好吃的美食清单。

（8）食堂阿姨每次都给我盛很多。

（9）xx 学校的食堂真的太好吃了。

（10）夏日饮品，我终于拒绝奶茶啦。

（11）那些被美食治愈的瞬间。

（12）一个人也要好好吃饭。

（13）打工人的一日三餐。

（14）适合学生党的速食早餐。

（15）吃不胖的零食囤货清单。

（16）一人一狗一日三餐。

（17）挑战 100 天晚餐不重样。

（18）不能过错的夏日清爽饮品。

（19）简单易学的三明治早餐。

（20）自制健康饮品。

（21）减肥人一日三餐吃什么。

（22）沉浸式做晚餐。

（23）拒绝外卖的下班幸福生活。

（24）在家就能解锁肯德基同款。

（25）我居然做出了大厨同款红烧肉。

（26）在家就能解锁同款生椰拿铁。

（27）打卡美食网红店。

（28）用 10 分钟就能 get 厚蛋吐司。

（29）夜市里的糯叽叽美食。

（30）在家就能复刻路边炸串。

（31）闺蜜让我原地开店的美食。

（32）95 斤的我一天吃点啥。

（33）爱就是在一起吃很多很多饭。

（34）近期快乐干饭合集。

（35）复制 1988 的治愈美食。

（36）不重样的懒人带饭套餐。

（37）小白也可以尝试的做饭公式。

（38）元气满满的一天从早餐开始。

（39）夏日饮品真的有颜又有料。

（40）小时候的零食充满了怀旧。

记录日常

（1）一个人也要好好地生活。

（2）普通人恋爱三步走。

（3）说走就走的旅行有多舒服。

（4）和好朋友的日常。

（5）一个人逛街真的很快乐。

（6）平凡的生活值得频繁地记录。

（7）当我从大一开始自律。

（8）参加社团，拒绝社恐后的我。

（9）一周的快乐生活。

（10）一起感受夏天的美好。

（11）属于夏天的健康生活方式。

（12）一个人出租屋的周末日常。

（13）与我一起沉浸式回家。

（14）毕业后的租房生活。

（15）下班后的 4 小时可以做些什么。

（16）一周的快乐碎片。

（17）自律生活真的会上瘾。

（18）把同居生活拍成电影。

（19）北漂小姐姐的独居日常。

（20）在家就能做的低脂甜品。

（21）女大学生的封校日常。

（22）什么是舒适的生活状态。

（23）小县城教师的日常 vlog。

（24）今天是周五，快乐不添堵。

（25）猪猪女孩的日常生活。

（26）独居女孩的 Room Tour。

自我成长

（1）开始工作后，我更加努力学习。

（2）高质量的纪录片，开阔眼界。

（3）自我提升！多读这 x 本书。

（4）如果快乐不简单，那就去运动。

（5）自律女孩的生活日常怎么提升自我幸福感。

（6）如何在 10 天学会一门新技能。

（7）如何用自媒体实现零用钱自由。

（8）挑战自己，怎么走出舒适圈。

（9）原来我一直在内耗自己。

（10）女生需要掌握的这 10 个技能。

（11）上完课后怎么做自我总结。

（12）小县城的平淡生活。

（13）与我每天早起 1 小时。

（14）95 后独居女生的晚间生活。

（15）一个人也要好好对自己。

（16）平凡生活也值得记录。

（17）假期与我一起居家生活。

（18）普通人也可以拍好 vlog。

（19）生活碎片记录周日简单生活。

（20）一起收集夏天的小美好。

（21）打工人如何缓解疲劳。

（22）如何提升幸福感。

（23）推荐几部我最喜欢的电影。

（24）提升自我的必读 5 本书。

（25）学习一门新语言到底难不难。

（26）夏天值得去 10 个小众旅行地点。

（27）养宠物每个月需要支出多少成本。

（28）自己最想做的 10 件事情。

（29）这些纪录片我看了 10 遍。

（30）工作结束后如何进行总结。

（31）在家就能做的 5 套减肥动作。

美妆板块

（1）5 分钟快速上妆。

（2）男大学生的夹板造型。

（3）学生党一周穿搭不重样。

（4）甜美化妆技巧，轻松出圈。

（5）学生党的慢慢变美路径。

（6）学生党的护肤好物，平价又高级。

（7）女大学生的变身日记来了。

（8）3 分钟出门穿搭，轻松打造高级感。

（9）大促后的大学生是怎么过的。

（10）夏天辣妹穿搭，清凉整个夏季。

（11）当我给同事化妆后。

（12）换季过敏皮，可以尝试这样做。

（13）如何打造夏日清爽妆容。

（14）关于女生精致出门的小秘密。

（15）5分钟快速出门妆。

（16）那些我节日大促必买好物。

（17）甜美的一周穿搭合集。

（18）夏天如何做辣妹。

（19）小个子如何穿出大长腿。

（20）那些便宜好用的小物件分享。

（21）适合秋冬出门口红合集。

（22）那些值得我无限回购的护肤品。

（23）分享我近期的空瓶好物。

（24）美妆博主都在用的美妆小技巧。

（25）换季如何精准护肤。

（26）精致上班淡妆与穿搭。

（27）慢慢变美是超治愈的过程。

（28）欢迎收看女大学生的变身日记。

（29）美妆公司沉浸式化妆。

（30）如何快速完成上班妆容。

生活分享

（1）精致的都市丽人上班通勤如何穿。

（2）沉浸式上班，与我度过一天。

（3）跟我一起找工作。

（4）北漂女生的上班一天。

（5）普通打工人的办公室好物分享。

（6）如何提升办公室幸福感。

（7）打工人的通勤穿搭。

（8）互联网公司的人都开什么车。

（9）忙里偷闲的工作日常。

（10）在网红公司实习日记。

（11）打工人上班都带些什么。

（12）普通女孩子的搬砖生活。

（13）北漂女生上班一天要花多少钱。

（14）普通女生如何存钱。

（15）作为 HR 的打工人真实日常。

（16）女大学生的大厂实习生活。

（17）欢迎收看我的打工日记。

（18）一周工作的日常趣事。

（19）拜托！谁上班和下班长得一样。

（20）打工人如何平衡健身。

（21）上班族也可以不慌不乱。

（22）打工人的宅家日记。

（23）女生需要掌握的 20 个技能。

家居生活

（1）怎么平价地打造出温暖小家。

（2）室内阳台好像一片小森林啊。

（3）100 平的出租小屋日常。

（4）当我努力去做一名精致妈妈时。

（5）为什么压力永远都是给到妈妈。

（6）懒人好用的清洁神器。

（7）能提升生活的家居好物。

（8）xx 岁，我住进了自己的梦想小屋。

（9）怎么让自己的小屋充满温馨。

（10）xx 上的家居好物。

（11）普通人的桌面布局。

（12）打造夏日氛围的房间。

（13）新房子的 xx 不踩坑技巧。

（14）用鲜花布置一下家里的浪漫。

母婴亲子

（1）暑假亲子自律计划。

（2）带娃第一年，我和娃一起成长。

（3）成为父母后才出现的责任感。

（4）新手爸爸带娃的一天。

（5）亲子出游计划。

（6）记录宝宝成长的点点滴滴。

（7）怀孕期间，另一半可以做什么。

（8）养娃计划，从现在开始。

（9）当代年轻人的放养带娃。

（10）长辈与宝宝的亲密互动。

（11）宝妈带娃日常生活。

（12）母婴好物分享大合集。

（13）这些母婴品牌值得买吗。

（14）秋冬亲子装穿搭分享。

（15）这几本育儿绘本一定要看。

（16）新手爸爸妈妈育儿知识。

（17）孕妈一周穿搭分享。

（18）产后妈妈如何快速恢复。

（19）怀孕后怎么吃长胎不长肉。

（20）产后恢复别踩坑。

（21）生宝宝后如何调整心态。

（22）怕疼星人必看。

（23）宝宝第一个月辅食如何做。

（24）小月龄衣服宝藏店铺分享。

（25）新手妈妈的 100 件带娃神器。

（26）奶瓶怎么选才适合宝宝。

（27）高效带娃日常 vlog。

（28）一个人如何带娃做辅食。

（29）新手妈妈可不能马虎这几点。

（30）新生儿视频拍摄教学。

（31）初为父母感受分享。

（32）如何拍摄温馨亲子 vlog。

（33）温馨治愈的宝宝百天纪念。

运动健身

（1）这×个动作，轻松拥有腹肌。

（2）行动起来，从现在开始运动。

（3）爱上运动后，我变得通透了。

（4）快速燃脂，xx 运动很重要。

（5）朋友和身材我选身材。

（6）健身自律的生活真的很快乐。

（7）早起自律可以做很多事情。

（8）下班后运动，我变得更有精神。

（9）年轻人的新型解压方式。

（10）体态矫正，每天 10 分钟。

（11）适合夏天的燃脂计划。

（12）瘦子增肌的十大好吃食谱。

旅行类目

（1）三天两夜长沙行，真的不排队。

（2）毕业旅行可以去的小众之地。

（3）夏天，终于来到了海边。

（4）夏季出逃计划，快来玩水。

（5）一天自驾游的周边好去处。

（6）走在路上，寻找更好的自己。

（7）一个人的旅行，我很勇敢。

（8）沉浸在古城的寂静与浪漫中。

（9）暑假景点打卡，不排队攻略。

（10）在海边感受夏天的浪漫。

（11）和好友出行真的很快乐。

（12）旅途回来的失落感太重了。

职场成长

（1）职场新人怎么和领导好好沟通。

（2）不加班计划，从这几招开始。

（3）别再盲目表现，报告真的重要。

（4）职场假期记录，提升自己很重要。

（5）PPT 技巧来了，轻松出成品。

（6）职场人的 20 个 EXCEL 小技巧。

（7）职场心态：别再盲目讨好。

（8）面试时遇到的 100 大问题。

（9）当代打工人的职场现状。

（10）女孩子还是得要拥有自己的事业。

（11）月薪 xxx 的女孩，下班开副业。

（12）90 后职场的书单分享。

（13）长大后才发现的生活真相。

（14）参加教学技能大赛的 5 点感悟。

（15）这 7 个技能，收获爆发式成长。

（16）帮你打造终身学习力。

（17）我是如何从 0 开始做博主。

（18）快速跳出舒适圈要做到这几点。

（19）如何用 10 天学会一门新技能。

（20）学习一门新语言到底难不难。

（21）手残党也能学会的化妆教程。

（22）我是如何拿到这家公司的 offer。

情感话题

（1）有一个情绪稳定的对象很重要。

（2）给正在暗恋的人的恋爱忠告。

（3）热恋情侣的晚间日常。

（4）见父母的得体穿搭。

（5）为什么要让恋爱有新鲜感。

（6）单身也可以做的 xx 小事。

（7）普通情侣的同居体验。

（8）恋爱保鲜秘密，真的太有用了。

（9）学会投资自己，掌握信息差。

（10）一周进入巅峰的自律计划。

（11）当我自律后，我发现了生活。

（12）别再内耗，多做些有意义的事。

拍摄技能

（1）新手如何拍视频快速上手。

（2）教你一招让照片变好看。

（3）一个人拍视频的必备器材。

（4）如何用手机拍出高质量视频。

（5）想要学剪辑可以看看这 5 个博主。

（6）如何一个人拍 vlog。

（7）拍摄构图小技巧。

（8）如何快速构思拍摄逻辑。

（9）新手必看的调色思路。

（10）如何从 0 开始学拍摄。

（11）视频剪辑的必备技巧。

（12）手机如何拍出好看的照片。

（13）一分钟教你玩转手机摄影。

（14）一看就会的视频分镜技巧。

（15）用镜头记录氛围感秋天。

（16）高效率拍摄出片关键。

（17）相机录视频怎么选对焦方式。

（18）博主拍摄技巧打光教程。

（19）一个思路提升视频运镜水平。

（20）手把手教你拍出高级感大片。

（21）手机修图 App 分享。

（22）清透氧气感拍摄教学。

（23）如何调出你想要的电影感。

（24）宅家如何给自己拍写真。

宠物系列

（1）小狗狗的第一次下乡玩耍。

（2）做全世界最快乐的小狗。

（3）会捡球的小猫咪真的超酷。

（4）快进来看小狗狗伸懒腰。

（5）宠物视频配音教程。

（6）两猫一狗的日常生活。

（7）这 15 秒治愈你今天的不开心。

（8）开启狗崽与娃的奇妙约会。

（9）养宠物每个月需要支出多少成本。

（10）养的宠物像玩偶是什么体验。

（11）小狗狗的眼睛在说爱你。

（12）这些猫粮不要买。

（13）养猫人的开箱视频分享。

（14）小柯基可以发出多少种叫声。

（15）猫生已经达到了巅峰。

（16）如何挑选出健康的宠物。

（17）手机拍摄宠物的三种方法。

（18）小猫咪向你发来视频邀请。

（19）记录第一次洗澡的狗子。

（20）推荐一些值得一看的宠物博主。

（21）这是我养过最可爱的小狗。

（22）关于宠物烘焙你想知道什么。

第十八章 视频篇

凸显美感的 3 种拍摄手法

表 18-1 拍摄手法

初级构图	中心构图	重点突出、主题明确
		拍摄主体置于画面的中心进行拍摄
		适用拍摄主体单一、注意背景保持干净
	三分线构图	画面紧凑，具平衡协调美感
		将画面分 3 部分，焦点放在分线上取景
	九宫格构图	均衡画面、自然生动
		主体放在"井"字画面的交叉点上构图
	黄金分割构图	观感舒适、美的享受
		此构图法可突出主体，在视觉上感受舒服
进阶构图	圆形构图	规整唯美、不拘一格
		可产生整体感和旋转的视觉效果
	仰拍构图	细微区别、各有其美
		仰拍就像小孩看世界的视角，让画面主体散发出高耸、庄严的感觉
	前景构图	富有层次、对象醒目
		利用拍摄主体与镜头间的景物进行构图
高级构图	光线构图	不同角度、光影艺术
		顺光、侧光、逆光、顶光等光线运用
	景深构图	光圈调节、效果对比
		主体范围清晰，其他地方模糊的效果
	透视构图	延伸成点、立体感强
		透视"近大远小"规律，引导用户视线

视频制作的5个要点

表18-2　要点

团队组建	成员选择	编导	拍摄	剪辑	运营
剧本策划	内容打造	构思直击用户心灵			
		情节满足受众要求			
		内容容易引发共鸣			
	台词和角色	台词设计符合角色性格			
		角色性格避免一成不变			
		台词要有爆发力和内涵			
视频拍摄	开拍重实践	基本润色+安排具体拍摄场景+时间详细的计划			
		设备、人员、内容缺一不可			
剪辑包装	后期制作	音乐：有利于烘托气氛			
		视频：特效吸引用户目光			
		字幕：帮助用户理解视频内容			
上传发布	分享作品	广撒网，多渠道，如微信、微博、QQ空间			

视频剪辑的7个准则

表18-3　准则

转场类	闪白	用空白场景穿插在画面切换，如闪光效果
		刺激强烈，产生速度感，适合节奏强烈片
	叠化	合成时以1~2帧重叠合成来做切换
		用于平滑过渡效果
	动作连续	一个动作用两个大小有差异的画面来连接
		可按照7∶3的比例来连接，达到动作流畅的效果
	光效	拍摄结合后期制作达到最佳光效
		快速变化或保持变化的光效，更出色

续表

构图声音	构图	对称构图	严肃、权威、力量的表现
		不对称构图	动态、时间与空间都有变化的立体构图
	声音画面	环境声先入后出，考虑延迟，不必严格对应	
		画面与波形图剪切点可错开 1~2 帧	
色彩类	画面色彩	尽量避免纯色，注意颜色层次过渡	
	灰度调整	去掉色彩只看灰度，避免过度调整	
	影调色彩	黑白或彩色画面组接都需保持影调色彩一致性	
画面过渡自然	问题	不同视频组逻辑不连贯	
		轴线关系混乱	
		音乐、音效失位	
	解决	前一个镜头的后两帧和后一个镜头的前两帧 添加方向模糊效果	
		前一个镜头后两帧分别放大 150%、250% 下一个镜头前两帧分别放大 300%、200%	
节奏感的把握	问题	没有轻重缓急、抑扬顿挫	
	解决	有背景音乐时，随着节奏舒缓时放长一点的镜头	
		影片越往高潮发展，每个镜头越来越有张力	
镜头画面 无头留白	问题	镜头中的主要元素（多为人物）上方留白不够	
	解决	选择具有无头留白的画面进行组接	
		选择精彩、画面感丰富的画面组接	
画面主角 完整性	问题	画面太杂乱，装饰元素太多	
	解决	不要采用多余的线条、物体、图形、符号	
		前期镜头杜绝边缘切掉人物脸或者身体	

视频更新的拍摄内容

表 18-4　内容

家居生活	家居好物	穿搭博主	一周穿搭	母婴育儿	育儿知识
	家居设计		穿搭技巧		早教教程
	家居装饰		身材穿搭		母婴好物
	房屋改造		鞋包搭配		宝宝辅食
宠物博主	宠物用品	美食视频	制作教程	美妆好物	好物测评
	宠物粮食		零食测评		教程展示
	养宠知识		便当制作		成分科普
	宠物挑选		美食探店		变装展示
旅行游玩	旅行攻略	Vlog 拍摄	生活碎片	健身分享	健身动作
	旅行分享		我的一天		减脂教程
	景点介绍		下班生活		减脂食谱
	一日游		打工人记		健身打卡
数码推荐	产品测评	知识分享	科普知识	摄影分享	摄影技巧
	数码开箱		冷知识		拍照姿势
	好物推荐		每天一学		后期修图
	使用技巧		学习方法		照片分享

视频设置要点

表 18-5　要点

视频封面	文字标题与内容相关
	视频画面中的精彩瞬间/人物/趣味动物图/夸张猎奇图
	展示成就、荣誉事件获得信任
视频标题	数字具体强化用户认知，借势热点增大曝光率 善于对比带来点击欲望，八卦猎奇抓住好奇心 干货福利吸引读者

续表

内容形式	单发视频或图片+文案（不支持纯文本）		
	时长≤60秒；图片数量≤9张		
	字数≤1000字（含#话题文字）；文案>3行后会折叠		
尺寸大小	横屏	建议　宽：高=16：9，超出将会被裁剪	
	竖屏	建议　宽：高=6：7，超出将会被裁剪	
	大小	图片≤5M，视频≤30M （微信环境下发送，默认压缩，影响画质）	
	像素	≤1080×1230（竖屏尺寸），超出将会被裁剪	
		≤1080×680（横屏尺寸），超出将会被裁剪	
内容价值	内容与账号定位相关+多原创		
视频结尾	直接露出品牌，增强曝光和记忆度		
	添加固定的结束语/slogan，增加品牌辨识度		
	活用素材，添加彩蛋/花絮		
	下回主题预告，吸引回看		
	引导留言，制造悬念和互动话题		

视频发布自查流程

表 18-6　流程

发布前	要发布的视频内容	是否符合规范	日常内容
		是否突出本次表达主题	
		是否有侵权素材出现	
		视频大小是否符合规范	
发布中	要发布时的动作	文案是否有特色	发布文案
发布后	数据提升步骤	是否有及时回复评论	运营维护
		是否有安排账号评论转发	
		是否后期跟踪了数据	

提升拍摄能力的 6 个要点

表 18-7   提升拍摄能力的 6 个要点

借鉴大师作品，拉片学习	了解拍摄的信息，思考，尽量有脑补去还原拍摄的场景，然后亲自尝试
把一个物体重复拍摄，锻炼寻找视觉能力	对同一个物体或者人物要拍 5 个不同角度不同光线的视频，这种方式特别适合刚刚入门的新手快速提高拍摄能力
提高鉴赏能力	让浏览视频成为一种习惯
学习摄影的基本知识和规则	开始时，摄影的基础知识和规则很重要。构图，沿光线的方向，角度的位置，视觉透视，然后有时应用并超越规则，找到自己的风格和视觉风格
从解决问题来学习	先去开始拍摄，然后再针对地去学习
弯道超车的拍摄技巧	①寻找倒影或反射 ②抓拍运动的模糊效果 ③微距拍摄 ④用好光影 ⑤大胆用颜色

参考文献

［1］保罗·林文德，马哈德瓦·马特·马尼．超越数字化［M］．普华永道思略特中国，译．杭州：浙江教育出版社，2023.

［2］菲利普·科特勒，陈就学，伊万·塞蒂亚万．营销革命5.0：以人为本的技术［M］．曹虎，吴光权，等译．北京：机械工业出版社，2022.

［3］珍妮·罗曼纽克，拜伦·夏普．非传统营销［M］．麦青，译．西安：陕西师范大学出版社，2022.

［4］阿维纳什·考希克．谷歌数据分析方法［M］．沈文婷，译．北京：机械工业出版社，2019.

［5］程大刚，边亚南．数字突围：私域流量的用户数字化运营体系构建［M］．北京：人民邮电出版社，2019.

［6］菲利普·科特勒，何麻温·卡塔加雅，伊万·塞蒂亚万．营销革命4.0：从传统到数字［M］．王赛，译．北京：机械工业出版社，2018.

［7］迈克尔·所罗门．消费者行为学（第12版）［M］．杨晓燕，等译．北京：中国人民大学出版社，2018.

［8］肖恩·埃利斯，摩根·布朗．增长黑客：如何低成本实现爆发式成长［M］．张溪梦，译．北京：中信出版集团，2018.

［9］艾·里斯，杰克·特劳特．定位：争夺用户心智的战争［M］．顾均辉，译．北京：机械工业出版社，2015.

后 记

　　这本书即将完稿之际，偶然看到了董宇辉访谈海尔创始人张瑞敏的直播视频，整个过程酣畅淋漓，尾声的总结讲得非常精彩，让人深有感触，既体现出一位企业家的远见卓识，也展现了一名优秀主播的专业功力。现撷取几个精彩片段，补充一下创作过程的体会和感悟。

　　随着时代发展越快，有些企业消失的速度越快，因为现在商业更迭速度太快了，如果企业还是传统的模式，希望通过控制变量就能得到结果，越想要因果可控，越容易被大的时代、大的趋势所抛弃，反而是像量子力学、布朗运动这种，有可能会诞生出更大的奇迹，要勇敢地拥抱不确定性。

　　"其兴也勃，其亡也乎"，很多企业迅速发展又迅速消失的原因，就是始终没有把握这个时代的需求，没有尊重时代的诉求，没有结合时代的发展，没有借时代的力，总想要背道而驰，所以容易出问题，企业很快消亡了。古希腊哲学家赫拉克利特说：人不能两次踏入同一条河流，这句话的后半句叫作因为人和河流都变了，不可能是同一个人，也不可能是同一条河流，环境在变，条件在变，所以要不断去审视进行调整，没有成功的企业，只有时代的企业。

　　这个时代有自己的考题，没有人给你答案，所谓"六经注我，我注六经"，就是说书里有呼应我的东西，我有能够验证书里的东西。"道可道，非常道"，意思是说真正重要的道理是可以被说出来，但不是人们口头上常说的那些，不是今天就给你一个成功的经验，然后你完全照做一遍就能成功，观念的改变才是管理中最重要的事情。如果说旧的管理和新的管理有一个共性的话，那就是管理能够解决观念的改变，或者说好的管理书籍，能解决观念的改变。

　　观念的改变本质上没有改变事情本身，只是改变了人们对事情的看法，而如果你要想改变正在阻挡你前进或发展的事情，那么一定要从改变观念开始。

　　知不足而奋进，望远山而前行，只要你还在路上，总能看到想要的风景，总能找到属于你的方向，追光的人，终会光芒万丈！